高校秘书学专业系列教材　总主编◎杨剑宇

办公室事务管理

主　编◎赵雪静

副主编◎张宇红　强月霞

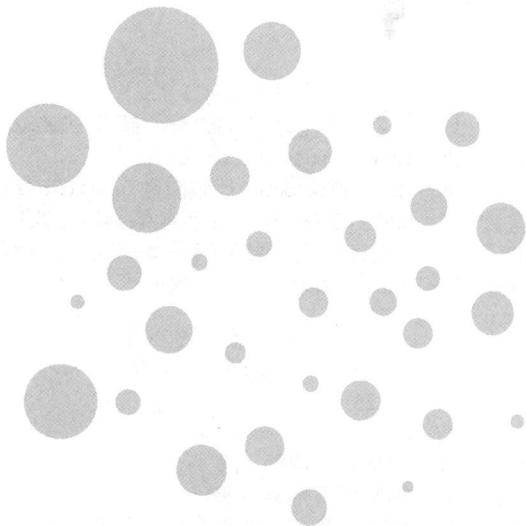

华东师范大学出版社

·上海·

图书在版编目(CIP)数据

办公室事务管理/赵雪静主编. —上海:华东师范大学
出版社,2014.9
高校秘书学专业系列教材
ISBN 978-7-5675-2562-7

Ⅰ.①办…　Ⅱ.①赵…　Ⅲ.①办公室工作-管理-高
等职业教育-教材　Ⅳ.①C931.4

中国版本图书馆 CIP 数据核字(2014)第 219925 号

办公室事务管理

主　　编　赵雪静
项目编辑　范耀华
审读编辑　汪建华
责任校对　王　卫
封面设计　卢晓红

出版发行　华东师范大学出版社
社　　址　上海市中山北路 3663 号　邮编 200062
网　　址　www.ecnupress.com.cn
电　　话　021-60821666　行政传真 021-62572105
客服电话　021-62865537　门市(邮购)电话 021-62869887
地　　址　上海市中山北路 3663 号华东师范大学校内先锋路口
网　　店　http://hdsdcbs.tmall.com

印 刷 者　上海商务联西印刷有限公司
开　　本　787 毫米×1092 毫米　1/16
印　　张　19.25
字　　数　388 千字
版　　次　2015 年 3 月第 1 版
印　　次　2024 年 5 月第 8 次
书　　号　ISBN 978-7-5675-2562-7/C·228
定　　价　38.00 元

出 版 人　王　焰

(如发现本版图书有印订质量问题,请寄回本社客服中心调换或电话 021-62865537 联系)

高校秘书学专业系列教材
编委会

总主编　杨剑宇

编　委　杨剑宇　钱明霞　杨　戎
　　　　　　黄存勋　郝全梅　郑健儿
　　　　　　何宝梅　李玉梅　朱欣文

秘书学专业已于2012年正式被列入教育部本科专业目录。我们努力了30余年，终于使学科正式跻身于高等教育本科专业之林，这是学科发展史上里程碑式的跨越，是学科正规化大发展的起步。秘书学科的春天真正来临了！

教材建设成为专业建设的首要任务之一。近年来，全国多家出版社纷纷组织编写秘书学专业系列教材，呈现出百家争鸣、百花齐放的势头，这是专业兴盛的表现；同时，通过竞争，教材也能越编越好。

回顾30余年来，秘书学专业的教材大致经历了两代。

第一代教材产生于20世纪80年代前期，名称有《秘书学概论》、《秘书工作》、《秘书学和秘书工作》、《秘书学》等等。各书的内容一般分三部分：首先是对秘书工作粗浅简单的经验总结；然后，大部分篇幅是文书工作程序介绍和法定行政公文的介绍及写法；最后，再加些秘书工作、档案工作等法规的附录。对这一代教材，宽容者称之为集专业教材、学术著作、工作手册三位一体的连体。批评者斥其难以用作教材，不成工作手册，更远非学术著作，属生硬拼凑、不伦不类的三不像和大杂烩。客观而论，与文史哲等成熟的学科相比，这一代教材确实粗糙、幼稚，难登大学殿堂。然而，任何学科总是从低级到高级，从幼稚逐步到成熟的，因此，其开拓、铺路之功不可抹杀。

第二代教材产生于21世纪初，以全国统编秘书专业自考教材为代表作。其主要标志是将秘书学专业的内容分解为"论"、"史"、"应用"三部分，出现了《秘书学概论》、《中国秘书史》、《秘书实务》、《文书学》、《档案学》、《秘书写作》、《公共关系学》等课程教材。这些课程教材既有相对独立的内容和理论框架，又彼此联系，初步形成了学科体系。但是，这一代教材一定程度上存在着基本概念含混、学科界限不清、研究对象欠明、体系不够完整等不足之处。

近年来组织编写的一系列教材，总结了30余年来的经验，是为第三代教材。本系列教材就是试图弥补第二代教材的缺陷，希望成为第三代教材中的集大成者。为此，我们要求各册达到基本概念明确、研究对象明确、课程界限明确、体系基本完整的要求。

本系列教材具有专、全、新的特点：

专——秘书学已成为独立的本科专业，其系列教材应当具有明显的专业性，即：

第一，每册教材都有各自专门的基本概念、研究对象、课程界限、基本体系。而不再是既夹有"史"，又有所谓"论"，还有文书写作、实务等等于一书的三不像和大杂烩，也不能是相互混淆、重叠的复制品。

第二，本系列教材全部由长期从事该课程教学、研究的具有高级职称的专业教师对口主编，凝聚了他们十多年或者几十年的教学经验和研究成果。例如，我们邀请四川大学知名文书学专家杨戎教授、知名档案学专家黄存勋教授主编《文书处理和档案管理》,邀请山西省写作学会会长、山西大学郝全梅教授主编《秘书应用写作》,邀请从事秘书专业管理学课程教学近二十年的常州工学院人文学院院长钱明霞教授主编《管理学原理》,等等,以此保证本系列教材的专业性和高质量。

全——我们同时着手编撰秘书学专业系列教材和涉外秘书专业系列教材,这两个系列的教材,可相互交叉使用。这是至今最全的秘书学本科专业系列教材。

秘书学专业的主干课程,经学界在哈尔滨、杭州、厦门等召开的几次全国研讨会上反复讨论,认为应以七门课程为核心课程,在此基础上编写教材,即《秘书学导论》、《中国秘书史》、《秘书实务》、《秘书应用写作》、《秘书公关原理与实务》、《文书处理与档案管理》和《管理学原理》。本系列教材除此七册外,还包括了专业主要课程《秘书心理学》、《秘书实训》等。

鉴于涉外秘书专业与秘书学专业有明显区别,我们策划、组织一批长期从事涉外秘书课程教学的专家编写了涉外秘书专业系列教材,共七册,包括《涉外秘书导论》、《涉外秘书实务》、《涉外秘书英语综合》、《涉外秘书英语阅读》、《涉外秘书英语写作》、《涉外秘书英语听说》和《涉外商务单证》。

新——各册尽可能增加新内容、新观点,选用新案例、新数据、新材料。同时,文风和版面适应新时代大学生的需求,力求新鲜活泼,一改秘书专业教材严肃、刻板的面貌。

参与这两套系列教材编写的专业教师,多达几十人,来自各高等院校,北到哈尔滨、南到湛江、东起上海、西到广西,遍布全国,是一次学界的大兵团作战。我们希望将教材编写得尽可能好些,能成为受大家欢迎的教材,我们也为此付出了不少努力。但是,由于秘书学专业尚是发展中的新专业,还在摸索探讨中行进,也由于参编人员能力有限,所以,书中不足之处难免,还望学界同仁批评指正,不吝赐教。

总主编：杨剑宇

2012 年 12 月于上海

目 录

每一个组织都需要一个综合性办事机构来参与政务、协调事务、做好服务，这个机构就是办公室。随着时代的迅猛发展和信息技术的日新月异，办公室这一特殊领域的管理也日趋重要和复杂。如何更好地提供服务，不让"中枢"成为"梗阻"，确保各项工作政令畅通、高效运转，沟通上下、联系左右，维护组织正常运行，展示组织良好形象，是摆在我们面前的重要课题。

办公室事务千头万绪，从美化、维护办公环境到使用办公室设备，从安排上司行程到接待来客来访，从收发各类文件到搜集信息资源，无一桩属小事，无一件可疏忽。办公室工作千辛万苦，时时"白＋黑"，常年"5＋2"，任何微小的纰漏，都可能酿成大的失误，稍有不慎或不当都会影响整体甚至全局工作。对办公室事务进行有效管理，才能保证办公室及各部门的业务有序、顺利地开展，也才能保证组织最高目标的最终达成。

本书密切联系当代社会生活和人们思维实际，力争做到将秘书学学科理论、秘书工作基础理论的讲授与秘书学学生的素质培养相结合，针对职场现实，夯实办公室事务管理理论，强化办公室事务管理实践，以学生为主体，将知识与技能进行合理安排，既强调理论的高度，又注重实践的力度，从而提升秘书学专业学生崇高的人格和优良的职业素养，加强秘书职业道德建设。为使理论阐释深刻、项目训练到位，本书从案例导入入手，展示秘书应具备的办公室事务管理的知识和技能，即每章按照"案例导入——理论知识——思考题——案例分析——实践活动"依次展开，将理论教学与学生实训结合起来，以理论指导实践，以实践反观理论。

按照总主编"三明确一完整"，即"基本概念明确、研究对象明确、课程界限明确、体系基本完整"的要求，本册主编赵雪静提出本书的总体思路、撰写体例及要求，副主编张宇红、强月霞进行了必要的修改、补充和完善。赵雪静、强月霞负责全书最后的通稿、审校工作。

各章执笔分工如下：

第一章	强月霞　赵雪静
第二、四、六章	程林盛
第三、十一章	赵雪静
第五、八、十二章	张宇红
第七章	赵蕾
第九、十章	郝江波
第十三章	孙杰

在本书编写过程中，我们参阅了大量的文献资料，广泛吸收、借鉴，包括适当引用已有的科研成果，并尽其所能在注释和书后列出，但难免有所遗漏。在此表示诚挚的敬意和谢忱。同时感谢中国北车唐山轨道客车有限公司办公室主任李文军先生在体例思路、总体框架构建中所提出的建设性意见。

虽然我们付出了努力，但因编写者水平有限，不尽如人意之处在所难免，敬请各位方家指正。

编　者

第一章　办公室与办公室事务

　　本章由三节组成,分别为办公室概述、办公室事务、办公室管理。通过本章的学习,旨在了解办公室的涵义,认识办公室事务,知晓办公室管理的建构及其必要性和可行性,对办公室及办公室事务有一个整体和初步的了解与掌握,为学习全书打下坚实的基础。

【职场小故事】

小秘书新入职手忙脚乱　老主任巧指点气定神闲

　　经过一个月的岗前培训,郭啸徽信心满满地来总经理办公室工作,有几分激动也有几分忐忑……离上班时间还有十五分钟,办公室人员已然全部到位。老主任带郭啸徽熟悉了资料室、机要室、文印室、收发室,以及他所在的秘书科后,径直将他领到主任办公室,交待他今天的工作任务:带职工去公司医院体检;通知明天参加面试的十个应聘者;布置考场并草拟试题。回到秘书科,郭啸徽清理好自己的办公用品,开始打电话……一个占线、一个空号、一个欠费停机、一个正在通话中、一个打通却无人接听,司机老吴进门催促。郭啸徽鼻窝鬓角渗出细细的汗珠,老主任交待的工作几乎成了不可能完成的任务,考场、考题、考生、医院,刚来的自信像被扎破的气球,逐渐地萎靡。"郭秘书",听到老主任的声音,她抹抹脸上的汗,嗫嚅地说:"主任,我,我……""别说了,咱边走边谈。"

　　"小郭,办公室事务头绪繁多,需要分清轻重缓急合理安排,需要计划组织协调共同合作。凭借个人的力量是难以完成的。比如让你做的这些事情,陪职工体检等待时,可以简单地列个面试提纲,打电话发短信逐一通知应聘人员,通知不到的把名字及时挂到公司的网站上。此外要学会动用自己的身份,整合资源,提高工作效率。布置考场可以委托别人,但下班前必须亲自到考场检查。"

　　在车里,郭啸徽回味着老主任的指点,烦乱的思绪,变得清晰明确,豁然开朗。

　　每一个组织都需要一个辅助部门,承担辅助政务、管理事务、协调服务的重任,这就是办公室。无论是分理制办公模式,还是综理制分公模式,甚或是职能统兼模式,都在办文、办事、办会,都在进行富于创新、高知识含量、更富有个性色彩的辅助。从中央到地方,办公室无所不有;从企业到事业,办公室无处不在;从党政军群至民间、个体,办公室不可或缺。办公室直接为上司服务,沟通上下,联系左右,维护组织正常运转,展示组织良好形象。

第一节　办公室概述

一、办公室含义

(一) 办公室界定

办公室是处理特定事务或提供服务的地方,虽然称谓相同,但含义多重,功能有别,或指办公场所,或指行政直属机构(如国务院台湾事务办公室),或指议事协调机构(如机构改革领导小组办公室),或指综合性办事机构。

本书所探究的办公室,指的是综合性办事机构,在这个机构中,有一类非常重要的职位就是秘书,秘书的工作内容是办公室工作中的重要组成部分,因此人们将这类办公室也称为"秘书工作机关"或"秘书工作部门"。

(二) 办公室类型

1. 办公室的类别

按办公室所属系统性质,可分为党政机关办公室、民主党派办公室、企事业单位办公室及社会团体办公室等。

(1) 党政机关系统办公室

党政机关系统办公室分为党务系统办公室、立法机关办公室、司法机关办公室及行政机关办公室。

(2) 民主党派系统办公室

民主党派按照各自的章程,参照同级党政机关级别,实行秘书长领导下的综合办公制,设立办公室。

(3) 企事业单位系统办公室

企业单位系统办公室指各类经济组织中设立的办公室;事业单位系统办公室指各类学校、医院、科研所等单位的办公室。

(4) 社会团体系统办公室

社会团体系统办公室指工会、青联、妇联、学联等群众团体组织工作机构的办公室,一般按照相应的级别设立。

(5) 学术组织办公室

各级各类学术组织一般设有秘书处,如"中国高教秘书学会秘书处"。

(6)临时性办公室

在某些重大活动或者工作中,常常成立一些跨单位、跨行业、跨地区的临时领导机构,这就需要从各方面抽调人员组成临时性办事机构。这种办事机构在组织形式和人员配备上较为灵活,没有统一要求,工作一结束就被撤销。

2.办公室的层次

按照办公室规格、级别,同一系统办公室可以划分为不同的层次。同是党务系统办公室,分为中央机构办公室(厅)、地方机构办公室(厅)、基层机构办公室;同为办公室,可分为部级办公厅、局级办公厅、处级办公室、科级办公室等。

二、办公室(厅)性质···

(一)办公室(厅)在组织结构中的定位

现代社会中,一个较具规模的组织体系通常由五部分构成:决策机构、情报信息系统、咨询参谋系统、执行系统与监督系统。(如图1-1)

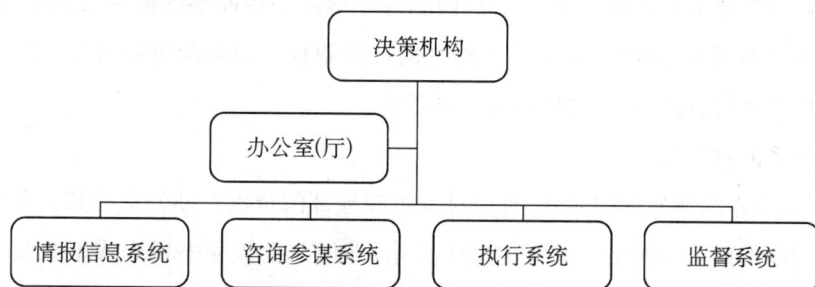

图1-1 组织管理系统

决策机构是领导和管理的关键所在,也称领导中心或首脑机关,包括领导成员以及由他们构成的领导集团。

情报信息系统,是领导决策的辅助部门,负责有关信息的搜集、整理、筛选、传递等工作。

咨询参谋系统,是领导决策的辅助部门,负责调查、统计、研究、咨询等工作,为领导决策提供依据和方案。

执行系统,其任务是忠实、准确、有效地执行领导中心的决策。

监督系统,其任务是按照领导中心指令,对执行系统进行监督和检查,再将情况反馈回领导中心。

一个组织体系,需要借助外在力量把各个子系统整合起来,使其正常运转。因此产生以办公室(厅)为代表的综合性办事机构。办公室(厅)与资料室、档案室、情报室等组成了情报信息系统,以获取、整理、沟通信息等形式,辅助领导决策;办公室(厅)与各种调查、研究、咨询部门等一起构成咨询参谋系统,并作为领导者的近身,发挥参谋作用;办公室(厅)还要在领导中心与执行系统之间担当沟通的"桥梁"和监督的"耳目",发挥督查作用;而且还要根据领导活动的需要,办理大量的日常事务,成为领导工作的助手。

(二) 办公室(厅)性质

1. 承担事务的机要性

秘书部门处于行政组织中领导部门之下的中枢地位,掌管机密文件,组织和参加各种会议,承领导之命办理各种重要事务,负责组织内部安全、保卫工作。涉密早,涉密深,涉密广。

2. 辅助管理的综合性

办公室(厅)是社会组织实施内部管理的唯一机构,经上司授权完成其管理职能。体现在:既要发挥参谋助手作用、沟通协调作用、督促检查作用,还要发挥"窗口"、"门面"作用。这些作用的发挥,一般都具有全面性和全局性,是其他机构难以具备的。

3. 所处位置的中枢性

中枢机构,即在决策管理系统中起主导作用,在一级组织中能够统揽一切的部门。办公室不是中枢机构,但最贴近中枢机构,辅助着中枢机构行使职权。如辅助决策、拟制计划、传达指令、组织协调、督促检查等,这也是其他机构难以具备的。

4. 组织关系的封闭性

办公室只接受本级领导部门领导,直接对本级领导部门负责。办公室在其公务活动中,必然要与上级的、同级的和下级的组织或机构发生关系,即使与上级秘书机构或下级秘书机构之间,它们仅仅是工作、业务上的指导与被指导关系,并无隶属关系;而上、下级职能部门之间,则存在着领导与被领导的隶属关系。

三、办公室地位和职能··

(一) 居中心之位,行指挥之权

办公室中心地位体现在常常要代表决策机构处理全局性的问题,计划、组织、协调、控制、监督整个组织体系的正常运行。办公室虽只是一个综合性办事机构,但它直接服务于决策机构。作为一个辅助管理部门,办公室既要传达决策机构的决议、指令,又要综合、反映执行系统的执行情况。尽管办公室与各执行系统是平级,但当办公室协调各执行系统工作时,就代表着决策系统,具有一定的指挥权,这种指挥权或者是决策系统授权,或者是对决策系统方针、政策、决议的贯彻。

（二）居枢纽之位，守调度之职

办公室在组织内部承上启下，调度各方，保障组织正常运转和良性发展。办公室和执行系统在同一个层次，但它能像调度员一样，根据组织整体的工作需要，对组织内部的任务分配及执行情况进行沟通协调；办公室汇集着上下左右、四面八方的信息，这些信息又通过办公室人员的有力执行而得到有效利用，比如上级领导机关来文的接收、承办和处理；本级领导机关的报告、请示、指示的办理；与众多上下内外的联系沟通，等等，都需要由办公室综合办理。

（三）居窗口之位，承公关之责

办公室是通向社会的窗口。这个窗口负责组织内外工作联系，负责处理来文来函来电，负责接待上级视察检查、同行参观访问，负责应对媒体采访、公众投诉，其办事效率、工作质量以及办公室人员的礼仪风范，在一定程度上都体现着组织的经营理念、管理水平和思想作风。这个窗口，打通了与社会双向沟通的正常渠道，迎八面来风，树组织形象。

第二节　办公室事务

一、办文

办文是将各种信息转变成书面材料的工作，是围绕文书、文件、文字材料开展的一系列工作。

（一）文稿撰拟：文稿是决策者行使职责、推动工作、实施决策的重要手段。所以，文稿撰拟很重要。拟稿人应站在领导高度，把握领导思想，并体现领导个性。

办公室人员经常要起草各种文书，如通知、通报、请示、报告、函、会议纪要、计划、总结、讲话稿、协议、合同等。

（二）文字记录：包括录和记两部分。如会议记录、电话记录、来访记录、领导谈话记录等。

（三）文书制作：打字、复印、编排、装订等。

（四）文书处理：收发、传递、办理、保管、立卷等。

（五）档案管理：归档、鉴定、管理、提供服务等。组织在各种活动中产生的公文、图纸、照片、录音录像及其他材料，需要经过筛选、整理作为档案保存。

（六）电子文件的撰写、传输、管理、归档：如电子邮件的发送、接收，电子文件数据库的建立、管理与检索等。

二、办会

办会主要是根据会议的不同属性及缓急程度所进行的一系列包括议程、稿件、通知、记录、签会、纪要以及会后督办与跟踪督查等工作。协助决策机构对本单位的重要会议如领导办公会、高层管理人员的工作会议进行安排,办会能力的强弱,直接关系到会议效果,关系到领导意图能否得到圆满实现,还直接影响着一个部门的声誉。办会包括会前筹划准备、会中组织服务及会议善后工作。

三、办事······

办公室事无巨细,头绪繁多,可以说是上管天文地理,下管鸡毛蒜皮,但只要按原则办事,遵程序办事,就能游刃有余,"事"综合起来有如下内容。

(一) 信息工作

信息工作是办公室的重要内容。办公室要利用各种方法,完成信息的收集、整理、利用工作;充分发挥信息的职能作用,为决策者提供决策依据。新时期的信息工作除了传统的收集、加工、提供、存贮和检索信息外,还要完成网站的建设、维护和管理;微信、微博的利用等等。

(二) 日常事务性工作

这部分工作是办公室工作的重点,岗位职责明确,工作程序规范,便于管理和检查。比如值班接待、印信管理、办公用品管理、安全管理以及领导工作安排等。

1. 建立健全规章制度:不仅协助领导建立健全本单位各方面的工作制度,也要建立健全办公室的规章制度,以保证办公室的执行力。如《办公室主任岗位职责》、《办公室文员工作职责》等。

2. 值班工作:办公室负责值班安排,尤其是节假日的值班安排及监督工作。

3. 接待工作:负责接待组织内外的访客,安排好来访人员的吃住行,并组织相应的活动。

4. 印信管理:掌管本单位公章及领导人名章,开具本单位对外行政介绍信。

5. 办公室用品管理:办公用品的采购使用和管理,尤其是现代办公设备的使用和维护。包括电脑、打印机、复印机、传真机、扫描仪、远程通讯设备、数码录音录像设备、多媒体会议设备等等。

6. 安全保密工作:加强保密意识,强化保密手段,严控涉密载体。加强机密文件的保管、传递措施,设置安全墙防病毒、防黑客,保障计算机安全运行。

7. 辅助人力资源管理:人力资源管理在组织管理中扮演着越来越重要的角色,甚至被组织视为公司重要战略活动之一。如招聘、培训、薪酬、激励等。办公室虽然不是人力资源部门,但要参与人力资源管理,负责员工招聘、员工入职手续办理、新员工培训、员工离职手续办理以及员工证照的办理等。

8. 领导活动日程安排:领导工作分为日常性工作和突发性工作。办公室的通常做法是将有计划的事情,比如会议、出差和接待预先填入拟好的日程表中,同时细致灵活地安排好随机或突发事件。

（三）临时交办或突发性工作

临时任务往往是突发事件，需要快速了解任务的来龙去脉，分析任务的重要性、紧急性，快速制订工作计划，然后根据计划有条不紊地开展工作。

办公室事务是由办公室职能导出的业务活动，随着信息技术的广泛应用，办公室迎来了办公自动化时代，办公室的业务活动也随之不断发展变化。但办公室业务无论组织规模大小、性质如何，办公室管理的事务基本相同，即办文、办会、办事，这是办公室永恒的主题，通过精确办文，周全办会，智慧办事，逐渐成长为办文高手、办会能手和办事巧手。

第三节　办公室管理

一、办公室管理构成

办公室事务管理就是通过计划、组织、指挥、协调、控制及创新等手段，充分调动办公室人力、物力、财力、信息等资源，从而有效地发挥办公室的辅助功能，辅助决策机构实现组织既定目标的过程。

办公室管理由基础、过程和方式组成，办公室管理可以用图 1-2 来表示。如果把三角形 ABC 视作办公室事务，O 是管理核心，即办公室工作人员，我们可以对图 1-2 做出如下解释，工作人员依托管理基础 OA，通过管理过程 OB，采用不同管理方式 OC，共同支撑起办公室事务。

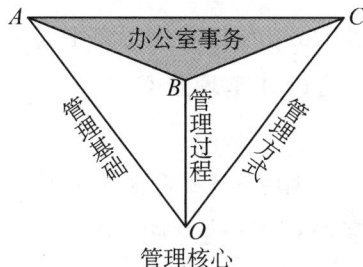

图 1-2　办公室管理建构

（一）管理基础

1. 物质基础

物质基础是办公室运行的有力支撑，包括办公环境、办公设备和办公经费。

2. 技术保障

技术保障是使办公流程简化、办公环境美化、办公设备优化以及办公经费合理化所采取的技术支援。

（二）管理过程

1. 计划

在管理过程中，计划是实现其他管理职能的前提和基础，一个完整的办公室计划，应该包括选择合适的办公场所，配置合格的工作团队，谋划办公室业务范围，以及办公室所要达到的工作目标、实施步骤、完成期限、工作方法、实施后的评估等。

2. 组织

组织指人们为实现一定的目标,将全部资源整合,互相协作结合而成的集体或团体。就办公室而言,就是确定办公室人员各自的岗位职责,协调彼此间的工作关系,提供好的物质基础和规范的工作流程,取得最佳的工作成果。

3. 实施

实施指计划的落实,作为组织内部运作的实体,办公室在组织目标实施过程中,需要在各职能部门之间进行协调,加强各职能部门的工作配合,以避免各行其是,从而保障任务的下达、执行、完成和反馈。

4. 控制

控制是办公室管理的基本内容,能够保障工作成果与计划相匹配。要建立完善办公室各项规章制度,监督办公室各种报表及办公用品,制订工作标准,评估工作效果,降低办公室工作费用,控制成本。

5. 评估

评估既是评议和估算,又是总结与反思。评估是办公室管理的最后一个环节,是开展后续工作的必要前提,也是鼓舞士气、激励组织内部成员的重要形式。

(三) 管理方式

1. 现场

现场是备受欢迎的一种管理方式,管理者通过语言的传递和交流,准确地将自己的意志向下属传递,并产生影响。它没有中间环节,管理直接而迅速;但受管理者人数、精力的制约,使用过多,可能会影响管理效能。

2. 会议

会议是各级各类组织经常采用的方式,与会者主动或被动聚集起来,对需要解决的问题彼此交流意见,制定实施细则形成决议。它解决了管理者人数的制约,可以使管理者意图传播范围扩大,会后的思想、行动也易于统一。但受会议地点、时间和经费的限制,不能保证到会率,领导意图有时难以贯彻到位。

3. 文件

文件指公文、书信或指有关政策、理论等方面的文章,是管理最常用的方式。办公室是产生大量文件的地方,文件突破了地域、层次和时间的限制,准确、规范地传递各种信息和指令,克服了现场和会议管理的时空局限,把组织的法定地位、管理体系以及工作程序通过文件的方式表达出来,使其更具权威性。

（四）管理核心

办公室人员是办公室管理的核心，遵循"异质结合"原则组成的秘书工作团队，能够运用现场、会议、文件的管理方式，按照计划、组织、实施、控制、评估等管理程序，使用办公设备，使办公室管理正常运转，达成组织预定目标。人在管理的各个维度中是最重要的，统领着办公室事务中各元素的管理。

二、办公室管理特征

（一）综合性

办公室作为组织内部的综合性办事机构，围绕组织预期目标展开工作，既要辅助决策又要沟通信息，既要展示形象又要保障后勤，既要制定制度又要管理会议，既要承担日常事务，又要处理突发事件，呈现出明显的综合性。综合性要求其管理立足于协调组织的各种关系，协调内容涉及人、财、物各个方面，协调时要善于领会领导意图，充分听取协调对象意见，减少各种制约因素，充分发挥各职能部门的作用，保障组织工作正常有序进行。

（二）程序性

办公室的管理过程有着一个相对稳定的程序。任何一个组织都是围绕自己的组织目标制定发展规划，建立规章制度，使职责分明，各司其职，各尽其责，并在执行过程中全程监管或者是结果评估。程序性要求其管理全程参与，发挥枢纽桥梁作用，保证组织目标的实现。

（三）终局性

结局，了局，也称"终盘"，借用围棋术语，原指弈棋时一局终了，比喻人事的一切局势结束。办公室管理主要面向组织内部，其发展规划、组织原则、规章制度都是依据本组织的具体情况设立，人、财、物的分配，工作人员的调动，都是作用于组织内部。终局性要求其管理在合法的基础上，考虑本组织具体情况，符合发展目标，切合工作需要，适合人员特点，做到公平、公正、公开。

（四）艺术性

人们从事管理活动需要熟练地运用知识并通过巧妙的技能来达到某种效果，这种技能包括经验、才识、思维力和创造力，这些就是艺术。艺术性要求管理者善于通盘考虑，果断决策，知人善任，处变不惊，综合运用主客观条件和各种内外部的关系去实现总体目标。

【思考题】

1. 办公室的概念及其性质是什么？
2. 办公室的地位和职能体现在哪些方面？

3. 办公室事务包含哪些内容？

4. 简述办公室的管理基础、管理过程和管理方式。

【案例分析】

国务院办公厅主要职责内设机构和人员编制规定

根据第十一届全国人民代表大会第一次会议批准的国务院机构改革方案和《国务院关于机构设置的通知》(国发〔2008〕11 号)，设立国务院办公厅，为协助国务院领导同志处理国务院日常工作的机构。

一、职责调整

强化服务职责，加强应急、督查工作，进一步发挥参谋助手和运转枢纽作用。增加指导、监督全国政府信息公开工作的职责。

二、主要职责

(一) 负责国务院会议的准备工作，协助国务院领导同志组织实施会议决定事项。

(二) 协助国务院领导同志组织起草或审核以国务院、国务院办公厅名义发布的公文。

(三) 研究国务院各部门和各省、自治区、直辖市人民政府请示国务院的事项，提出审核意见，报国务院领导同志审批。

(四) 督促检查国务院各部门和地方人民政府对国务院决定事项及国务院领导同志指示的贯彻落实情况，及时向国务院领导同志报告。

(五) 负责国务院值班工作，及时报告重要情况，传达和督促落实国务院领导同志指示。

(六) 协助国务院领导同志做好需由国务院组织处理的突发事件的应急处置工作。

(七) 指导、监督全国政府信息公开工作。

(八) 办理国务院和国务院领导同志交办的其他事项。

三、内设机构

根据上述职责，国务院办公厅设 9 个内设机构：

(一) 秘书一局

办理国务院全体会议、国务院常务会议等会务及国务院领导同志内事活动、政府信息公开、文电收发运转和国徽印鉴管理、信息、档案、公文核稿、文印、机要通信和机要文件交换、办公厅保密、《国务院公报》和《国务院大事记》编辑等方面的工作。

(二) 秘书二局

办理发展改革、工业和信息化、财政、人力资源和社会保障、国土资源、环保、住房和城乡建设、交通运输、铁道、水利、农业、商务、银行、审计、国资监管、海关、税务、工商管理、质量监督、检验检疫、统计、林业、旅游、气象、证券、保险、电力监管、扶贫、供销、贸促及港澳经济等方面的文电、会务和督查调研工作。

（三）秘书三局

办理教育、科技、国防、外事、政法、民族、监察、机构编制、民政、文化、卫生、人口计生、广电、新闻出版、体育、知识产权、宗教、参事、机关事务管理、港澳台侨、法制、地震、自然科学基金、妇女儿童、残疾人工作等方面的文电、会务和督查调研工作。联系全国人大、全国政协、军队、宣传、统战等方面的工作。承办国家科技教育领导小组的日常工作。

（四）国务院应急管理办公室（国务院总值班室）

负责国务院值班工作，及时报告重要情况，传达和督促落实国务院领导同志指示；组织开展应急预案体系建设，协助国务院领导同志做好有关应急处置工作；办理安全生产、信访以及国务院应急管理方面的专题文电、会务和督查调研工作。

（五）督查室

组织开展重大专项督查，承办与有关中央机关联合开展的督查工作；组织拟订国务院办公厅督查工作制度和工作规划，指导和协调国务院办公厅有关司局的经常性督查工作。

（六）电子政务办公室

负责国务院领导同志办公室和机关的政务信息化规划、建设、技术与安全保障，以及中南海北区有关会议、活动的多媒体技术服务；组织开展中央政府门户网站的建设、运行管理和内容保障工作；负责国务院办公厅联接各省、自治区、直辖市人民政府和国务院各部门计算机网络的建设和管理工作。

（七）人事司

负责机关的人事管理、机构编制、教育培训和外事工作。

（八）行政司

负责国务院领导同志的服务事务和机关的后勤管理工作。

（九）财务室（副司局级）

负责机关财务、国有资产管理；制定机关政府采购工作相关制度，承办机关政府采购计划、合同审批工作，监督机关政府采购执行情况。

机关党委：负责机关的党群工作。

离退休干部局：负责机关的离退休干部工作。

四、人员编制

国务院办公厅机关行政编制为519名（含两委人员编制、援派机动编制、离退休干部工作人员编制)。其中:国务院秘书长1名、国务院副秘书长9名(含兼职),司局级领导职数43名(含机关党委专职副书记2名、离退休干部局领导职数3名)。

五、其他事项

(一)管理国家信访局。

(二)所属事业单位的设置、职责和编制事项另行规定。

六、附则

本规定由中央机构编制委员会办公室负责解释,其调整由中央机构编制委员会办公室按规定程序办理。

请认真阅读案例,完成以下问题:

1. 图解国务院办公厅主要职责内设机构。

2. 总结归纳国务院办公厅管辖事务。

3. 阐释国务院办公厅的地位和作用。

【实践活动】

对当地某一类组织的办公室内设机构、人员编制及主要职责进行调查。

实训目的:通过"调查"活动,拉近学校培养与社会需求的距离,使学生熟悉自身未来的工作环境,初步认识其工作职责,从而增强职业认同感。

具体要求:学生自行或老师安排分组,之后以"团队"为单位,制订调查计划,设计调查问卷,拟定访谈提纲,深入调查场所,形成调查报告,汇报调查成果。

第二章 办公室团队管理

本章由三节组成：办公室团队的职业素养、办公室团队的构成与岗位职责、办公室团队的管理。通过本章的学习，明确办公室团队与职业素养的含义，掌握办公室团队职业素养的提升；了解办公室团队的构成，熟悉办公室团队的岗位职责；熟悉办公室主管的自我管理，掌握如何做好办公室职员的管理，熟悉办公室的绩效考核。

【职场小故事】

能力出众被委以重任　改革见效遭挤兑离职

张斯是一家合资企业的办公室助理。他工作努力、责任心强，很快得到办公室主管的赏识，并被委以重任——改革办公室工作的现状。张斯雄心勃勃地和另两位秘书同事一起策划、实施，一步步出现改善的成果。但是，改革举动触动了副主管亲信的利益，为此，该副主管使出手段，趁办公室主管出差之际，令亲信搞员工满意度调查（结果当然是注定的），以此为据，要求办公室主管撤换掉进行改革的人。副主管大张旗鼓、大义凛然地把黑说成白，根本感觉不到不好意思。张斯不愿因自己给领导造成困扰，也不愿给和自己一起努力的同事造成麻烦，于是想离开这个是非之地，希望能找到一个可以全心全意为公司工作的地方……如果是你，你会怎么做呢？

作为机关、企事业单位综合辅助部门的办公室，其职能的实现有赖于多位成员相互配合、共同努力。成员愈多，就愈需要合理平衡和协调成员间的关系和任务，这就是团队的管理。办公室团队的管理需要解决办公室团队的职业素养问题、构成与分工问题、责任规范问题，以及具体的管理问题。

第一节　办公室团队的职业素养

一、办公室团队与职业素养

（一）办公室团队

在现代社会中，人们所处的工作环境异常复杂，一个机关、企事业单位要想发展，除必备的技术人员外,还需大量的管理人员。这些管理人员会因其各自的岗位和工作环境而形成一个或若干个团队。办公室团队就是办公室管理者和若干办公室职员为了单位的办公室行政管理目标而结合在一起的组织共同体。这个共同体需要合理利用每一个成员的知识和技能协同工作,解决问题,以达到共同的目标。这里的"知识和技能"就是素养的重要组成部分。

(二) 职业素养

办公室职员作为管理人员的重要组成,必须具备良好的个体素养,才能胜任现代办公室管理工作。这就是我们所谈的职业素养。

1. 含义

职业素养是指从业者通过教育培训、职业实践以及自我学习等途径形成和发展起来的,在职业活动中起决定作用的、内在的、相对稳定的技巧、能力和品质。它体现职业规范和要求,是职业过程所需的综合品质。

2. 特点

职业素养特点主要体现在专业性、综合性、稳定性和发展性上。

专业性:指从业者从事某项专门业务的能力,表现在业务知识、技能和方法上。在职业领域有所成就的人,一般都乐于学习专业知识,更新专业技能。一般来说,从事某一职业需要接受专门的职业训练,这个过程就是职业素养的形成过程。

综合性:指从业者的知识、能力和个性品质在职业活动中的综合表现。从业者在职业中要有所成就,除专业知识、技能和方法外,还要具备与其职业岗位相匹配的形象、心理、性格、品德、沟通能力以及相关非专业知识。

稳定性:指职业素养一旦形成,就会在一定时期甚至是从业者一生中以其形象、气质与办事风格的形式予以呈现。因为从业者通过职业培训与实践所塑造而成的职业秉性会伴随其一生,而不轻易改变。

发展性:指从业者要不断结合时代特点、技术进步以及不同时期的社会职业需求而改进自我技能、品质以适应社会的变化。因为时代在进步,对从业者的软件、硬件要求也在不断提高,一个不求进步的从业者是难以立足于现代职场之中的。所以,从业者要有意识地提高与改进自我职业素养。

3. 内容

劳动作为人类实现人生意义与自我价值的根本,重点体现在其职业活动中。要完成职业活动,必须具备职业素养,而职业素养是一个人素养的主体与核心,它囊括了各种类型的素养,且突出职业性。具体而言,职业素养包括职业形象、职业规范、职业技能、职业道德、职业心态和职业意识等方面。

职业形象是由从业者所从事的职业而设定的形象,不同的职业需要不同的形象装扮。如教师和艺术家呈现在人们面前的形象就不同,教师以端庄大方为得体,艺术家则以时尚、独特而显现。它包括从业者的仪表、服饰等形象要素。

职业规范是从业者按照预先设定的工作标准从事业务活动,它要求从业者掌握相关的专业知识,内化于心,作为其行动指南。

职业技能是从业者完成自己的工作任务所需的技术与能力,它需要从业者在掌握专业和相关知识的基础上,通过实训来达到。

以上三项职业素养侧重于从业者的实际表现,属于"器"的层次。

职业道德是从业者在特定的工作中以其内心信念来维系的,以善恶进行评价的心理意识、行为准则的总和,是人们在从事职业活动时养成的一种内在的、非强制性的约束机制。

职业心态是在职业活动中,根据职业要求应该表现出来的心理情感,是职业活动中各种对自己职业及职业行为能否成功的心理反应。

职业意识是从业者在职业活动中的心理活动,是自我意识在职业选择领域的表现,包括对自身现状的认识和对自己职业的期望两方面。

以上三项职业素养侧重于从业者的自我修炼,属于"魂"的层次。

相对而言,在从业者的职业素养中,"魂"的层次比"器"的层次抽象而务虚,"器"的层次比"魂"的层次具体而务实。

4. 重要性

职业素养不是某一项专业技能,也不是某一项心理品质,它包含了丰富的内容,是从业者多种素养的综合体现,影响着一个人的职业生涯发展。影响职业生涯发展的因素有个人能力、性格、品质等内在因素,也有社会环境等外在因素。从业者的职业素养作为其内在因素的综合体,必然直接影响其职业生涯的发展。同时,从业者的个人素养也受社会环境、工作单位等外在因素的影响,这就会表现在其职业素养上。因此,一个人要想取得职业生涯的成功,就必须注意从上述职业素养包括的内容来逐步完善自己。

一个人职业素养的高低,决定着其获得的岗位情况,长远来看,也影响着其职业生涯发展。所以,要努力做一个高职业素养的从业者,从而把握好自己的职业生涯发展。

二、办公室团队的职业素养···

办公室作为一种区别于工厂车间、工地等的职业场所,对其工作人员是有严格要求的。这种"严格要求"体现在办公室个体成员的自我修养上,就是我们所说的"办公室人员的职业素养"。结合前面关于职业素养的理论知识,我们认为办公室人员的职业素养也应该表现在办公室人员自我的职业形象、职业规范、职业技能、职业道德、职业心态和职业意识等方面。

办公室团队的职业素养是办公室人员职业素养的综合表现。即办公室人员的职业素养决定和影响着办公室团队的职业素养,因此,办公室团队的职业素养的提升和管理完全可以从提升和管理办公室人员的职业素养的角度来进行。

(一)办公室团队的职业形象

职业形象服务于职业目标。办公室的职业目标就是辅助领导部门做好工作。办公室团队对内代表自己,对外代表领导、办公室和本单位的形象。因此,办公室团队成员要注重自我职业形象的塑造,如仪表修饰、服饰搭配等。

一般而言,办公室团队成员要保持面部与裸露皮肤的清洁卫生,展现自己干净、干练的工作形象。男性工作人员不蓄长发,着职业西装,做到"三色原则"、"三一定律"和"三大禁忌";女性工作人员可以化职业淡妆、选择短发或盘发,着职业套装,少戴或者不佩戴首饰品,尽量给人呈现成熟、能干、自信的职业风格。另外,如果单位有特定的职业服装或修饰品,要注意在岗时穿戴特定服饰。

职业形象的塑造是要将办公室团队成员的工作精神进行外在展现,做到符合个人职业气质与年龄,符合办公场所风格,符合工作特点与行业要求。

(二)办公室团队的职业规范

办公室团队职业规范的养成需要团队成员进行专业学习与训练。因此,办公室团队成员要结合自己的办公室业务来学习专业知识、相关知识以及基础知识,并将这些知识内化为自己从事职业工作的行动指南。根据办公室的办文、办会、办事业务,以及兼职现代办公室事务的管理,我们认为办公室团队成员需要学习的职业规范知识有:

专业知识,主要是指那些直接有益于自己从事本职工作的知识。如办公室事务管理、秘书学、文书档案学、调研学、会议组织学、公文写作、办公自动化、管理学等专业知识,这些知识对做好办公室工作起直接决定性作用,因此,要学好并且熟练掌握。

相关知识,主要是指那些对做好本职工作起辅助作用的知识。如领导学、公共关系学、组织行为学、心理学、决策学、运筹学、统计学、财务管理、法律规章制度等辅助性知识,这些知识对于做好办公室工作起辅助作用,掌握它们便于办公室团队成员更好地完成本职工作。

基础知识,主要是指那些对提升个人涵养有帮助作用的知识。如中西方哲学、社会学、人类学、文学、历史、语言学、逻辑学、自然科学(数学、计算机、物理学、化学、生物等学科常识)、礼仪等知识,学习并掌握这些知识有利于办公室团队成员了解人生,认识社会,全面把握工作环境及职业背景。

因此,办公室团队成员要以专业知识为主体,相关知识和基础知识为延展,形成多层次、复合式的"网格型"知识结构,并将其运用在实际工作中,以促进团队职业规范的养成。

(三) 办公室团队的职业技能

办公室团队的职业技能是团队成员处理办公室事务时所采用的技术与能力。一般是办公室团队成员在自我学习、职业实践中不断成长与发展起来的。主要包括基础能力、专业能力和操作能力。

办公室团队成员要努力培养自己的观察力、记忆力、想象力、注意力、思维力等基础能力;还要从职业角度培养自己的专门能力,包括沟通协调能力、阅读写作能力、言语表达能力、分析判断能力、信息处理能力、公关交际能力、辅助管理能力;同时,办公室事务也摆脱了过去纯粹的手工作业,进入了电子化时代,团队成员要较好地完成工作,还需要掌握适当的操作能力,如办公自动化设备的运用、通信工具的使用、办公软件的操作、音像设备的操作以及驾驶技术的掌握等。

职业技能的养成不是一朝一夕就能完成的,办公室团队成员在职场中要善于与人交流、向别人学习,勤于实践,乐于参加职业培训,夯实自己的职业技能。

(四) 办公室团队的职业道德

办公室团队成员的职业道德是一般社会道德规范在办公室职业工作中的具体体现。优良的职业道德是当代办公室团队成员从事快节奏、高效率工作的动力,也是办公室团队成员自我完善的必备条件。一般而言,办公室团队成员的职业道德包括以下几个方面:

1. 政治可靠,廉洁奉公

办公室团队成员要善于把握国家的路线、方针、政策,在工作中保持清醒的头脑和正确的方向,并提醒和协助领导把握时代旋律。团队成员对上靠近领导,对下管理组织内部的财、物,绝不能有丝毫谋取自我私利的念头,要从集体利益、国家利益出发,保护集体、国家财产,杜绝受贿行贿行为,保持自己廉洁奉公的工作本色。

2. 遵纪守法,爱岗敬业

办公室团队成员要遵守国家的法律法规和本组织本单位的规章制度,在具体的职业活动中要依法办事、按章办事,不能做法律、制度、规章所不允许的事情。同样,团队成员要信守办公室工作的价值观与职业信条,保持一种积极的职业态度,对自身所从事的工作有一种责任与敬仰的心态,珍惜自己的工作机会与工作岗位。

3. 公道正派,乐于合作

办公室事务复杂、繁多,牵涉面较广,涉及多重人际关系,办公室团队成员在处理具体事务时要能站在公正的立场去协调各方、各部门利益,对事不对人,努力做到不偏不倚、公平合理。繁杂事务的处理既需要团队内部成员的多方合作,也需要其他部门的配合与协助,因此,办公室团队成员要具备与人合作的团队精神。

4. 诚实守信,保守秘密

办公室团队成员处于组织的综合办事部门,要与各方人士打交道,因此要保持诚实守信的做人原则,即忠诚于所属组织、单位,通过自己的诚实劳动履行自己的岗位职责。团队成员作为领导身边的人,也会常常优先知道一些重要信息乃至涉密信息,处于这个岗位的工作人员有责任有义务遵守相应的保密纪律,做到不泄密、不传密。

5. 勤俭节约,自尊自重

办公室团队成员要做到脑勤、眼勤、耳勤、手勤、腿勤,保持一种敏锐扎实的作风,创造性地完成本岗工作;还要充分考虑管理成本,做到不奢侈、不浪费,将节约贯穿在办文、办会、办事活动中。在现代职场上,处于任何职场的工作者都是相互平等的,相互之间只是工作关系,要做到人格平等、相互尊重,不要产生依附心理。

6. 甘当配角,适度表现

办公室是组织和领导工作的辅助部门,办公室团队成员的职责不允许其处于前台,实践表明,办公室工作要突出组织、领导,自我要退居幕后、辛勤奉献。但这不代表要求团队成员埋没自己的才智,在处理公共事务时,团队成员可以从维护组织形象与利益的角度适度展现自我风采,宣传组织形象。

(五) 办公室团队的职业心态

办公室团队成员的职业心态,是团队成员在办公室工作中因职业需求而表露出来的心理感情,包括职业活动中各种对自己职业及职业行为能否成功的心理反应。好的职业心态能够优化办公室工作环境,提高工作效率。一般而言,办公室团队成员要保持以下几种心态:

1. 积极进取的心态

办公室工作要与时俱进,要善于学习新知识、新技能,努力提高自身业务素质。要正确认识办公室工作在组织工作中的价值和作用,它是激励人、锻炼人的地方。要向先进成员学习,学习他们的为人处世技巧,学习他们的做事方法及良好心理品质,做到见贤思齐。

2. 主动行动的心态

办公室团队成员要学会主动实践,对本职工作要主动,对协助他人要主动,对公司、团队有利的事情要主动,对提升自身能力和素质的事情要主动。同时要善于将工作落到实处,而不是光说不练。如团队成员要多读、多看、多听、多写,多与领导交流,多了解领导意图,多熟悉各方动态,多深入基层一线,主动出击,掌握情况。

3. 平常谦逊的心态

办公室工作纷繁复杂,头绪多、任务重,"好人不愿做,懒人做不了";做好了功绩是领导的,做不好要承担一切责任。这就需要团队成员保持一种平常心态,坚守平凡岗位,不要爱慕虚荣、贪图荣誉。始终坚持本职岗位,在平凡工作中追寻自我满足与价值,把每一次锻炼当作进步的阶梯,利用好办公室工作平台,让自己成长、成熟。

4. 团结包容的心态

办公室服务领导与组织,岗位不同、分工不同,处理事务也不同。若因特殊情形不能完成工作,要及时与同事沟通,相互帮助,所谓"相互补台,好戏连台;相互拆台,直接垮台"。同时,团队成员还要有一种集体意识,部门之间要协调配合,放眼全局,秉持团结协作意识,充分发挥办公室的工作效能。办公室也是各种问题的第一处理机构,对外如客户投诉、对内如上访告状等,都会将办公室作为倾诉对象,或发牢骚或恶言相向。团队成员切忌不顾章法,与客户无理纠缠,或抱着"不该我管,爱找谁找谁"的态度,而是要保持宽容大度的胸怀,问清情况,分清责任,耐心说服,以情感人,化解纠纷。

(六) 办公室团队的职业意识

办公室团队成员的职业意识是团队成员在职业活动中的自我心理约束,是自我意识在职业选择领域的表现。一般而言,团队成员的职业意识突出表现在规范意识、服务意识、责任意识和创新意识等方面。

1. 规范意识

规范意识,是办公室团队成员按照规章制度和不成文的习惯性约定,自觉履行办公室岗位职责,规范自身行为的意识。团队成员要做到按时上班、按规范着装、按程序接打电话、按规定发放办公用品、按制度处理公文和管理档案等,这样才能获得领导与同事的认同。

2. 服务意识

服务意识,是办公室团队成员要乐于为自己所从事的工作和辅助的对象做自己该做的事情。办公室就是组织的综合辅助办事机构,团队成员就是办公室职能实现的主体,因此,团队成员必须具备强烈的服务意识,要培养自己的服务技巧与能力,做好对领导、对单位、对客户以及对广大群众的服务工作。

3. 责任意识

责任意识,是办公室团队成员自觉履行自己的岗位职责,按照要求认真完成自己应该完成的工作任务的一种意识。团队成员要明确自己的岗位职责,能够区别和鉴定自己的责任区,做到既不越区办事,也不漏掉该办事项。因此,要认真履行职责,坚持主动、高效地完成工作,成为具有责任意识的职业员工。

4. 创新意识

创新意识,是办公室团队成员在依程序、按规范完成自己的工作时,不要墨守成规,要善于思考、创新，寻找新办法、新观念来解决问题。办公室事务的复杂、繁多、琐碎，需要团队成员善于思考、创新，善于运用新兴学科的研究成果来协助自己和领导处理事务。

总之，办公室团队职业素养的高低取决于其成员的职业素养的高低，而团队职业素养又直接影响组织的形象和管理工作。因此，办公室团队成员要与时俱进，不断加强自身修养，提高自我职业素养，紧跟时代步伐，履行好办公室工作职能，当好领导的参谋助手，更好地为组织服务，在平凡岗位创造不平凡的业绩。

第二节　办公室团队的构成与岗位职责

办公室是联系上下、沟通左右的参谋办事机构，人员结构是否合理、岗位职责是否明晰，直接影响各部门的正常运转，也影响领导的决策、业务工作的开展和办公室工作效率。因此，办公室团队的构成、岗位职责的确定也是办公室团队管理的重要组成部分。

一、办公室团队构成

搞好办公室建设，提升办公室团队的工作能力和效率的关键在人。如何配备人，配对人，做到人尽其才，是办公室团队建设的关键。

在实践中，综合平衡办公室团队的各类因素，大致可将办公室团队设置为办公室主管、助理、秘书、文员等。

（一）办公室主管

办公室主管是指团队中为组织以及组织领导工作服务的综合办事机构或秘书机构的负责人。他既是办公室团队中的一员，也是办公室团队的管理者、指挥者。他是一室之长，全面负责办公室工作，对办公室团队成员的精神状态、工作水平、效能与作风有极为重要的引领作用；而对于领导，他又是大助手、大参谋。在不同的组织里，办公室主管被冠以办公室主任、秘书长、行政经理、行政总监或行政主管等不同名称。一般而言，一个办公室至少有一位负责人。

（二）助理

根据工作需要，有些办公室团队内部设有助理岗位。助理又分为领导助理、行政助理及各种专门助理。

领导助理主要是对某个特定的高层管理者提供辅助支持，他们经领导授权可以负责管理某专项工作。行政助理主要是支持和辅助整个组织或团队在行政方面的工作。专门助理是具有专业特长，协助专门领域或部门领导开展工作。助理类人员在有的单位由主管兼任，有的则是独立设置。

（三）秘书

秘书是办公室团队里的办事人员，他们协助领导处理政务及日常事务，并为决策及实施提供服务。相比较其他办公室成员，他们主要直接服务于领导，为领导提供文字、信息、决策以及事务处理等方面的服务。他们的时间与精力也主要是用于内部协调、文件起草、日程安排等工作，偏重于事务处理与管理。

（四）文员

办公室除了主管、助理、秘书外，还有一些工作人员，他们从事如前台接待、打字复印、设备操作、办公设备使用与网络系统维护、档案管理等工作。这类工作比较简单，多是技术性和程序性工作。

这种划分也不是绝对的，组织不同，办公室团队的构成与职务分工也有差异。日本著名秘书学者田中笃子曾对办公室业务进行了研究，提出了"四层次理论"，国内秘书学专家谭一平将其概括为"钻石模型"，对助理、秘书、文员的职责进行了区分。在现实中，有的组织常常会将保安、驾驶员等后勤保障人员也划归办公室团队来管理。

因此，在配备办公室团队成员时，应先制定出符合组织战略需要的人力资源政策，通过岗位分析，确定办公室所需人员的数量与种类，再进行合理的岗位设置及人员配备。

二、办公室团队成员岗位职责··

办公室事务复杂、琐碎，要想有序、合理、高效地完成任务，在进行清晰的岗位设置之后，就要对相应的岗位进行责权确定，即制定岗位职责。职责清晰，范围明确，再加上团队成员的通力合作，快捷、高效地完成任务则是必然之事了。

办公室团队成员的岗位职责要按照办公室事务性质来确定，既要确保工作任务完成，还要确保团队成员分工合理。一般而言，办公室团队成员的岗位职责主要分为办公室主管岗位职责和办公室职员岗位职责。

（一）办公室主管岗位职责

组织的大小及性质不同，办公室主管的职责也稍有差异。一般而言，办公室主管主要承担着承办、管理、协调、参谋等职责。

1. 承办

即对领导决策意见的贯彻与落实，对各职能部门、下级部门等要求办理的事项进行办理。这是办公室主管的首要职责。承办形式有"主办"、"会办"、"转办"、"催办"。"主办"是直接负责具体办理，"会办"是会同相关部门联合办理，"转办"是转由其他部门和负责人办理，"催办"是对"会办"和"转办"的补充，是督促相关部门从速办理事务。

2. 管理

这一职责是对办公室事务的领导与管理,是常态职责。主要涉及办公室的例行事务以及一些突发性事件的管理。例行事务有文书管理、信息管理、领导日程、印信管理、办公用品管理、办公室财务管理、办公室人事管理以及办公设备管理、后勤管理、安全管理等,这些例行事务要有岗位职责明细,有完善的工作流程和标准,便于管理和检查,是办公室工作的重点,但不是办公室主管的中心工作。突发事件主要是由办公室牵头,会同相关部门一同办理。办理过程中,要迅速了解事件的来龙去脉,分析任务的重要性、紧迫性,然后有条不紊地开展工作。

3. 协调

这一职责是在领导决策、指示以及相关文件等的落实与传达过程中,以及下属对上级部门的意见与建议的处理中,办公室主管要起承上启下、协调各方的作用。办公室主管要全面履行协调职责,做好领导班子与组织内各部门成员间关系的协调。

4. 参谋

这一职责是办公室主管在辅助领导决策过程中应尽的职责与义务。办公室是领导决策的"智囊团"、"参谋部",因此,办公室主管理应完成好这项职责。常见的参谋类型有:顺向参谋,即追随领导决策方向进行的辅助性参谋;逆向参谋,是在领导决策不合实际时进行的劝阻性参谋;侧向参谋,是为避免领导因过于专注某一事项而顾此失彼的提示性参谋。

◆例

行政办公室主管岗位职责

1. 贯彻执行上级下达的工作任务,实现部门工作目标。

2. 负责制定与行政办公室业务相关的制度、规范、程序等。

3. 负责制定行政办公室组织结构、岗位职责与考核激励计划,并定期提出改进意见。

4. 主持行政办公室工作例会,传达上级例会工作要点和会议精神,布置工作,解决难题。

5. 负责检查、监督下属员工的工作执行情况和计划落实情况。

6. 审核、汇总内部管理规章制度。

7. 负责起草计划、请示、报告、总结、通知、纪要等文件,并负责上述文件的审核。

8. 负责安排上级办公会及组织内部综合性会议。

9. 负责为上级的决策提供资料。

10. 负责检查上级各项工作指令的贯彻落实情况,并督促实施。

11. 协助上级协调处理内部部门之间的关系以及与外部的关系。

12. 广泛听取和搜集客户及各部门对办公室的意见,不断改进行政管理工作。

13. 费用及现金管理:编制行政办公室的部门费用预算;执行部门费用预算,承担部门费用管理与控制的责任。

14. 员工管理:负责下属员工的培养和考察工作;参与对本部门新员工的招聘工作;落实对本部门员工的培训工作;执行对本部门员工的考核、奖惩与激励等工作。

15. 检查本部门员工的工作纪律、工作质量等情况,并进行评估和考核。

16. 负责与其他部门的沟通、协调与配合工作。

(二) 办公室职员岗位职责

办公室职员岗位职责主要是除办公室主管外的其他团队成员的职责。一般而言,根据办公室事务特点与分类,办公室可以设置多个岗位,如助理/秘书岗位、机要岗位、信访岗位、档案管理岗位、文印岗位、通讯员岗位、保安岗位、驾驶员岗位等。不同岗位有相应的职责,具体参考如下:

◆例

助理/秘书岗位职责

1. 根据领导安排,起草工作总结、报告等各种文稿。公文起草,必须符合相关规定,在内容上做到实事求是、观点明确、层次分明、文字简练、书写清晰。

2. 负责中心主任办公会议、行政办公会议的通知、记录和会议决定、决议的文字整理工作。

3. 负责中心印发文件的校对、审核。

4. 分类管理文件、资料,并按规定及时移交归档。

5. 协助领导和有关单位开展调查研究,收集整理有关资料,总结经验教训,完成调研报告。

6. 对领导交办的事项,必须认真督查办理,按时间、进度完成。

7. 完成领导交办的其他工作。

机要岗位职责

1. 认真贯彻执行《保密法》和本单位保密工作制度,确保机要文件安全。

2. 负责各级政府及部门各类文件、刊物的登记、呈阅、传递、分发和文件办理后的清理、清退、销毁、立卷、归档工作。

3. 熟知公文管理规章制度和处理程序,并认真执行。来文立即拆封,按文件、便函、电报、资料等分类编号登记,按规定程序,准确迅速呈领导阅批。并根据领导指示转有关部门承办,公文呈递阅批不过当日,转阅传递承办不超过次日。

4. 负责监督检查中心各处室的保密工作。

5. 协助完成中心组织召集各类会议的会务工作,做好日常电话记录。

6. 完成领导交办的其他工作。

信访岗位职责

1. 按照国家法律、法规、政策规定,及时妥善处理职工和群众的来信来访,做到件件有登记、有依据、有处理结果。

2. 受理对下属单位处理不服、请求复查的上访案件。

3. 处理上级机关交办、转办的上访案件和复查工作,并按期上报。

4. 负责督促检查中心下属单位的信访工作。

5. 做好信访工作的动态情况分析和汇总工作。

6. 遵守纪律、严守秘密,不扩散来信来访中反映的情况和问题。

档案管理岗位职责

1. 贯彻执行国家关于档案工作的方针、政策、法规及档案管理部门的规定、办法。

2. 负责中心机关各类文件、材料的收集、整理、立卷、归档及管理工作,并按工作需要负责查阅,提供利用。

3. 文书档案于次年六月底以前立卷、归档完毕;声像、照片档案在摄录、冲洗加工后及时归档。

4. 档案管理做到防盗、防火、防潮、防尘、防腐、防鼠,确保安全、保密。

5. 对中心所属单位的档案管理工作进行监督和指导,每年检查一次。

6. 完成领导交办的其他档案类工作。

文印岗位职责

1. 能熟练操作打字机、复印机、誊印机、计算机,并能维护保养相关设备和处理一般故障。

2. 能按时完成单位各类文件、材料的打印、复印、誊印任务,确保质量。

3. 执行中心保密制度,按规定进行涉密材料的印制工作。涉密材料单独存放,单独打印,不得在不适当场合询问有关内容,不准泄露有关内容,及时销毁文件材料的蜡纸、废页等。妥善保管存有涉密信息的软件,不需要保存的内容及时清除。

4. 协助完成中心组织召集的各类会议中的文字材料的印制工作。

5. 完成领导交办的其他印制任务。

通讯员岗位职责

1. 承担中心各位领导办公室和会议室的卫生、设施管理及开水供应。

2. 负责中心领导及各科室各类文件、材料、电报、信函、报纸、杂志的取送,不拖延、不积压、不丢失,要做到及时、准确、无误、保密。

3. 协助完成办公室各类文件、材料的装订和分发。

4. 妥善保管领导办公室钥匙,不得私自交他人代管,确保领导办公室各类办公用品、公文资料的安全。

5. 协助做好各项接待工作。

6. 完成领导交办的其他工作任务。

保安岗位职责

1. 负责单位内部安全、消防管理工作,监督检查内部安全管理制度的实施,发现问题及时整改。

2. 负责单位社会治安综合治理工作的组织协调和落实,提高职工防范意识,力争重大案件发案率控制为零。

3. 负责单位门卫管理,检查指导门卫工作人员的日常工作,安排节假日值班。

4. 配合公安机关查处内部发生的各类治安案件。

5. 完成公安机关、街道及上级组织交办的其他工作。

驾驶员岗位职责

1. 负责车辆驾驶,服从管理和调度,随派随走,保证工作用车。

2. 负责车辆的保养和维护,坚持"出车前、行驶中、收车后"的安全检查,及时发现和排除隐患,确保安全行车无事故。

3. 负责办理车辆的有关手续和年度审验工作。

4. 未经领导调派不得私自出车,不得将车辆交与他人驾驶,节约使用燃油和维修费。

5. 保持良好车况和车辆内外干净整洁,无工具丢失。

6. 工作积极,服务态度好。

总之,配备在各自岗位的员工,要按照自身的岗位职责认真履行自己的义务,做到对自己负责,对组织负责。

第三节 办公室团队管理

有人的地方就存在管理,人多的地方更需要管理。作为组织中枢的办公室,人是其构成的最基本要素,是办公室管理的主体。现代管理科学强调人的因素,是以人为中心的管理,而人多的地方又组建了团队,于是便形成了团队管理。办公室团队管理主要涉及办公室主管的自我管理、对办公室职员的管理以及办公室的绩效考核管理。

一、办公室主管的自我管理

办公室主管作为一室之长,是团队的领头人,是办公室有序、高效运行的"火车头"。"火车跑得快,全靠车头带。"如果作为火车头的办公室主管不能进行良好的自我管理,那么整个团队高效运行就无从谈起。

办公室主管的自我管理就是办公室主管自己管理自己,是其对个人行为的自我约束和个人领导修养的养成。其自我管理的好坏,直接影响团队的工作效果与业绩。

(一)个人行为的自我约束

办公室主管的个人行为要符合其职业责任。办公室主管处于办公室的核心地位,负责办公室人与事的合理调配,如合理协调人、财、物以实现组织目标,合理管理团队成员,激发其工作潜能,关心员工生活品质,履行社会责任。

一般而言,办公室主管的行为要符合效率与效果、公平与公正、批评与鼓励的准则。

1. 效率与效果

办公室主管的每一行为都会被这一准则来衡量。办公室主管要善于利用掌握的资源为领导与组织乃至员工提供更多更好的服务。办公室主管要及时、准确地为领导提供各种资讯服务,要将各类办公资源用到合适的地方,创造良好的社会和经济效益,避免资源的浪费。同时,办公室主管要善于带领整个办公团队为领导和组织服务,在这个过程中,要准确传达上级指示与精神,提出本部门工作要求,并协调解决好在工作过程中爆发的一些临时或突发问题。

2. 公平与公正

办公室主管在具体工作中,要体现公平与公正的理念。无论是服务领导,还是对待下属,都要一视同仁,对事不对人,做好团队人际关系的维护,不能因一些个人恩怨或利益而偏向某位或某些员工,影响集体的团结,要做团队的"桶箍"。

3. 批评与鼓励

"人非圣贤,孰能无过?"作为主管也会因各种因素而出现工作失误或犯一些小错,因此要能接受下属的批评,善于听取不同的意见。小错容易积累成大错,马虎不得,要鼓励员工对组织内部的不当行为直言不讳,发现错误及时纠正。同时,主管对下属要不吝鼓励与表扬,让员工对工作有信心与动力。

(二) 领导意识的行为体现

办公室主管除要具备前述办公室团队的职业素养外,更要突出其"领导者"修养。作为领导者要具备营造环境、前瞻未来,调控员工、追求卓越,善于分享、拒绝独享等特质。

1. 营造环境、前瞻未来

员工潜力的发挥需要良好的环境氛围,作为领导者的办公室主管要善于为员工营造和谐、轻松的工作环境,使他们能够在愉悦的环境中施展才华。一个热忱快乐的人会带动其身边的人一同快乐工作。同时,主管还要看到组织和员工的未来,要具有一定的预见能力,促进员工的晋升、发展。

2. 调控员工、追求卓越

主管要善于调控自己身边的职员,指导他们工作方法,对员工既要保证工作上的严格要求,又要关心其身心发展。要不断完善自己,秉持新观念来管理自己的团队,追求卓越。

3. 善于分享、拒绝独享

作为主管要善于和同事分享荣誉与成功,不能炫耀自己、贪功归己,更不能把个人利益凌驾于组织之上行独裁之便。处于领导位置的主管要心甘情愿地为下属提供晋升的平台,乐于为员工服务,将组织的成功、快乐与全体员工分享,促进他们的集体荣誉感。

二、对办公室职员的管理

主管是办公室的主要负责人,要施行对办公室职员的管理活动。对办公室主管而言,除了对事的管理外,更重要的就是对人的管理。做到人与事的合理调配,并合理协调好人际关系,才能创造团队的高效率。

(一) 管理原则

要做好对办公室职员的管理,需要坚持以下原则:

1. 量适用原则

办公室职员管理的基本要求就是做到人与事的合理搭配,即因事求才、因才施用、人尽其才、事尽其功。因此,要做到明事与识人。办公室职员的层次水平不尽一致,主管人员要根据个人的具体情况,实行定位管理,做到何人做何事,何事找何人,以确保人与事的合理配置,进而做好工作。

2. 扬长抑短原则

"金无足赤,人无完人。"每个人都有自己的优缺点,在选用职员时,不能求全责备、过分苛求。要根据工作需要,全面分析诊断,权衡利弊,扬其所长,避其所短。办公室岗位要求不尽相同,我们尽管希望办公室团队成员是"通才",但是要求人人都是"通才"也不切实际。要根据不同类型的人与其思想、品行、才能,正确加以使用。

3. 智能互补原则

办公室团队成员在专业、知识、能力、特长、年龄等方面都有差异,要善于利用这种差异,使其合理搭配变成办公室的优势资源来服务于组织。这样才能使办公室内部结构合理,形成工作质量与效率较高的办公群体,保证各项工作顺利进行。

4. 多元激励原则

现代管理学强调用激励来管理员工,要做到物质与精神激励的良好结合,只注重某一方面都是片面的激励措施,都不一定取得良好的效果。管理者要善于激发员工的工作兴趣,满足他们在心理和生活上的正当需求,引导其积极工作。主管要善于与职员谈心,给予职员更多精神激励。人人都有上进心和荣誉感,都乐意得到领导的表扬与嘉奖。要善于运用各种激励方式促进职员的身心健康发展。

(二) 管理方式

办公室应当根据组织实际和职员工作要求,制定合理有效的规章制度,确保办公室工作科学化、制度化和规范化。常见的办公室团队管理方式有:

1. 责任管理

在明确办公室总任务的基础上,把责任分解到每位职员,克服工作的随意性和盲目性,做到责任明确,分工负责。

2. 规范化管理

办公室每项工作都应有严格的规章制度,并要求职员严格遵守。在工作过程中,要不断总结经验,逐步完善原有规范,做到按章行事。

3. 常规化管理

办公室工作大部分是常态化、重复性工作,要明确规定每周、月、季、年的常规工作,如周会议安排、月工作总结、年生产计划以及固定节假日的常规工作等。

4. 自动化管理

现代科技的发展为办公室工作带来了巨大的便捷,办公室不断引进现代化办公设备和技术,如计算机、复印机、传真机以及缩微技术等,以提高工作效率。

（三）具体措施

做好办公室职员与团队的管理与建设,在遵循相关管理原则和管理方式的基础上,还需要采取具体措施:

1. 要合理选拔优秀管理人才,加强人才梯队建设,多参与对外交流,使管理团队与国际接轨并适应时代要求。

2. 要合理设置职位,撤销或改进不合理职位,减少不必要的闲杂人员。

3. 要建立合适的奖惩机制,奖勤罚懒,提高职员的工作积极性,以保障办公室管理工作效率。

4. 要积极研究管理工作,提高对管理工作的认识。管理是一门科学,大量实践表明,在相同的人力、物力和财力条件下,改进管理可以提高效率,提高经济效益。

5. 要重视在职团队成员的岗位培训,大力培养管理人才。办公室工作担子重、工作忙,要善于为职员安排进修、学习的机会,以促使他们不断进步、不断学习新的管理知识。

三、办公室绩效考核

办公室职能的实现是通过每个成员执行具体任务来完成的,而执行效果如何,则需要通过绩效考核来确认。绩效,就是成绩、成效之意。办公室绩效考核是指上级组织和本部门主管按照规定管理权限,依照一定程序、方法及绩效标准,对办公室团队和职员个人的工作行为及任务完成情况进行科学评估,及时将评估结果反馈给被评估者并以此作为奖惩、培训以及对个人辞退、调整职务、级别和工资的依据的制度。这种绩效考核既包括对办公室团队整体的考核,也包括对具体职员的个人考核。

（一）绩效考核原则

为做好办公室绩效考核工作,按照现代管理科学,单位内部应实行岗位目标负责制。岗位目标负责制,是根据单位或岗位职业特点,明确规定其职责、权限的工作制度,是进行绩效考核的基本依据。同时,在考核工作中还要坚持以下原则:

1. 客观公正

公正是绩效考核制度的前提,做到公正、客观才能使考核结果令人信服,起到奖惩作用。考评过程中,要依据明确规定的考评标准,对员工行为与成绩进行客观评价,避免主观性和情感色彩。

2. 民主公开

是指通过征求意见、民主评议和民意测验的方式,公开对办公室职员进行考察,增加考核透明度。考核结果要对其本人公开,这是保证民主的重要方法。这样既方便被考核者对自己的优缺点有较好把握,使其发扬优点、纠正缺点,又可以使业绩不好者心悦诚服、努力奋进,同时也可避免一些错误或失误,保证考核的公平合理。

3. 注重实绩

考核中要重点考察被考核人员的实际业绩,就事论事,而不能考虑员工的主客观条件,如将员工个人的性格、学历、职务、兴趣等作为考核因素,就容易有失公平、公正。

(二) 绩效考核内容

考核内容就是对办公室职员进行考察和评价的具体项目,它直接关系到办公室职员的考核质量。根据岗位责任制工作制度,通常考核职员的工作态度、工作能力、工作效果等方面,办公室职员的考核主要以其岗位职责和工作目标为依据,从个人素质、工作技能、工作作风、工作实绩、保密纪律、团结协作等方面入手,归纳起来就是德、能、勤、绩、廉五个方面。

德,指思想品德,包括办公室职员的思想素质、职业道德、社会公德、家庭美德等情况。

能,指工作能力,包括办公室职员的岗位业务知识和技能、组织管理能力、工作效率、工作经验、协作能力等情况。

勤,指勤奋敬业精神,包括办公室职员对工作的责任感、主动性、积极性、创造性、出勤率等情况。

绩,指工作实绩,包括办公室职员履行岗位职责、完成工作任务目标情况、完成领导交办任务情况的实际工作效果。

廉,指廉洁自律,包括办公室职员的个人行为与工作行为,不能徇私舞弊,不能行贿受贿,要遵守劳动纪律。

这五个方面密切相关,要全面考核、注重实绩,不看工作成绩的考核也就失去了考核意义。

(三) 绩效考核方法

对办公室职员的考核方法很多,不同方法各有侧重,因此,要根据考核目的选择恰当的方法。常见的绩效考核方法有:

1. 等级法

根据职员的工作绩效为其评定等级,然后再排序。这种方法是先设立如"优、良、中、差"的等级,然后对全体职员的工作绩效进行考核,将考核结果按此等级排列,进行奖惩。

2. 量表法

将考核的各项因素,划分等级,设计量表,供考核者选择。如德、能、勤、绩、廉五个方面,每一方面进行简要说明,结果分优、良、中、差四个等级,然后填入设计好的表格中,以便考核操作。(参见表 2-1)

表 2-1 量表法

要素与得分\姓名	德 (20分)	能 (20分)	勤 (15分)	绩 (30分)	廉 (15分)	得分	考核等级			
							优	良	中	差
	思想素质、职业道德、社会公德、家庭美德	岗位业务知识和技能、组织管理能力、工作效率、工作经验、协作能力	责任感、主动性、积极性、出勤率	履行岗位职责、完成工作任务目标情况、完成领导交办任务情况的实际工作效果	遵纪守法、廉洁自律					

注:在相应被考核者栏目内赋分。

3. 清单法

事先拟就一份考核清单,以明确的评语与被考核者的工作实际相对照,让考核者选择。考核者只要照单选择即可填好清单,便捷易行,结果也方便统计。(参见表2-2、表2-3)

表 2-2 清单法

考核面向	指标名称	考核标准								总分	得分
		优		良		中		差			
		标准	得分	标准	得分	标准	得分	标准	得分		
工作态度	工作责任心	强烈	30	有	24	一般	18	无	6	30	
	工作积极性	非常高	25	很高	20	一般	15	无	5	25	
	团队意识	强烈	25	有	20	一般	15	无	5	25	
	学习意识	强烈	20	有	16	一般	12	无	4	20	
工作能力	分析能力	非常强	20	较强	16	一般	12	较弱	4	20	
	判断能力	非常强	20	较强	16	一般	12	较弱	4	20	
	计划能力	非常强	15	较强	12	一般	8	较弱	3	15	
	创新能力	非常强	15	较强	12	一般	8	较弱	3	15	
	学习能力	非常强	10	较强	8	一般	6	较弱	2	10	
	应变能力	非常强	10	较强	8	一般	6	较弱	2	10	
	理解能力	非常强	10	较强	8	一般	6	较弱	2	10	

续　表

考核面向	指标名称	考核标准								总分	得分
		优		良		中		差			
		标准	得分	标准	得分	标准	得分	标准	得分		
……											
……											
合计											

表 2-3　清单法

被评估者姓名：　　　　　　　　职务：　　　　　　　　评定时间：

评估项目	评估要素	具体内容及着重点	自评	上级考评
出勤情况(5)	有无缺勤(5)	执行公司考勤制度,无迟到、无早退、无旷工(上述事项有一次,扣1分)		
态度维度(20)	忠诚度(4)	能否认同公司,忠于公司,热心于本职工作		
	认同感(4)	是否熟悉并贯彻执行公司各项规章制度、政策等;有无违反公司规章制度的行为发生		
	执行力(4)	责任感是否强,确定完成交付的工作;是否用心努力,并达到要求		
	工作激情(4)	工作中是否富有激情,敬业,善于付出		
	诚信、担责、不损公肥私(4)	工作中是否首先考虑到公司的利益第一,是否做到诚信、务实,敢于承担责任,不做损害公司之事		
能力维度(45)	工作熟悉程度(10)	能否熟练掌握工作,并独立有效地进行;能否随机应变地处理工作中的突发事件		
	学习能力(8)	主动学习各种岗位技能知识,丰富知识面,开拓视野		
	计划组织、执行能力(5)	能否制订本岗位所要求的工作计划,并能有效地整合资源,按计划、按要求落实组织执行;能否按时完成领导交办的工作		
	团队协作能力(7)	工作中是否乐于帮助同事;尽心尽力服从与自己意见相左的决定;与同事相处融洽,能携手完成工作		
	协调沟通能力(10)	对内与同事们、上下级、部门、公司与公司间;对外与客户、合作单位是否具备流畅的语言、文字表达能力、出色的协调沟通能力		
	是否能发现问题,是否能提出解决问题的方案(5)	是否能胜任职责范围内规定的工作,工作中是否具有前瞻性,是否能发现问题,并提出合理化建议		

续　表

评估项目	评估要素	具体内容及着重点	自评	上级考评
绩效维度(30)	每项工作完成情况(10)	是否能正确、有效地工作,取得较好的工作结果(完成比例100%为10分,以此类推)		
	重要工作完成率(10)	当月重要工作事项完成率(完成比例100%为10分,以此类推)		
	工作满意度(5)	工作表现能否赢得本部门及其他部门领导及员工的表扬和尊重		
	工作投诉率(5)	是否有部门对该员工的工作及行为方面有投诉		
合计				

4. 报告法

让每位职员自主拟写一份关于个人的工作报告,然后大家坐在一起召开考评会。先由被考核人报告个人工作情况,其余人员当评委给予考核,最后将结果进行统计、排列。

5. 评语法

是指对职员的工作表现进行语言评价。关键是考核者要写出被考核者的优缺点,偏重于定性描述,方便灵活,易于操作。(参见表2-4)

表2-4　评语法

办公室职员绩效考核评语表
部门:　　　　　　职位:　　　　　　姓名:　　　　　　考核日期:
问题与评价:
1. 工作成功的方面
2. 工作中需要改善的地方
3. 是否需要接受一定的培训
4. 本人认为自己的工作在本部门和全公司中处于什么状况
5. 本人认为本部门工作最好、最差的是谁? 全公司呢?
6. 对考核有什么意见
7. 希望从公司得到怎样的帮助
8. 下一步的工作和绩效的改进方向
备注:

6. 事件法

为每一位职员设立考绩日志或绩效记录,由考核者(办公室主管)随时记录。使用此法,一般要将与该职员岗位工作直接相关的突出事件记录下来。如,张三某日提出一项重要建议,被领导采纳并推行,收到良好效果;李四某日因值班记录有误,导致某项工作的施行受到影响。这样在年末考核时,对这些关键事件进行整理、归纳,就可以得到可信的结论,有利于避免主观倾向,也能令被考核者信服。但此种方法操作繁琐,不能反映职员工作全貌。

总之,在考核工作中,一般都会将这些方法合并使用。不论采用哪种方法,都要坚持考核原则,使考核效果起到激励先进、警示落后的作用。

◆ **知识链接——团队及高绩效团队**

"团队"与"团体"不同,"团体"可能是恶性的、中性的或良性的,"团队"则指良性的团体。团队有几个重要的构成要素,正是这些要素使我们区分开了"团队"与"团体"。我们将其总结为"5P":

◎ 清晰的目标 Purpose

团队有一个既定的、明确的目标,团队成员知道要向哪个方向努力以及怎么努力,没有目标,这个团队就没有存在的价值。团队目标要能够有效地分解成每一个团队成员的目标,并有利于成员个人目标的实现。成员的目标必须与团队的整体目标一致,团队的目标必须与组织的目标一致。同时,团队还应该有效地向外界传播自己的目标,使外界了解、支持团队目标的实现。

◎ 完善的计划 Plan

团队不仅有一个清晰的目标,而且有实现该目标的完善的计划。计划包含两层面的含义:(1)目标最终的实现,需要一系列具体的行动方案,可以把计划理解成目标的具体工作程序;(2)按计划进行可以保证团队的进度顺利。只有在计划的指导下团队才会一步一步地贴近目标,从而最终实现目标。

◎ 合理分工的人员 People

人员是构成团队最核心的要素。团队目标是通过人员实现的,所以人员的选择是团队中非常重要的一项工作。在团队中可能需要有人出谋划策,有人制订计划,有人负责具体实施,有人协调不同的人员一起工作,还有人去监督团队工作的进展,评价团队成员最终的贡献。不同的人员只有通过合理的分工才能完成团队的目标,在人员选择方面要考虑人员的能力、资源、经验等的独当一面与互相匹配。

◎ 明确的定位 Position

明确的定位包含两层意思:(1)团队的定位。团队在组织中处于什么位置? 由谁选择和决定团队的成员？团队最终应对谁负责？团队采取什么方式激励成员？（2）个体的定位。成员在团队中扮演什么角色？是制订计划还是具体实施或评估？

◎ 适当合理的权限 Power

团队领导者的权限大小与团队的发展阶段密切相关。一般来说，团队越成熟领导者所拥有的权力相应越小，即领导者与其他成员在团队成熟期权力相当。在团队发展的初期阶段，领导权则应该相对比较集中。团队的权限关系主要表现在两个方面：（1）整个团队在组织中拥有什么样的决定权？例如，财务决定权、人事决定权、信息决定权等；（2）组织的基本特征。例如，组织的规模大小、团队的数量多少、组织对于团队的授权大小、组织的业务类型等。

除了上述五个基本构成要素，高绩效团队还具有以下特点：

◎ 相互的信任

每个成员对团队内其他成员的品行和能力都确信不疑，是高效团队的显著特征。而信任这种东西是相当脆弱的，它需要花费大量的时间去培养而又很容易被破坏。组织文化和管理者的行为对形成相互信任的团队氛围非常关键。如果组织崇尚开放、诚实、协作的办事原则，同时鼓励成员的参与和自主性，它就比较容易形成信任的环境。沟通、支持下属、尊重下属、公正无私、言行一致以及向下属展示能力，这些行为都有助于管理者在成员中建立和维持信任。

◎ 统一的承诺

成员对团队表现出高度的忠诚和承诺。为了使团队获得成功，他们愿意去做任何事情。成员对团队具有认同感，他们很看重自己属于该团队的身份。成员对团队目标具有奉献精神，愿意为实现团队目标而发挥自己最大的潜能。电视剧《亮剑》中的独立团骑兵连连长孙德胜，能够在全连只剩一兵一马的情况下，仍然发动正式进攻，就是这种奉献精神的表现。

◎ 良好的沟通

团队成员之间以他们可以清晰理解的方式传递信息，包括各种言语和非言语信息。此外，良好的沟通还表现在管理者与团队成员之间健康的信息反馈上，这种反馈有助于管理者对团队成员的指导，以及消除彼此之间的误解。如同一对共同生活多年的夫妻，高效团队中的成员也能迅速并有效地分享彼此的想法和情感。

◎ 充分的人际技能

高绩效团队的成员之间的角色是经常发生变化的，这要求团队成员具有充分的人际技能，即勇于面对并协调成员之间的差异。由于团队中的问题和关系时常变换，成员必须能面对和应付这种情况。成员间有高度的相互作用和影响，因而易于调整彼此的关系。

◎ 有效的领导

高绩效团队的领导者能为团队建立愿景，指明前途，鼓舞成员的信心，帮助他们更充分地挖掘自己的潜力。领导者往往担任的是教练或后盾的角色,他们对团队提供指导和支持,而不是试图去控制下属。

◎ 内部与外部的支持

高绩效团队必须有一个支持环境。从内部条件来看,团队应拥有一个合理的基础结构,这包括:适当的培训,一套清晰而合理的测量系统用以评估总体绩效水平,一个报酬分配方案以认可和奖励团队的活动,一个具有支持作用的人力资源系统。恰当的基础结构应能支持团队成员,并强化那些取得高绩效水平的行为。从外部条件来看,管理层应该给团队提供完成工作所必需的各种资源。

◎ 成员的工作自主性和精神状态

在高绩效团队中,成员被分配了合适的角色,并对其工作具有一定的自主权。成员有较强的工作动机和良好的精神状态,充满自信和自尊。目前的一些非传统型企业实行灵活的工作时间制度,正是为了充分调动员工的工作自主性和精神状态。

——选自:王圆圆《团队的构成与作用》,《管理学家》2009 年第 11 期。

【思考题】

1. 办公室团队该如何提升职业素养?
2. 如何理解办公室职员的岗位及其职责?
3. 作为办公室主管,该如何做好自我管理?
4. 做好办公室职员管理的原则与方式有哪些?
5. 如何对办公室职员进行绩效考核?

【案例分析】

汪辉,人力资源专业毕业,现在一家新创立的房地产公司做公司办公室主任。第一天上班,该公司还没有正式营业,具体规划有待明确,已经到岗的其他员工(含 1 名档案专业的办公室职员)也有些迷茫。经理对汪辉的要求是负责办公室的日常工作,协助经理做好公司的工作,具体涉及行政事务、文档管理、各种规章制度的编制、人事招聘(还需 2 位办公室职员)、后勤(卫生、安全、采购)。之前,汪辉曾在一家外贸企业做行政助理,有 2 年工作经验。

请认真阅读案例,完成以下问题:

1. 请你帮汪辉规划一下公司办公室团队的具体分工。

2. 因公司尚缺两位职员,鉴于公司情况,请帮汪辉拟写招聘启事。

3. 经理交付汪辉编制各种规章制度,就办公室而言,汪辉需要编制哪些规章制度,请列出,并试着编制出其中三项规章制度。

【实践活动】

走访当地某一组织的办公室,就其办公室团队的构成情况与岗位职责进行问卷调查,并就办公室团队的管理工作对其主管进行访谈。

活动目的:熟悉办公室团队构成的特点,明确岗位职责在实际工作中的作用,了解办公室团队管理在实际工作中的重点与难点。

具体要求:根据本章所学办公室团队管理的理论知识,自主设计调查问卷和访谈提纲(要注意问卷与访谈提纲设计的合理性与针对性)。

第三章 办公室环境管理

本章由四节组成，分别为办公环境管理概述、办公环境布局、办公环境建设以及办公环境"5S"管理。通过本章的学习，旨在了解办公室环境管理的涵义，认识办公环境的层次，知晓办公环境管理的作用和原则，能够根据组织的实际需要，选择办公室布局，优化办公室建设，并将"5S"管理巧妙地运用到办公环境管理之中。

【职场小故事】

办公区嘈杂忙乱喧嚣一片　任秘书设计布局舒适自然

总经理把秘书任岩叫到办公室说："咱公司是新大楼、新设备、新装修，可每次走进公司办公区，总感觉物凌乱，事杂乱，人忙乱，究竟怎么回事，你去看看。"任岩认真考察公司办公环境，的确存在很多问题：各个办公室的设备虽然是新的，但是随便摆放；男职员办公桌乱糟糟堆放着文件、文件夹；女职员办公桌摆放着个人照片、零食和化妆包；打印纸东一堆、西一堆地放在窗台上；插座、电线拖曳在地上；办公室和公共办公区域的绿色植物已然枯萎……

任岩如实汇报，总经理要求他尽快拿出一个改进方案，然后放手去改，不要有顾虑。得到总经理授权后，任岩开始对公司的办公环境进行重新设计和布置。他对办公环境的硬环境和软环境都进行了大刀阔斧的改变，制定出一套具体可行的办公规范管理制度，要求职员们按照规范进行工作。

经过一个星期的紧张工作，任务终于完成。任岩请总经理来验收。总经理所到之处，看到一切都那么和谐、美观：办公室整洁有序，办公桌上电脑、电话、文件夹整齐规范；职员们正在忙碌着，没有了往日的嘈杂；办公室和公共办公区的绿色植物生机盎然，走在这样的办公环境中感觉非常舒适。

当前，各类组织越来越注重自己的办公环境，让人一进入就感受到他们的品牌特质、经营理念与组织文化。我们每个人每天的工作时间为 8 小时，占到一天的 1/3，有时还会加班，一个良好的办公环境不仅能让员工全力投入工作，还能使同事间建立起良好的人际关系，弱化"办公室代沟"，改善"办公室综合征"。

第一节　办公环境管理概述

一、办公环境的含义

办公环境是直接或间接作用和影响办公过程的各种因素的总和,由人文"软"环境和自然"硬"环境两部分构成。

以办公室人员为立足点,我们将办公环境由近及远划分为三个层次:工作环境、职能环境和社会环境三个层次。(如图 3-1)

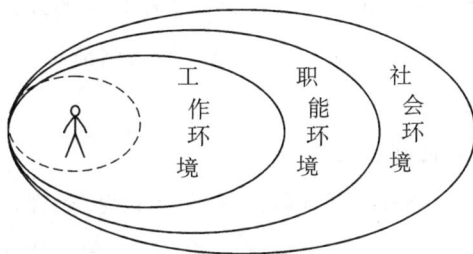

图 3-1　办公环境的层次

(一) 工作环境——办公环境的基础

工作环境,是指具体办公活动的场所及使用的设备等,同时包括从业人员的状况。办公室工作人员每周有至少 40 小时时间在办公室里,为了尽可能减轻精神疲劳,获得较高的工作效率,办公"硬"因素的设置要适合办公人员的心理需求和工作要求,以使办公人员获得最佳的工作状态。此外,办公"软"环境建设要体现组织文化,提升员工素质,构建和谐关系。

(二) 职能环境——办公环境的核心

职能环境,是指一个社会组织内部的机构设置、目标划分和运行情况,同时包括人际关系和工作方法等因素。办公室在履行自己的职能中必然要同组织中其他部门发生各种各样的联系,办公职能的正确履行不仅取决于其他部门的支持和配合,还取决于组织内部机构是否合理,各种制度是否完善等组织内部管理因素。所以,职能环境是办公环境的核心。

(三) 社会环境——办公环境的起点

社会环境是指一个国家内部的物质经济环境、政治法律环境和精神文化环境,同时包括这个国家的人口、民族、历史等因素。社会环境对我们职业生涯乃至人生发展都有重大影响。作为社会组织内部管理的组成部分,办公活动必然根据国际、国内和自己所在地区的政治、经济、科技、文化、法制建设、政策要求及发展方向,从社会环境中获取相应的信息,整理加工转化为社会和组织需要的各种"产品",因此社会环境是办公环境的起点。

一般来讲,作为个体的办公室人员,很难影响和改变社会环境;随着经验的不断积累及地位的逐渐提高,可以在一定程度上改进和选择职能环境;但能够直接影响并在工作中加以选择、改进和优化的是自己所处的工作环境。

二、办公环境管理的作用

(一) 保障工作质量,提高工作效率

办公室设置在领导、上司身边,直接为领导、上司服务。领导办公室是领导决策、指挥、管理的重要场所,办公室工作人员有责任和义务进行管理,使其工作环境安静安全。办公设备良好,办公设施完善,是提高工作效率的保证。作为综合性办事机构的办公室,汇总、整理所有信息,发出所有指令,处理日常事务,安排领导日程,其工作环境的简洁舒适,工作流程的方便实用,有利于提高工作效率,保障工作质量。

(二) 传递文化理念,树立良好形象

办公室是现代组织的窗口,与社会各界联系频繁,其设施、装饰、工作流程以及工作人员的言谈举止都传递着组织的文化理念,有助于塑造组织的良好形象。比如,知名化妆品公司玫琳凯的办公室,充满粉红色的优雅气质,突显企业以人为本的设计;玫琳凯每一位员工办公桌上都有一个可爱的"暖和软毛",用来象征人与人之间相互关心、彼此相爱的亲密关系。它可以是拥抱,是亲吻,或者任何给予他人的友好行为,人与人之间简单的互爱可以让生活变得更充实……进而倡导员工为人真诚,努力工作,具有责任感。

(三) 弱化"办公室代沟",改善"办公室综合征"

办公室人员,年龄不同、性格不同、成长环境不同、专业背景不同,不可避免地存在"办公室代沟"。通过管理,无论"新兵"还是"老将",都要与人为善,彼此尊重;"新兵"要谦虚,"老兵'多包容。人际关系的和谐友好,能够弱化"办公室代沟",形成以老带新,以新促老的良好氛围。随着办公室污染源的增多,不少办公室人员往往一进入办公室就感觉鼻子发痒、眼睛发涩、皮肤发干、胸口发闷,浑身乏力,昏昏欲睡,甚至呼吸困难。可以通过科学方法控制污染,稀释有害气体,用绿植美化办公环境,"治疗""办公室综合征",以期愉悦身心,快乐工作。

三、办公环境管理的原则

(一) 业务流程优化

业务流程是为完成特定的工作目标而由不同的人分别共同完成的一系列活动,即工作人员从开始到结束所经路程,或一项业务从开始到结束所经的各道工序。活动之间不仅有严格的先后顺序限定,而且活动的内容、方式、责任等也都有明确安排和界定,以使不同活动在不同岗位角

色之间进行转手交接成为可能。业务流程优化不仅仅指做正确的事,还包括如何正确地做这些事。比如《国家行政机关公文处理办法》就规定了收发文程序,制发公文包括草拟、审核、签发、复核、缮印、用印、登记、分发等程序,因此在筹划办公室(厅)主要职责内设机构布局时,就要根据机构之间和工作人员之间的工作关系进行设计,使相关的部门尽可能安排在相邻的地方,避免不必要的重复往返,使流程方便、顺畅、协调、高效。

(二) 办公环境美化

美在经济实用。满足实用要求,给办公室人员的工作带来便利,又要降低费用,追求最佳性价比。国内有些企业,片面追求巨大奢华的办公场地,常常导致总面积居高不下,维护与重置费用相当可观。因此,对于一家理性的企业来说,合适的办公面积、精良的办公陈设才是最实际、最有效的选择。采用直线对称的布置,避免不对称、弯曲与成角度的排列。工作流程应成直线,避免倒退、交叉与不必要的文书移动。相关的部门,应置于相邻的地点,以使性质相同的工作便于联系。

美在舒适整洁。舒适,即人们在布置合理的办公场所时,将"人体工学"理念广泛运用于办公家具上,使身体各部位减少不适感。一张干净整洁的办公桌会让人心情愉快,也会让工作变得井然有序。同一地区的档案柜与其他柜子的高度一致,以增进美观。相反,如果办公用品与办公设备的摆放过于随意,会导致办公空间的浪费或拥挤现象,影响人员的有效活动能力与正常的工作心态。

美在协调一致。协调一致的内涵是物质环境与工作要求的协调。它包括:办公室内设备的空间分布、墙壁的颜色、室内光线、空间的大小等与工作特点性质相协调;人与工作安排的协调;人与人之间的协调,包括工作人员个体、志趣、利益的协调及上级与下级的工作协调等。比如办公室内部的色彩与照明搭配不协调,容易造成压抑的心态甚至视觉污染,影响工作人员的劳动效率。

美在适度独立。有多间小办公室组成的办公系统自然具有较强的独立性,但如果领导与下属同处一室,在设计时理应将领导与员工适度隔离,既避免来人来访耽误领导时间,又便于请示汇报工作。工作人员彼此也要有相对独立的办公区域,避免重要信息的泄漏。

(三) 安全健康意识强化

对于"坐班族"来说,一天的大部分时间要在办公室度过,要做到每天"高高兴兴上班来,平平安安回家去",良好的安全健康意识和习惯至关重要,在办公室的布局和布置中,也要以保证组织人员的健康安全为出发点。

办公场所发生的人身损伤和火灾、触电等意外事故,往往与人们安全意识松懈、使用物品不当及防护设备不足有关。在各办公室布局和办公室布置时,应注意整体环境的安全,防止火灾、摔伤等事故的发生,注意办公室财务的安全防范,防止盗窃事件发生。

久坐不动的生活和工作习惯,可能给人体健康带来"从头到脚"的损害,比如尽量配备可调式办公椅,使工作人员无论是伏案写字或使用电脑都可根据人体舒适程度调节,以预防颈椎病,如设立吸烟区以公正对待吸烟者等等。工作人员自身也应该树立"为健康而运动"的意识。

第二节　办公环境布局

一、办公室外部空间环境管理

(一) 室外环境的管理

室外环境指组织办公室外的环境,包括大门、旗帜、电子显示屏、停车区域以及道路庭院等。

大门是组织的门面,要加强管理,建立门禁制度,实行 24 小时轮流值班,检查进出大门车辆及人员的证件,防止闲杂人员进入组织内部,保证机关安全。机关大门所挂机关标牌,要看护好,防止污损破坏。

旗帜是国家或组织的象征和标志,在悬挂旗帜时,要依法将五星红旗"置于中心、较高或者突出的位置",要依法"早晨升起,傍晚降下",不能不分昼夜地常年升挂在旗杆顶端。无论是国旗还是其他的旗帜都不能破损、污损、褪色甚至不合规格。

电子显示屏是组织重要的宣传窗口,主要宣传组织的重要决策、重大事件,展示考察欢迎词,国家法定节假日祝福,甚至是充满人文关怀的员工结婚、生日祝福等等。不仅要确保电子显示屏发布信息的准确无误,还要确保电子显示屏的供电安全,文字显示完整。

停车区域位置恰当,自行车棚和车库不能位于办公楼正面,室外要划定停车区,严禁办公楼门前停放自行车、汽车。

道路庭院要绿化,更要清洁。庭院空地尽可能种植花草树木,勤于修理,并制定相应的卫生制度,定期检查。

(二) 职能机构的规划

决策机构一般设在办公楼的中心位置,作为组织为决策机构及决策者处理综合事务的辅助性机构自然也设立在办公楼的中心位置。

办公室(厅)内设机构的布局,要考虑工作性质、信息类型和业务流程,既要按照办公室(厅)内设机构的主要职责,也要考虑员工与领导之间、职能区域之间的方便交流,同一部门的分支机构尽可能安排在一起,以便提高工作效率。

办公室(厅)主任是一个双重角色,既是秘书班子的"班长",又是辅助领导决策的"参谋长",作为"班长"以领会和贯彻领导意图为要务,并以领会和贯彻的准确和彻底为标尺;作为"参谋长"要独立思考,辅助领导决策。其办公地点应紧邻决策机构和决策者。

负责撰写文字材料的部门,其办公地点要保持独立、安静,离办公室(厅)主任相距不远,以便及时沟通;作为对外联系较多的部门,如收发室、接待区、综合科室等,应设在低层和交通便利的地方,以利于组织内外人员联系工作。

根据组织的规模和大小,确定决策机构是否与辅助性机构同处一个空间,确定组织需要几个会议室和接待室。一般要把接待室、会议室、秘书办公室等安排在靠近决策层人员办公室的位置,有不少企业的经理(厂长)办公室都建成套间,外间就安排接待室或秘书办公室。

二、办公室内部环境管理···

(一) 办公环境的布局

1. 闭合式布局

闭合性布局是办公空间的传统模式,在机关、学校、团体办公室中多数采用小空间的全间断设计,采用对称式和单侧排列式布置房间,沿着房间的周边设置服务设施。这些房间以自然采光为主,辅以人工照明。

闭合式布局的优势在于:

(1) 便于管理,提高效率

按部门或职能进行布局,便于按部门集中管理,节约空间且井然有序;各项业务活动具有连续性、系统性、稳定性,员工能够集中注意力工作。

(2) 保护隐私,易于保密

明确办公室空间的使用权限,可以锁门,能够保证工作的机密性,利于保护个人隐私。个别的谈话、听取的汇报、重要会议的召开都能够在独立的空间里完成。

(3) 减少干扰,密切关系

领导与员工都享有自己的独立空间,环境安静、互不干扰,同室人员易于建立较为密切的人际关系。

封闭式布局也有明显的不足,领导、行政部门以及各职能处室互不干扰;各部门相对独立,业务往来、工作流程就可能倒退、交叉、往返;每个独立的空间都有完备的办公设备,造成一定的资源浪费;等级较为分明,按部就班略显呆板。

2. 敞开式布局

敞开式布局是将一个大工作间"切分"成多个相对独立的工作单元,把组织内部各职能部门的所有工作人员按照工作程序安排在各工作单元中开展工作。开敞式布局没有私人办公室,领导与各职能部门员工在同一空间工作,没有门,没有墙体隔断,整个办公室融为一体,用隔板、屏风甚或是文件橱柜背靠背排列,将办公室划分为若干办公位或工作单元。领导置于其他员工的后面,利于监督下属工作,各工作单元的流程尽量采用"I"、"L"或"O"形,避免不必要的倒退、交叉,节省体力和时间。

开敞式布局的优势在于:

(1) 降低成本,提高效能

开敞式布局具有较大的灵活性,工作单元可以用活动的物件划分,无需改变原有的设施,减少诸如照明、供暖等能源成本的损耗。利于办公人员、办公组团之间的联系,提高了办公设施、设备的利用率,提高了单位面积的容纳人数,从而提高了办公建筑的使用积率。

(2) 便于沟通,利于监管

开敞式布局,没有墙壁、门扇,减少了交流的障碍,促进员工之间的相互协作,每位员工都知道周边员工的角色,了解彼此的工作,形成团队合作精神。拆掉了墙壁,管理者有更多的机会和员工接触,直接观察员工行为,了解他们的工作状况,监督和指导员工的工作。有利于激发大家碰撞出创意的火花,培养开放的职业心态。

(3) 促进竞争,构建和谐

在一个敞开的空间里面,可以看到其他员工的工作状态,了解其他员工的工作进度,无形中激励员工之间相互学习,彼此竞争,不断提高。员工办公单元的位置,由所承担的工作任务和工作流程确定,淡化等级差异,构建和谐工作氛围,形成良性团队合作态势。

开敞式布局无疑也存在着弊端,由于缺少独立的空间,一些管理人员感到自己身份和地位降低,一些机要活动保密难度加大;办公区域汇集的各种声音,比如电脑、复印机、传真机等设备运转的呜呜声音,空调呼呼的送风声,甚至同事的说话声或电话铃声,都会对人造成情绪压力,干扰员工注意力,从而降低工作效率;虽没有了孤独感,但会面临失去隐私、丧失自我的问题,员工会产生不安全感;如果恰逢流感或者其他疾病流行,就更加令人担心——敞开的布局会使疾病更容易在员工间传播。

3. 成组式布局

在现实生活中,开敞式布局经常被修改,从而变成成组式布局。这种布局保留高级别行政人员的私人办公室,和员工隔开,独立开展工作。其他管理者和他们的下属人员,按照业务归属及工作流程,安排在彼此相邻的开敞工作区内。

成组式布局,具有相对独立性,通常办公室内部空间分隔为接待室、办公室(高级管理人员)以及办公区等空间。成组式布局充分利用大楼各项公共服务设施,还具有相对独立的办公功能。通常办公室内部空间分隔为接待会客室、高管会议室。

(二) 办公环境的布置

布置是在选定的办公室布局中安排和陈列各种办公用品,使其适合工作需要。办公环境的布置应该庄重、整洁、高雅、安全,并能够体现组织的特点及品位。

1. 办公环境布置的程序

（1）考察分析

对各部门进行考察分析，明确各部门及各员工间的关系，从而确定其位置。考察的内容包括：工作内容与性质，所需办公空间的布局和大小，工作人员的数量及其流动的频率，办公设备和办公家具的数量等。

（2）列表统计

将各部门的工作人员及其工作任务、工作性质以列表的方式分别记载下来。按工作人员数额及其办公所需的空间，设定其空间大小。通常办公室的大小，因各人工作性质而异。但一般而言，每人的办公空间，大者可 3—10 平方米，普通者 1.5—8 平方米即可。根据工作需要，决定所需的家具、桌椅等，列表分别详细记载。

（3）绘图布置

依据这些步骤所得结果，加以研究与计划，绘制办公室座位布置图，然后依图布置。

2. 办公设备的布置

办公室设备布置指办公室设备的排列和摆放。虽无固定的模式，但要遵循科学、方便、有序的原则。

科学，就是根据办公室的朝向、空间大小、设备多少进行整体的有效布置。一般设备所占空间不超过办公室空间的二分之一。

方便，指办公室设备布置方便办公室工作人员使用，有利于提高工作效率。

有序，各种办公设备要排列有序，简洁明快，符合各个办公设备之间的内在联系，符合人们的审美需要。

（1）办公桌椅

办公桌是办公的集中点，办公桌摆放好了，办公环境就确立了一半。在同一间办公室内有两套办公桌椅以上的，按对称统一的原则进行摆放。办公桌椅应布局合理，以方便工作对象为主。办公桌要向阳摆放，让光线从左方射来，以合乎用眼卫生。有条件的可采用自动升降办公椅，以适应工作人员的身体高度。

办公桌上物品摆放遵循两个原则：一是方便，二是固定。比如：方便——如果你习惯用右手写字，你的电话机就放在办公桌左侧，来电时，左手拿起听筒，右手做电话记录；固定——每件办公用品都有固定的地方：订书机、打孔器、印章、介绍信等等，方便从哪里拿出，用完再放回原处，这样可节省时间。遵循这两个原则，办公桌就会变得干净整洁。

（2）电脑、电话

电脑是重要的办公设备，摆放有一定讲究。电脑应摆放在电脑台上或办公桌台面的左边。

在大间办公室内,如考虑对称原则,可摆放在办公桌台面的右边。机箱不要放得太低,因为地面的灰尘比较多。键盘位置不宜太高,容易疲劳。尽量别让屏幕的背面朝着有人的地方,因为电脑辐射最强的是背面,其次为左右两侧,屏幕的正面反而辐射最弱。屏幕要略低于平视,距离眼睛以能看清楚字为准,至少也要有50厘米到75厘米的距离,这样可以减少电磁辐射的伤害。

电话是办公室的必备用品,但同时也是办公室的饰物。办公电话一般摆放在专用电话桌上,无电话专用摆放桌,也可以摆放在办公桌的角上。电话机要经常清理,用专用消毒液进行擦洗,不能粘满尘土和污垢,一个办公室是否清洁,电话机是一个重要指标。

(3)传真机、打印机、复印机

传真机、打印机、复印机这些办公设备最好安放在通风处,并且远离人3米之外,不用时尽量关掉电源。

(4)书架(橱)、文件橱(柜)

书架(橱)、文件橱(柜)应贴墙摆放,这样比较安全。要按照书本的规格分类摆放,保持书架干净整齐,书架顶上不宜堆放其他物品。订阅报纸杂志,应摆放报纸杂志架。保持报纸杂志架整齐,报纸杂志阅后及时入架,对过期的报纸杂志及时清理。

(5)沙发、茶几、茶水台和供来人使用的座椅

办公室内的沙发、茶几、茶水台和供来人使用的座椅等物品,以合理够用原则进行配置和摆放,应与办公环境协调一致。沙发最好远离办公桌,以免谈话时干扰别人办公。茶叶、茶杯等物品要摆放在茶几内,不要放在桌面上。

(6)绿色植物

绿色植物放在房间的角落,或者是办公桌、茶几上,不仅使室内环境有平衡之感,而且植物本身的活力生机可得到最大发挥。植物不宜放在房间中央,也不宜放在经常走动的地方,否则,既影响人的行动,也不利于植物成长。

(7)地面、墙面

办公室的地面要保持清洁,水泥地面、地板要常清扫、擦洗,地毯要定期吸尘,以免滋生寄生虫、尘螨。

办公室的墙切忌乱刻乱画,不能在办公室的墙上记录电话号码或张贴记事的纸张。墙面可悬挂地图或与工作有关的图片,如悬挂字画,要内容健康、格调优雅,牌匾、锦旗、证书、纪念品等应集中存放或悬挂,不可零星摆放或悬挂在各间办公室内。

3. 办公室的布置

办公室布置除了美观、实用和安全,还多了一份营造情境与搭配完整环境的规划。充分考量办公自动化设备的整合、环境景观的设计、动线规划及使用效率等细节。

（1）闭合式办公室

领导办公室的布置不仅要体现组织的整体形象，还要显现出领导个人的地位和气质。比如企业老总的办公室要反映企业形象，具有企业特色。墙面可采用企业标准色，办公桌椅面对来人方向摆放，桌面上可摆放国旗和企业旗帜以及企业标志，墙角安置企业吉祥物等等。办公设施适度经典雅致，"高端、大气、上档次"。总之，为老总创建一个人性化的办公空间，能增加客户的信任感，同时也能给老总以心理上的满足。

员工办公室布置，因部门、职能、员工人数差异而有所不同。各种办公设施依据舒适、高效，考虑工作性质、个人习惯、行走方便进行布置。最常用的办公物品应放在伸手可及的地方。档案柜、书架等，依靠"墙体效益"，既节省空间，又使办公室更加整齐、美观。

（2）开敞式办公室

开敞式办公室各工作单元的布置不考虑窗户或其他常规结构的限制，而是以信息流和工作运转的自然路线所形成的不统一的款式来安排，宜简洁明快。

主管的办公区域需保留适当的访客空间，主管的工作区域位于部属座位之后方，便于控制和监督。接待区的位置通常是在近门口的地方，以免干扰其他员工的工作。秘书的位置在领导办公室门外一侧，便于守护和挡驾。

办公桌椅款式统一，所有座位应面对同一方向（一般朝向大门）布置，给人线条流畅、整齐划一、井然有序的感觉。也有将桌椅分成若干排，双向而坐的布置，彼此以 1 米左右高的屏风隔断。光线由工作人员的左侧射入。

各座位间通道大小要适宜，其技术参数是通道 1.5 米。桌与桌距离 1 米左右，保持公共空间和私人空间的独立。

档案柜应与其他柜子的高度一致，以增进美观，采用直线对称的布置。常用的文件与档案，应置于使用者附近。

传真机、打印机、复印机等办公自动化设备，应有其独立的空间，既要方便使用又不影响别人工作。

4. 接待室的布置

接待室布置宜简洁、优雅、舒适，力求"工作"和"交际"二者兼顾。一般接待室放置一套柔软舒适的沙发，配置饮水机、衣帽架、书报架等设施，还可以展示本组织产品或宣传资料。墙上可以悬挂名人名言、大幅风景画以及体现组织发展历史的照片。备好茶杯、纸、笔等小件物品。

5. 会议室的布置

会议室视单位规模而定,一般以容纳二三十人开会为宜。要提供一个舒适的环境,更要给予参会者以现场感。会议室布置可采用圆形会议桌,强化员工之间的沟通交流,会议室前方投影左侧设置演讲台,配备茶杯、纸、笔外,还要有音响、多媒体设备。会议室一般不允许吸烟。可以在会议圆桌摆放花卉,墙上悬挂书画作品,能缓解疲劳,调节会场气氛。

第三节 办公环境建设

一、办公"硬"环境的建设

(一) 绿化环境

外部环境绿树成荫,芳草铺地,花木繁茂,不仅能点缀美化环境,而且是调节周围小气候的有效方式。办公室适度绿化能够提高室内空气质量30%,降低噪声和空气污染15%。调查表明,办公室绿化,不但能调节小气候,而且有助于提高工作效率。室内绿化与室外不同,在有限的空间合理配置花草,不仅给室内增光添辉,还让人心旷神怡。

(二) 空气环境

空气环境以空气"四度"来衡量,即空气的温度、空气的湿度、空气的清洁度和空气的流动速度。维护空气环境的清新舒适,保持室内通风与空气调节对工作人员提高工作效率十分重要。

1. 温度

人体最舒适的环境温度是20℃～28℃之间,而18℃是有益于人体健康最理想的温度。生理学家测定证明,在15℃～18℃的环境里,人的思维敏捷,记忆力强,工作效率最高,温度低于15℃时,人会产生懈怠情绪,工作效率也降低。当环境温度在30℃～35℃时,人体血液循环加快,代谢能力强,此时要及时排散体内的热量,否则体温升高,人便会精疲力尽,思维迟钝。

人们应该根据科学家提供的数据,调整环境温度。

2. 湿度

一定的场合有一定的湿度要求。对于办公室工作人员来说,适当的空气湿度能振奋精神,提高工作效率。空气过于潮湿,使人忧郁,情绪低落,办公设备受潮短路,文件资料受潮变霉。空气太干燥,会使人困倦,情绪急躁,还可能出现流鼻血、咽喉疼痛等症状。适宜的湿度是创造理想工作环境的一个重要参数,我们可以通过各种设备控制空气湿度,以保持办公室空气的清新。据研究表明,在正常温度下,办公室理想的相对湿度在40%～60%之间。在这个湿度范围内工作,人会感觉清凉、爽快、精神振作。

3. 清洁度

空气的清洁度是表示空气的新鲜程度和洁净程度的物理指标。空气的新鲜程度就是指空气中氧的比例是否正常。例如,办公家具很豪华,但是总是有一股刺鼻的味道,在里面呆久了就感觉自己缺氧,呼吸难受。还有,最为严重的是办公室内充满了浓浓的烟味,吸烟的同事把身上还没有散发掉的烟味带到了办公室。在这种情况下,人们必须打开门窗,透透空气;开启排风扇或空调机,以调节室内的空气。办公室空气新鲜与否,与工作人员的身体健康有着密切的关系。新鲜的空气使人精神焕发,工作效率高;污浊的空气则使人身体不适,降低效率。

很多组织添置了空气净化设备。办公室人员要注意空气净化设备的选用,要根据办公室面积的大小、放置的位置、公司的财力、领导的要求等选用不同品牌、不同功率的空气净化设备。

4. 速度

室内的空气更换是通过空气流动来实现的。一般来说,在室温为 22℃ 左右的情况下,空气的流速在 0.25 米/秒时,人体能保持正常的散热。常开窗能起到换气、使空气对流的作用。夏冬如用空调器,要在每天上班前、中午用餐时、下午下班时,打开门窗换取新鲜空气。

（三）光线环境

办公室一般以自然光源为主,尤其是白天,为避免阳光直射办公桌面,办公桌不要靠近窗户;必须靠近窗户时,要用浅颜色窗帘进行调整。

光线不足时辅以人工光源。人工光源的辅助方式有两种,一种是整体光源,多采用荧光灯,一般安装在办公室屋顶或者是天花板四周,荧光灯光线均匀柔和、散热少、不眩目、寿命长、耗电少,发光效率高,接近自然光。一种是集中光源,即在办公桌上安放台灯,为光线集中,台灯应加灯罩,为光线柔和,多选用磨砂灯泡或乳白玻璃灯泡,以 20 W 至 25 W 为宜。

（四）颜色环境

颜色具有很强的感染力和吸引力,可直接影响人的心理活动和工作行为。办公室的颜色环境,可根据不同地区及办公室的不同用途,而采用不同的颜色。气温高、天气热的地区,办公室宜采用冷色,如绿、蓝、白、浅灰等;气温较低的地区,宜用暖色,如橙黄红、灰等。按工作性质,研究、思考问题的办公室,宜用冷色;会议室、会客室宜用暖色。

（五）声音环境

办公室保持肃静、安宁,工作人员才能聚精会神地工作。办公室的理想声强值为 20～30 分贝,在这个声强范围内,人感到轻松愉快,不易疲劳。

一般情况下,40 分贝的声音,人们可以保持正常的反应速度和注意力,若长期在 50 分贝以上的环境里工作,则会导致情绪烦躁、听力下降,甚至神经受损。与高音量噪音相比,低音量噪音对人体的伤害更大,身处高音量噪音中的员工,由于环境恶劣容易走神,所以会来回走动。低音量噪音往往不易引起员工重视,习惯成自然后往往会忘记调整姿势,因此易产生"重复性疲劳"。

保持办公室环境的肃静、安宁,既要减少室外噪音,又要控制室内噪音。

(六) 设备环境

办公用品的适用化和现代化,也是提高办公效率的必要措施。我国传统的办公室设备有办公桌椅、电话、文件档案柜、报架、图片架、图书资料等。现代化的办公设备则增加了诸如电脑、传真机、复印机、打印机、录音机、录像机等。

(七) 安全环境

安全环境是整个办公室安全措施的总和。安全环境大致包括三方面的内容:

1. 人身安全

可能的外来威胁:近些年,社会上的不法分子冲击机关的事件屡屡发生,这使得办公室工作人员不得不防范可能的外来威胁。因此,各组织要加强门卫登记制度,严防不法分子趁虚而入。

办公室意外危险常常隐藏在办公桌椅、文件柜、办公设备、通道楼梯之间,比如滑倒、摔倒、绊倒、踩翻、碰撞、烫伤、割伤、物体打击等。因此,不要堆放杂物阻塞楼梯及通道,电线及电话线应远离通道,以免绊倒行人;文件柜及柜门用完后应立即关上,防止翻倒或绊倒人;锋利及尖锐的文具应小心使用及妥善摆放,沉重的资料不要放在柜顶上等。

2. 财产安全

办公室的设备、文件、档案以及现金应该实行严格的安全防护措施,以防止盗窃、拐骗、窃密现象的发生。办公室要有铁窗栅栏、防盗门、保险柜等防盗设施,还要有相应的值班制度,配有专人和专职部门负责安全保卫工作。

3. 防火安全

办公室贮存有大量的档案信息,如果不慎失火,损失难以弥补。办公室人员要高度警惕,提高防火意识,从各个细节抓防火问题:电源、插座要保证安全,不同的电器设备使用不同的插座,而且要保证插座的功率足够;经常检查电源和插座的安全状况,以免漏电而引起火灾。冬季所用取暖设备要安全,衣物要远离取暖电器,严禁在上面搭放毛巾等物品,以免引发火灾。图书、档案室更要做好防火工作。制订并严格执行安全防火制度,了解消防栓或水源的分布情况,正确使用灭火器,做到有备无患。

二、办公"软"环境的建设……………………………………………………………………

办公"软"环境指心理环境、人际环境、气氛环境和制度环境,强调的是提高人员素质的重要性。一般说来,素质较高的团队,能够相互配合,相互包容,这个团队则关系融洽,凝聚力强,工作效率也高;反之,互相猜疑,矛盾重重,则会严重影响工作,即使有现代化的办公设施等技术条件,也未必能带来高效率。因此,软环境的建设比硬环境的建设有时显得更为重要。

（一）心理环境

心理环境指人脑中对人的一切活动发生影响的环境事实,也即对人的心理事件发生实际影响的环境。以得体的衣着打扮面对他人,以健康的思维方式考虑问题,以微笑的表情传递友好、热情与温暖,彼此在气质上的互补和性格上的协调都可以形成良好的心理环境,并使人在不知不觉中受到感染和熏陶,互相之间才能和谐相处。

（二）人际环境

人际环境指在一定团队中人与人关系的和谐程度。和谐程度高,则每个成员心情愉悦,进而提高工作效率;和谐程度低,则会影响工作效率。一个好的领导者应该长于建立并维护办公室良好的人际环境。

1. 确立一致的目标

组织目标是全体员工共同努力的方向,可激励大家奋发努力。只有目标一致,才能使大家同心同德,团结共事;否则,便可能陷入无穷的争执中而无所作为。办公室的主要目标、核心任务就是做好服务,搞好协调,当好参谋。

2. 规划统一的行动

在办公室内,每个成员的工作都是在办公室既定的工作目标下,充分发挥个人之长,彼此默契配合,呈现统一行动的状态。每个人分工不同,作用大小不同,但每个人承担的工作犹如庞大机器的一个个零件,必须彼此啮合,协同运转,方能保障整个机器的顺利运行。

3. 增强团队的凝聚力

凝聚力指团队对成员的吸引力,成员对团队的向心力,以及团队成员之间的相互吸引。团队的凝聚力不仅是维持团队存在的必要条件,而且对团队潜能的发挥有重要作用。一个团体如果失去了凝聚力,就不可能完成组织赋予的任务,本身也就失去了存在的条件。个人的许多心理需要,尤其是与工作有关的需要,如学习需要、信念与支持需要、归属需要等等,只有在办公室内才能得到满足。

（三）气氛环境

和睦的气氛,通常指一种非排斥性的情感环境。如果办公室内部的气氛是紧张的、不和谐的,其成员彼此之间互相猜疑,乃至嫉恨,凡事相互推诿、扯皮,必然工作效率低下。工作气氛是否热烈,工作态度是否热情,工作作风是否严谨,是非标准是否鲜明,在很大程度上代表着一个组织的风貌,对办公室成员的行为有着深刻的影响。办公室成员应该善于调节自己的心情,克服消极情绪,努力使自己在任何情况下都保持良好的心态。

(四) 制度环境

制度环境指人们在长期交往中自发形成并被人们无意识接受的行为规范。制度环境是在共同的目标与认识的基础上,经过办公室全体成员长期共同努力,逐步形成的一种较稳定的精神状态和具有一定特色的行为规范环境。

经过制度的长期浸染,慢慢会形成一个组织特有的工作作风。而良好的工作作风是一种无形的力量和无声的命令,对办公室成员的行为具有强大的约束力、推动力和感染力,使人很自然地接受其教育和感化,使行为举止适应工作的要求。良好的工作作风可以使人精神振奋,心情舒畅,能充分调动和发挥大家的主动性、积极性、创造性,使各方面的工作得到顺利的开展,对实现工作的目标,完成工作任务起着推动作用。

第四节　办公环境"5S"管理

一、"5S"管理

(一) "5S"涵义

"5S"管理起源于日本,指整理(SEIRI)、整顿(SEITON)、清扫(SEISO)、清洁(SEIKETSU)、素养(SHITSUKE)五个项目,通过规范现场、现物,营造干净、舒适、舒心的办公场所,合理配置使用各种资源,减少浪费,提高工作质量与效率,提升员工素质,塑造良好的企业形象。"5S"因日语的罗马拼音均为"S"开头,所以简称为"5S"。(如图 3-2)

图 3-2　"5S"管理示意图

1. 1S——整理

整理是把工作场所中必要的物品与不必要的物品明确地、严格地区分开来,并把不必要的物品断然加以处置。目的是打造清爽、舒适的工作环境,防止物品的误用或误送,有利于空间的活用。

2. 2S——整顿

整顿是对整理之后留在现场的必要物品明确数量,有效标识,分门别类放置,整齐排列。整顿要围绕场所、方法和标识三个要素进行,物品的保管要做到三定,即定点、定容和定量。目的是消除过多的积压物品,减少寻找物品的时间,打造整齐的工作环境,使工作场所一目了然,进而提高工作效率。

3. 3S——清扫

清扫就是将工作场所清扫干净,保证工作场所的清洁、舒适、明亮。目的是摆脱脏乱差,保持工作场所的干净、整洁,减少工作场所带来的伤害。

划定室内外的清扫责任区,制订清扫标准作为规范,执行例行扫除,清理污垢,调查污染源,进行必要的杜绝或隔离,以保障高品质、高附加价值产品的生产制造。

4. 4S——清洁

清洁就是将整理、整顿、清扫实施的要点制度化、规范化。目的是维持整理、整顿、清扫的成果。

落实整理、整顿、清扫工作,制订目标管理的基准,制订考评、稽核方法、奖惩制度,加强执行,高阶主管经常带头巡查,带动全员重视。

5. 5S——素养

素养指通过晨会等手段,提高员工文明礼貌水准,增强团队意识,养成按规定行事的良好工作习惯。目的是提升人的品质,遵守规章制度,养成良好习惯。

制订服装、臂章、工作帽等识别标准,制订公司有关规则、规定,制订礼仪守则,对新进员工进行教育训练,推动各种精神提升活动和各种激励活动。

(二)"5S"效能

"5S"管理一旦开始,就要长期坚持,定期检查,贯彻始终,方见成效。"5S"管理可以使工作场所成为销售员(Sales)、节约家(Saving)、安全保障(Safety)、标准推动者(Standardization)和满意的职场(Satisfaction),因均为"S"开头,所以简称为"5S"效能。

1. "5S"管理是最佳推销员(Sales)

"5S"管理使企业拥有一个清洁、整齐、安全、舒适的环境,使企业拥有一支良好素养的员工队伍,无形之中能够博取客户的信赖,激发客户对企业的信心,乐于下订单、买产品,进行业务往来。会有许多人来企业参观学习,会有更多人希望到这样的企业工作。

2. "5S"管理是节约家(Saving)

"5S"管理避免了寻找工具、材料等生产辅助时间的浪费,降低了不必要的材料、工具的浪费,减免设备故障,减低生产成本,提高设备使用率,从而提高工作效率。

3. "5S"管理是安全保障(Safety)

"5S"管理能够避免因漏油而引起的火灾或滑倒,能避免因不遵守安全规则而导致的各类事故、故障的发生,能避免因灰尘或油污所引起的公害。遵守堆积限制,走道明确,危险一目了然,不会造成杂乱情形而影响工作的顺畅,工作场所宽广明亮、视野开阔,使生产安全得到落实。

4. "5S"管理是标准推动者(Standardization)

"3定"、"3要素"对工作场所进行规范,所有员工养成守则习惯,按照标准程序执行各项活动,完成各项工作,提供稳定的质量。

5. "5S"管理形成令人满意的职场(Satisfaction)

工作场所明亮、清洁,员工有成就感,有助于良好工作气氛的创造。

(三)"5S"管理的扩展

随着管理的不断完善和精细,"5S"管理的内容也不断被扩充,逐步发展到"6S"管理、"8S"管理和"13S"管理,但无论发生怎样的变化,"5S"其实都是一种管理思想和文化。

"6S"管理是在"整理、整顿、清扫、清洁、素养"的基础上增加了"自检"一项,要求员工每日下班前自我反省与自我检讨,目的在于让员工总结经验、检讨不足,判定一至两种改进措施,培养员工的自觉性、韧性和耐心,加强员工安全教育,防患于未然。

"8S"管理是在"整理、整顿、清扫、清洁、素养"的基础上增加了"安全"、"节约"、"学习"等三项,目的在于使企业在现场管理的基础上,通过创建学习型组织不断提升企业文化的素养,消除安全隐患,节约成本和时间。

"13S"管理是在"整理、整顿、清扫、清洁、素养"的基础上增加"安全"、"节约"、"服务"、"满意"、"坚持"、"共享"、"效率"、"学习"等八项,目的在于加强企业文化建设,形成团队协作精神,增强服务意识,共同学习,共享成果,持之以恒,力争企业、员工、社会多方满意。

二、办公环境"5S"管理运用···

(一)办公室"5S"管理自检表

办公室工作人员可以根据"整理、整顿、清扫、清洁、素养"这五个环节,对办公环境进行管理,填写自检(一)表。(参见表3-1)

表3-1 办公室"5S"管理自检(一)表

姓名		部门		职务	
5S项目	工作内容和考核标准			自检频率	自检结果是否合格
整理 区分物品 予以处置	不再使用的文件资料、破旧书籍、过期报刊按规定报废处理			1次/日	
	工作中产生的垃圾、食品包装袋、一次性水杯及时扔掉			1次/日	
	不经常使用的文件资料分类编号整齐放置在文件柜中,取用后及时返还归位			1次/日	

5S 项目	工作内容和考核标准	自检频率	自检结果是否合格
整顿 规范物品 摆放有序	经常使用的文件资料进行分类整理,放置在办公抽屉、文件夹及文件盒中	1 次/日	
	正在使用的文件资料分为待处理、正处理、已处理三类,放置在办公桌或长柜上	1 次/日	
	文件标识按公司标准制作、编号	1 次/日	
	办公用具存放有序	1 次/日	
	个人用品放置在办公桌第三个抽屉	1 次/日	
	办公桌面可放置办公设施、正在使用的文件资料、正在处理的票据以及台历、文件夹、电话、茶杯等用品,要求摆放整齐	1 次/日	
	笔、尺、橡皮、订书器、起钉器、剪刀、笔筒等办公用品,放在办公桌右上角或放于第一层抽屉,取用后放回原位	随时	
	文件柜、文件筐内的各种资料、票据分类整齐摆放,并按资料内容统一标识	1 次/日	
	办公桌面、办公桌抽屉的物品要分类摆放,整齐有序	1 次/日	
	电脑线、电话线不凌乱	定期	
清扫 打扫干净 清洁亮丽	地面、窗台清洁无污迹	1 次/日	
	通道干净整洁无杂物,保持通畅	1 次/日	
	清扫蛛网、清除所有垃圾杂物	1 次/日	
	办公桌面、挡板内外,保持洁净,无尘土、无污渍	1 次/日	
	保持花卉新鲜,及时清理枯枝、败叶	定期	
	离开座位时,将椅子推到办公桌下	随时	
清洁 保持整洁 持之以恒	上班时间注意保持	随时	
	自查,对于不符合要求的事项及时整改	随时	
	下班前整理好当天的文件资料、票据,分类归档	1 次/日	
	下班前整理好办公桌上的物品,放置整齐	1 次/日	
	整理好个人用品,按规定地点放置	1 次/日	
素养 养成习惯 精神饱满	仪容整齐大方,工装整洁	1 次/日	
	文明有礼,待人热情	随时	
	精神饱满,乐于助人	随时	
	工作安排科学有序,注重效率	随时	
	时间观念强	随时	

办公室工作人员也可以根据"环境、人员、办公桌、办公设备、文件"这五个要素,对办公环境进行管理,填写自检(二)表。(参见表3-2)

表3-2 办公室"5S"管理自检(二)表

姓名		部门		职务		总分	
项目	标准				频率	分值	得分
环境 20分	办公室是否有未及时处理的无用物品				1次/日	4	
	地面每天清扫干净整洁,无尘土、水渍、果皮、纸屑和杂物				1次/日	4	
	墙面、屋顶、踢脚定期清扫,无灰尘、污迹、蛛网				1次/日	1	
	办公室门要里外清洁,门框无灰尘				1次/日	1	
	墙面无乱贴、乱画、乱挂、乱订现象				定期	1	
	窗户玻璃明净,窗框窗台干净,窗帘洁净				定期	2	
	饮水机、扫帚、墩布、报纸、肥皂、毛巾等物品要在合理位置摆放				1次/日	1	
	柜顶、窗台不可摆放任何物品				1次/日	1	
	垃圾桶无过量垃圾堆积,清理及时				1次/日	4	
	花卉盆景新鲜,无枯死或干黄现象				定期	1	
人员 15分	办公室内部制订人员轮值表				定期	4	
	办公室门外标识"人员去向"				随时	2	
	按规定着工装,佩戴员工证件				随时	4	
	工作期间不脱鞋,不聚众聊天,不大声喧哗				随时	2	
	代接电话应有"留言记录"				随时	1	
	工作态度良好				随时	2	
办公桌 20分	办公桌面无灰尘				1次/日	2	
	桌面办公用品整齐摆放,使用之后的物品归位放置				随时	1	
	办公桌面上的文件资料,应整齐放置				随时	2	
	非每日必需品不得放置于办公桌上				随时	4	
	办公桌/文件柜内私人物品要分开摆放				随时	1	
	办公桌面无食品和私人物品				随时	1	
	抽屉内物品摆放整齐				随时	1	
	办公桌面可放置办公设施、正在使用的文件资料、正在处理的票据以及台历、文件夹、电话、茶杯等用品,要求摆放整齐				随时	1	

续 表

项目	标准	频率	分值	得分
	办公桌椅保持干净,无灰尘、无污渍	随时	2	
	人离开办公桌,办公椅应推至桌下,紧挨办公桌平行放置	1次/日	2	
	办公桌工作台下只能放置清洁用品	1次/日	1	
	下班前,整理办公桌面,使其清洁	1次/日	1	
	下班前,关闭办公设备电源	1次/日	1	
办公设备 8分	电脑、复印机、打印机、扫描仪等办公设备保持干净,无污迹、无灰尘	随时	4	
	电脑、复印机、打印机、传真机、扫描仪等办公设备应经常维护,保障使用	1次/日	1	
	办公室内电器线路走向规范美观、不缠绕	定期	2	
	电话、传真保持干净,电话线不凌乱	1次/日	1	
文件 20分	文件册(夹、盒)整齐摆放、定位管理	随时	2	
	文件册(夹、盒)上有标识,且位置统一	定期	4	
	文件容易取用、归位,确定文件负责人	定期	2	
	文件柜顶、外表清洁,无尘土、无污迹	1次/日	1	
	文件柜外要有标识,且标识位置统一	定期	1	
	文件柜内不摆放非必需物品	随时	1	
	将不再使用的文件资料、破旧书籍、过期报刊按规定报废处理	定期	1	
	将不经常使用的文件资料分类编号,存放在文件柜或装订好	定期	2	
	将经常使用的文件资料分类编号,存放在办公桌抽屉或文件册(夹、盒)中	随时	2	
	将正在使用的文件资料分为待处理、正处理、已处理三类,放置在办公桌或长柜上	随时	4	
洗手间 3分	地面干净、无纸屑、积水	1次/日	1	
	及时清理垃圾,及时冲洗洗手间	1次/日	1	
	水龙头用后,随手关闭	随时	1	
其他 14分	公物使用后及时归位、保持清洁	随时	1	
	饮水机保持干净	1次/日	4	
	公告栏内无过期的信息	1次/日	1	

项目	标准	频率	分值	得分
	办公室私人物品定位放置	1次/日	1	
	空调表面清洁，无灰尘；各种电器开关、线路无灰尘	1次/日	1	
	下班前整理好文件资料、票据，分类归档	1次/日	2	
	下班前关闭门窗、电源	1次/日	4	

（二）办公桌椅摆放规范

1. 各具特色的办公桌

办公桌是人们离不开的工作伙伴，能够体现专业形象和个人效率。（如图3-3所示）

整齐干净的办公桌，给人的感觉是此办公桌主人重视秩序，脚踏实地，值得信赖，做事有条不紊，稳妥有毅力。但凡要求自己严格的人必然会用相同的标准衡量他人，容易看到别人的缺点，而忽视别人的努力，常常批评别人的失误。要学会和睦相处，要善于发现别人为完成工作所做的努力并给予褒奖。

杂乱无章的办公桌，给人的第一印象是忙乱。通过办公桌，我们可以想象它的主人一定是疲于应付，经常受困于"小麻烦"。但这样的主人往往追求自由和追求实际，灵活开放，善于表达，长于策划，擅长处理危机事件。

图3-3　单人专用桌位示意图

杂乱却有序的办公桌，虽然东西很多，但是牵扯到工作方面的文件却不可思议地整齐。各种文档分门别类，排列非常合理而且具有逻辑性。这样的办公桌主人追求优秀，能敏锐地看到自己或别人的缺点，并加以纠正。欣赏有能力的人，但又会挑战权威并且总是在迎接更高的挑战。因为太过优秀，会成为别人的偶像，但却不敢过于亲近，容易产生距离感。要宽容一些，无论是对自己还是对别人，和周围人多交流，彼此理解，激发工作热情。

个性洋溢的办公桌，充满代表自己个性的物品，诸如照片、摆设甚或自己的作品等等，充分显示出对办公桌的拥有。这样的办公桌主人充满热情与活力，能够与人和睦相处，深受大家喜爱。但热情中夹杂的敏感常常使他们受到不必要的伤害，进而失去热情和动力。要尝试着理性处理事务，学会恰当及时的批评。

2. 办公桌椅规范管理

随着办公室改革,有公司开始废弃个人专用办公桌转而共享大型办公桌,为方便下一个使用者,对共享办公桌应加倍爱惜,自觉维护。(参见表3-3)

表3-3　办公桌椅管理规范

办公桌面	办公桌面保持干净,无灰尘,无污迹
	办公桌面可放置电脑、文件筐、台历、电话、茶杯等办公必备用品,要求摆放整齐
	办公桌右上角放置笔、尺、橡皮、订书器、起钉器、剪刀、笔筒等办公用品
	办公桌面分类放置待处理、未处理、已处理的文件资料,以便迅速准确拿到相应文件资料
	办公桌面不能散乱放置办公文件、票据
	办公桌面不允许放置食品和私人物品
办公抽屉	办公抽屉内物品摆放整齐
	第一层存放个人及客户名片、笔、眼镜、尺、橡皮、订书器、起钉器、剪刀等小物品,摆放整齐
	第二层存放需要继续处理的文件资料及需要保密的资料
	第三层存放私人物品
文件夹、文件盒	经常使用的应进行分类编号整齐存放在文件筐中
	不经常使用的应进行分类编号整齐存放在文件柜中
电脑	电脑桌面整洁,所有文件有清晰的目录
	电脑、电话线应捋顺,不得缠绕
办公椅	办公椅保持干净,无灰尘,无污迹
	人离开后,办公椅应推至桌下,紧挨办公桌平行放置

(三) 办公区域工作纪律

第一条　各部门电脑由专人管理使用。操作时必须按照电脑规程进行,不得更改网络设置,不得私自安装使用各种软件,不得私自拆卸电脑,不得访问非法和不健康网站。

第二条　公司电话为方便与外界沟通、处理公务专用,打业务电话要精简,尽量缩短通话时间,音量要低,尽量不要影响其他同事的工作,严禁擅自用公司电话做私人交流。

第三条　为保证设备正常运转,维持办公区域工作秩序,未经允许不得擅自改动或移动电源、机柜、终端、服务器等,不得私自调换窗口,不得随意改变各项办公设施的摆放布局。

第四条　人为造成办公设施损坏的,责任人或单位按原价赔偿。

第五条　员工在上班时间要集中精力完成本职工作,严禁做与工作无关的事:如上班时间接待亲朋好友、与业务无关的客人;看与工作无关的书籍和报纸;上网玩游戏、聊天;闲谈;睡觉等。下班后除确实须完成工作,如无其他加班任务,员工同样不应逗留公司做与工作无关的事情。

第六条　节约使用纸张,对内存档或传阅的文件应充分利用纸张。

第七条　员工参加会议或集体活动时,必须遵守纪律,做到不迟到、不早退。

第八条　员工外出须报部门经理批准,并写明外出时间、地点。

第九条　员工携带公司的物品离开公司,必须经部门经理同意并遵照公司物品放行管理规定。

第十条　饮水机放置于办公区域内,供员工和客人使用。饮水杯只供给客人使用,本公司员工应自备水杯。

第十一条　为节约用电,办公区内照明设施、空调等用电设备在非工作时间内要及时关闭。

第十二条　办公区内禁止吸烟。

(四) 办公区环境卫生管理

第一条　办公区卫生实行管理负责制,各负其责,奖优罚劣。

第二条　公司员工必须养成良好的卫生习惯,做到不随地吐痰,不乱丢纸屑,不乱倒茶叶渣,工作资料、用品摆放整齐,保持室内外的清洁卫生。

第三条　各部门办公场所必须保持办公区整洁卫生,桌上物品摆放得体,整齐有序,下班前桌椅摆放整齐,柜台上遗留物品全部清理,做到"四净"(窗净、桌净、地面净、墙面净)、"四无"(无灰尘、无烟蒂、无四害、无痰迹)。

第四条　全体员工都有权利和义务对违反本制度、不讲卫生的行为进行劝阻和制止。

第五条　公司安排值日生每天下午下班后打扫卫生,范围包括地面、橱柜、接待室等。

(五) 办公室安全管理

第一条　办公室内不准存放资金、存款单、有价证券及其他贵重细软物品。

第二条　财务室及其他保存有贵重、机要物品的房间,必须采取完善的安全防范措施,财务室无人时要出入锁门。

第三条　办公室内要时刻注意用电安全,不私自使用大容量电器,要经常检查线路安全,要有控制电源、火种的具体安全措施。

第四条　每天中午休息时间值班人员要确保在办公室,下班后最后离开办公室的人员,必须确保检查好门窗、电源、电脑等。

第五条　会议室、办公室、橱柜等钥匙,行政人员要妥善保管,在无人时要确保关门。

第六条　落实办公室安全责任制。室内发现失窃案件或火灾事故要查明原因,明确责任,并按情节轻重给予责任人相应处理,情节严重者,交由公安、司法机关处理。

【思考题】

1. 办公环境管理的作用与原则是什么?

2. 办公环境有哪几种布局? 举例说明。

3. 何为"5S"管理?

4. 简述办公"软"、"硬"环境的建设。

5. "5S"管理在办公环境中如何运用?

【案例分析】

办公室环境布置

商标

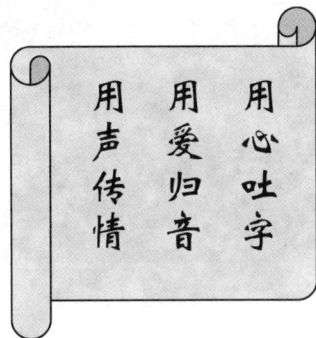

用心吐字
用爱归音
用声传情

公司宗旨

经理办公室

小型会议室

开敞式办公室

2平米个人空间

茶水间

会客室

模拟演播室

桌上足球

零食饮料柜

请认真观察办公环境图片,回答以下问题:

1. 该办公环境体现出怎样的企业文化?

2. 与源于日本的"5S"管理相比,二者主要的差异在哪里?

3. 根据办公环境管理要求,将上述图片构建成一个开放式办公室,你将如何布置?

【实践活动】

对当地任一组织的办公环境进行观察、评价,进而提出合理化建议。

实训目的: 通过对各组织办公环境的观察、评价,使学生对各种办公室布局有所了解,熟悉各组织办公环境的硬件和软件建设。

具体要求:

1. 以团队为单位,确定观察对象。

2. 深入观察场地,体验其办公环境的风格特色,绘制其办公环境布局和布置示意图。

3. 对照"5S"管理自检表,对其进行评价,提出合理化建议,形成书面报告。

第四章　办公用品管理

本章由四节组成,分别为办公用品的界定、办公用品的采购、办公用品的保管和办公用品的使用。通过本章的学习,认识办公用品的范围,熟悉办公用品的采购流程,掌握办公用品的保管工作,掌握办公用品的使用规则。

【职场小故事】

节能先行　盖州真行

在日常繁忙的工作中,由于疏忽很容易出现"办公浪费"现象,纸张、水电能源、办公文具浪费现象尤为突出。节约一支笔、一张纸、一瓶水、一度电……看似都是些不起眼的小事,然而积少成多,就会成为影响可持续发展的大事。

盖州市政府办公室秉承勤俭节约的美德,倡导"绿色低碳,节能先行"理念,打造节约型机关。

节约每一张纸。在办公室工作,文字打印必不可少,复印、打印时纸张尽可能双面使用;内部使用的文件,尽可能使用二次纸;大量印制前,先印一两张确认质量,以免将大量纸张印成废纸。打印机、复印机前贴上"请节约用纸"的文明标语,提示机关干部养成节约用纸的好习惯。

节约每一度电。夏季办公室空调温度设置不低于26摄氏度,冬季空调温度设置不高于20摄氏度,春秋两季如无使用需要则关闭电源开关或拔掉电源;白天不影响视线的情况下,照明时间、照明灯具数量应根据需要掌握,随用随开,养成随手关灯的好习惯,充分利用太阳光、自然光;晚上需加班人员,尽量使用离自己最近的灯源,其余区域灯具关闭。办公室里,电脑主机、显示器、打印机等办公设备减少待机时间,下班前关闭。

节约每一滴水。洗手间里避免空流水,洗手时将水龙头拧至小水流。适量取用饮用水,日常办公尽量不喝瓶装水。开会分发的瓶装水要带走喝完,不浪费。

节约办公是大家共同的责任,需要大家积极行动起来。尽可能节约一张纸、一度电、一滴水。同心协力、互相提醒,从身边的小事做起,为节能减排、绿色低碳,做出自己的贡献。

——盖州市人民政府网站　2022年8月1日

机关、企业、事业单位等组织在管理过程中,除了人、活动环境需要管理外,还必须对在办公活动中所需要的各种办公物品与设备进行良好的管理。这些办公用品与设备是每一个单位日常工作的必需品,用量大,更换频繁,若不加强管理,很容易造成浪费,而且还会影响工作质量与效率。

第一节 办公用品的界定

一、办公用品的含义

目前,办公用品的含义还没有达到完全一致,但主要呈现两种:第一种认为,办公用品是指机关、企事业单位等组织在办理公事时所必需的物品,包括笔墨纸张、大头针、曲别针、办公桌椅、沙发、档案柜、书架、杂志架、衣架、台灯、屏风和旋转式卡片架等;第二种认为,除笔墨纸张等日常办公物品外,还有电脑、电话机、传真机、打字机、复印机等现代办公设备。这两种观点虽然各有特点,第一种偏重易耗品和一些低价办公设备,第二种将一些高价设备也纳入办公用品的范畴。

综合这两种观点,有人认为其有欠缺,并指出了办公用品具备的性质:第一,必须是处理公务时所必备之物,不可缺少;第二,必须是日常耗用品;第三,必须是价值较低的物品。于是,这种观点结合国家机关事业单位会计科目中"低值易耗品",将"办公用品"定义为"行政机关日常办公所必需的低值易耗品"。

我们认为这个定义还是比较笼统、抽象,不易把握。为了便于学习者和工作者理解和管理办公用品,本教材所讲的办公用品是指机关、企事业单位在日常工作中所耗费的各种物材、工作设备等辅助用品,主要包括办公用具、办公设备、办公书籍及日杂百货等。这些用品是确保办公管理活动正常有序进行的必要条件,缺少必要的用品,就会影响办公效率和组织业绩。

由此,我们可以将机关、企事业单位在办公管理活动中所耗费的办公用品做如下归纳:

办公文具:(1)文件档案管理类;(2)办公本簿;(3)办公用纸;(4)书写修正用品;(5)财务用品;(6)桌面用品;(7)辅助用品。

办公设备:(1)事务设备;(2)IT设备;(3)办公电器;(4)办公家具;(5)电脑周边用品。

办公书籍及日杂百货:(1)办公必备的图书资料;(2)日用品;(3)杯具;(4)其他。

当然,这个界定是开放的,办公用品种类繁多,随着工作需要和时代发展,也会不断充实与增减。同时,由于各种组织的工作任务存在差异,在办公用品的使用方面也可能存在一些差别,但是总体而言,不会超出这些大类。

【知识链接】

办公用品进化史

公元前 2 世纪,中国人发明了纸,9 世纪由阿拉伯人传至欧洲,但木浆制纸技术至 14 世纪才出现。

1564 年,英格兰发现石墨,不久,发明了铅笔。

1750 年,葡萄牙物理学家马加汉约发明了擦字胶,使执笔者可以擦去错字。

18 世纪,法国人创造了"官僚主义"这个名词,意思是盖着写字台的棕黑色布块,希腊文意为管理,所以它的含义是"桌子政治"。创造这个词是形容当时的一种新现象,在政府和私人机构任职的人员,是在桌子上工作的,与过往贵族在封邑外工作的旧制度,有很大区别。

1773 年,英国人瓦特发明了油印机。

1866 年,英国人发明了复写纸。

1806 年,意大利人制造了第一架打字机。电动打字机在 1901 年问世,而在 1933 年上市。

1875 年,第一台商业电话在麻省剑桥水务局接通了,但工作人员只能打电话到分局办事处。

1875 年,第一个征聘打字员的广告出现了,周薪是 10 美元至 20 美元。

——选自:《秘书之友》1991 年第 9 期

二、办公用品的管理

办公用品种类如此繁多,但不同机关、企事业单位在实际工作中也会根据本部门的工作来选择使用。办公用品在办公工作中起着非常重要的作用,因此,办公室人员要对办公用品做好严格、合理的管理。

当然,不同类型的办公用品也需要区别管理目的,如办公设备的管理要确保设备的正常运转,主要涉及定期维护保养,清除设备内部的污垢,在必要的部件上加注润滑油等;办公文具的管理主要是确保够用,不至于因缺少文具而耽误工作进展;办公书籍及日杂百货的管理主要是确保其符合工作需求,及时更新。

具体到办公用品的管理,虽然不算一件复杂的工作,但在管理中要求管理人员要有较强的责任感,应该本着认真严肃的态度,本着节约、物尽其用的原则,建立完善的办公用品管理制度,确保工作需要,达到"有效使用和维护管理办公用品,降低办公用品经费开支,提高经济和工作效益"的管理目的。

在实务中,办公用品的管理一般是由办公室或者后勤、总务部门来负责。管理过程中,重点抓好办公用品的采购、保管和使用三个环节。

第二节 办公用品的采购

办公用品采购是办公用品管理环节的第一步,一个机关、企事业单位需要哪些办公用品、如何取得这些用品,都是通过这个环节得来的。所以,做好办公用品的采购工作很重要,它关涉到后续的保管与使用环节。一般而言,采购工作需要根据单位库存及消耗情况,按照采购计划、对照采购标准进行采购,做到既能够保障工作所需又不会占用过多资金与库房空间。

办公用品的采购程序一般有制订采购计划、选择供货商、选购、验收入库等。

一、制订采购计划

在采购前,要摸清库存用品量,明确哪些是急需的,哪些是可以暂缓购买的。根据库存用品的稀缺情况,来制订采购计划,也可让办公用品管理员协助制订采购计划。

另外,因为各部门办公用品的需求不同,采购前也可让各部门列出所需办公用品的清单,报给办公室,办公室负责采购的秘书将各部门的清单进行整理、汇总,制成本单位"办公用品需求清单"。再根据该清单以及库存情况编制"办公用品采购计划"。(参见表 4-1)

表 4-1 办公用品采购计划表

填表日期: 年 月 日

采购办公用品明细			
办公用品名称	规格	使用目的	备注
领导意见			签字: 公章

在编制采购计划时,要尽量详细、准确,以确保采购的办公用品规格与单位里既有的办公设备相匹配,进而保证正常使用与办公。

办公用品采购计划编制好后,要同步编列采购预算计划,并将采购计划与预算计划呈报上级主管领导和财务部门批准。

二、选择供应商

在单位主管领导批准办公用品采购计划后,负责采购的主管人员就要开始选择供应商了。一般要选择信誉良好的供应商,首先考虑其货品质量与交货时间,要能够提供正规厂家的优质货品,及时交货;其次考虑其货品价格,要选择价格合理的供应商,最好在批量购买、季节削价、年终清货时可给予较好的优惠;最后考虑售后服务,要选择遇到质量问题或使用问题时能及时便捷地联系得到的供应商。

如果购买的是大宗办公用品,要首先向各大供应商发出购买要求,供应商在接到购买要求后,会给单位提供对应的报价单或估价单。这时,采购员需要对各家供应商的报价单或者估价单进行比较、筛选,必要时还可去实地考察实物。如果是普通小用品,也可直接去办公用品供应地进行考察选择。选择时,要本着物美价廉的要求进行,尽量节约经费支出。

确定符合采购要求和合理价位的供应商后,要填写正式的订购单并签字确认。将填好的订购单交单位领导签字批准,并复印一份交财务部门,以方便准备购买资金。

三、选购

供应商确定后,就开始选购办公用品了。选购办公用品时,采购人员要严格按照事先制订的采购计划与规格以及同供应商确定的购货内容、总费用、交货时间和售后服务等事宜选择商品。要注意在自己的职权或者授权范围内依照程序进行,选择那些物品性能合乎标准、坚固耐用的用品,购买时要形成完整的购买手续,特别是要保存好相关票据。

四、验收入库

按采购计划要求的质量、数量、品种采购完毕后,采购员要将发货票交给保管员,由保管员凭票清点入库。待采购的办公用品到达库房时,保管员要办理验货手续,仔细对照发货单与实际物品,确保一一对应,还需造册登记。在验明所收货品符合采购要求后,将签收后的交货单送财务部门办理付款。如果在验货过程中,发现有不符合采购要求的,要及时提出,并与交货员和采购员协商解决,以确保严格执行采购计划与标准。

总之,在办公用品采购过程中,要严格执行财务制度,做到单据、账目和手续完整、清楚,采购物品合乎需求与规格，价格合理，及时保障供应。

第三节　办公用品的保管

经过采购部门或采购人员一系列的采购程序后，采购回来的办公用品交付验货入库。接下来的重要任务就是做好办公用品的保管。所谓办公用品的保管，就是指管理人员对办公用品进行登记、收存和分配以及使用责任的签认和盘点、交换和养护等。一般而言，大型机关、企事业单位都会设置独立的保管部门和专门人员，如后勤部、总务部等，中小型乃至微型机关、企事业单位需根据自身情况来决定是否设置独立部门或者由单位综合办公室兼负保管任务。

一、办公用品保管的目的和要求

办公用品保管的目的是要确保办公用品的效能，防范办公用品在库房储存过程中毁损、受潮、虫蛀等人为或自然损坏。

保管员在保管过程中，要对购进的库存办公用品进行分门别类，妥善存放到货架或货柜中，平时多加清点和检查，切实做好保管工作。具体来讲，需要做到以下要求：

第一，提高做好保管工作的自我意识。努力学习单位制订的办公用品保管制度，不断提高自我觉悟，增强做好保管工作的主动性和自觉性。

第二，要付诸实际行动，落实保管任务。对购入的办公用品要合理分类、精心保管，做到经常入库检查，及时登记保管卡，定期清理库存，使得账物相符。

第三，对库存用品要有预测性。保管员要善于根据库存和需求情况，草拟采购计划，为采购部门制订最终计划提供方便。平时，保管员要善于观察与统计各部门对各类办公用品的使用需求量，把握哪些消耗大，需要大量购入；哪些消耗少，减少购入量。

第四，要重视库房的实体安全。办公用品的保管需要安全的库房，储物架或物品柜要上锁，同时也要确保库房防火、防潮、防蛀、防霉等，使得存放的物品符合保管标准，减少不必要的损失。

二、办公用品保管的方法

做好办公用品的保管工作，具体可以选择使用下列方法：

（一）专人专责

单位里设置专门的部门，配备专门人员进行管理。保管员要熟悉办公用品的规格、数量、质量，及时、认真地将全部用品登记入账入库。

（二）登记保管

为便于及时、准确地掌握办公用品的存储情况，要及时登记库存的办公用品，定期（月、季度或半年）进行库房盘存，确保账物相符。记好办公用品登记明细账簿，如要写明购入时间、品名、数量、规格等，及时更新库存数量，确保保管账簿更新。

（三）合理摆放

不同物品需求的存放空间不尽一致，要根据不同类型的办公用品的存储要求进行合理摆放，确保其不变质、不变形。比如，同一用品，新购进的要放置在旧用品后面，做到先用旧的后用新的，尽量减少过期损失；小物品、常用物品要放置在便于取用的地方。

（四）分类存放

不同办公用品的保存环境不尽一致，要根据各自特性进行分类管理，并在每一类物品上清晰地张贴标签，标明类别和存储地，做到不混淆、不乱放，便于迅速找到。

第四节　办公用品的使用

办公用品的保管是由专门人员和部门来负责。办公用品的使用就会涉及单位所有部门。

学生中常有这样的现象：他们使用的笔记本、作业本都是印有单位名称的稿纸。不言而喻，这是家长从单位带回给孩子用的，这种现象就反映出组织对办公用品管理不善。

一、办公用品的使用规范与原则

办公用品是单位或组织完成工作任务时所消耗的各类物品。使用得当会发挥其效能，使用不当会造成浪费，造成国家财产的损失。因此，组织要制订明确的办公用品使用制度与规范。

使用办公用品要遵循下列原则：

（一）效益化原则

要规范工作人员的行为，做到办公用品的消耗数量与其工作效益成正比例。尽管行政上自然消耗的办公用品不能任意浪费，但也不应一概缩减，只要使用得当，即使花费多也不能吝惜。

（二）制度化原则

要从本单位的实际情况出发，制订办公用品的使用规范与程序，并确保严格执行，形成稳定的制度，以保障规范行事。

二、办公用品的发放与领用

机关、企事业单位内部办公用品的发放与领用需要有严格的制度保障与规范。一般而言，可以采取审批制度,非经办公室和主管领导同意任何人不得私用、外借、处理或挪用。不见审批手续,保管人员不能随意发放办公用品。

保管人员发放和使用部门领用需要遵守相关规章制度,履行严格的手续。一般可以参考以下规范:

属于使用部门按惯例需用的办公用品,实行定期定量分配,使用人自行领用并登记。如文具消耗品可依据历史记录、经验设定领用标准,随部门或人员的工作情况适当调整发放时间与数量。

属于使用部门非惯例使用的物品,应填报领物单或借用单,由主管人员审核批准,交保管人核实手续,完成发放。如使用相机、摄影机等设备。

属于新进职工使用的办公用品,需要其职能部门统一提出申请领取单,凭单据到保管处领取。

各部门要设置部门办公用品使用登记制度,以备保管部门适时检查使用情况,若发生物品毁损,还需要当事人赔偿。

保管人员发放办公用品时要做好登记,并定期统计,送主管领导查阅,让其了解办公用品使用情况。保管处发放登记簿要与使用部门办公用品领用单相符,领用单应包括用品名称、申领数量、实领数量、用途、领用人、审批人、审核人和发放人等项目。(参见表4-2)

表4-2　办公用品领用单

编号:＿＿＿＿＿＿＿　　　　　　　　　　　日期:＿＿＿年＿＿＿月＿＿＿日

领用部门		部门经理		领用人	
用品名称	申领数量	实领数量	用途		备注
审批人		审核人		发放人	

总之,办公用品的发放与领用制度是对保管人员和领用部门、领用人的约束与规范。保管人员(发放人)要严格按照规章行事,坚持原则,不徇私情,不谋私利;领用人、领用部门要按需领用,做到不过量领用、不随意使用。保管人员要对库存情况、行政经费实力及市场供应心中有数,避免办公用品使用中出现浪费或中断现象,严格把好发放关。

【知识链接】

办公用品管理流程

流程名称	办公用品管理流程		
流程目的	1. 规范化管理企业办公用品的采购、领用等各项工作 2. 维护办公用品的完好率,提高办公用品的使用效率,避免浪费		
知识准备	1. 了解企业办公用品相关的管理制度 2. 熟悉办公用品的功能及操作,熟悉办公用品采购、领用、报废的工作流程		
流程步骤	细化执行		关键点说明
⚠ 1. 建立办公用品管理制度	1	办公用品管理制度	▲ 关键点1 企业制定办公用品管理制度,规范办公用品采购、领用和报废等工作,给总经理审批通过后,行政部印发并监督执行
⚠ 2. 登记办公用品台账	2	办公用品台账表	
3. 办公用品购买申请	3	办公用品请购单	▲ 关键点2 企业记录办公用品采购、领用、报废的种类、数量等详细情况,以便财务部根据其记录建立公司办公用品台账
⚠ 4. 办公用品采购	4	办公用品采购计划 办公用品采购合同	
5. 办公用品验收	5	送货单	▲ 关键点3 采购人员执行采购任务,进行采购用品的询价、比价和议价后选择质量高、价格合理的供应商签订采购合同,采购所需办公用品
⚠ 6. 办公用品领用	6	办公用品领用单	
7. 办公用品保养与维修	7	办公用品检修记录表	▲ 关键点4 员工领用办公用品需在领用表上登记,写明领用的物品名称及数量,并签字确认后,行政部人员予以发放
⚠ 8. 办公用品盘存	8	办公用品盘存表	
9. 办公用品报废、清理	9	办公用品报废登记表	▲ 关键点5 企业定期对办公用品进行盘存,做到账物相符,为编制采购计划提供依据

办公用品管理控制程序

程序名称	办公用品管理控制程序	编号	
		受控状态	

一、目的

为规范办公用品管理工作,保证办公用品的有效使用和妥善保管,严格控制办公费用,同时满足工作需求,特制订本程序。

二、适用范围

本程序适用于公司办公用品的管理。

三、职责

1. 人力资源部经理负责办公用品的计划、采购、验收、保管、发放和费用控制等工作。

2. 财务部负责办公用品费用的监控。

3. 全体人员负责个人所配置办公文具用品的保管、使用并严格遵照"办公用品管理规定"节约使用。

四、办公费用预算

(一) 办公费用预算的制订

1. 公司办公预算及临时办公预算由人力资源部负责制定,各部门办公预算由各部门经理制订。

2. 各部门办公费用预算包括年度办公费用预算和月度办公费用预算,部门年度办公费用预算应于每年____月____日前提交人力资源部,月度办公费用预算于每月____日前提交人力资源部。

3. 人力资源部应根据各部门办公费用预算编制下一年度公司办公费用预算。

4. 公司整体办公预算应明确各部门的预算金额,各部门预算应明确每个部门员工的预算金额,临时办公费用应明确每个事项的花费金额并做出合理解释。

(二) 办公费用预算的审批

1. 公司办公费用预算由人力资源部经理审核后转呈总经理审批,审批通过后严格执行。

2. 总经理审批后所形成的正式办公用品费用预算交到财务部保存原件,人力资源部保留复印件。

(三) 办公费用预算的执行

1. 各部门所使用的所有办公费用应严格按照办公预算执行。

2. 各部门使用办公费用时,应向人力资源部提出申请,人力资源部负责统一向财务部提交用款申请。

3. 人力资源部应设立用款项目的实际支出表并存档备查。

五、办公用品采购控制

(一) 办公用品的采购计划与申请

1. 公司办公用品采购实行统一管理,各部门应于每月____日前提交"办公用品需求计划表",报人力资源部审核。

2. 人力资源部将核准的各部门"办公用品需求计划表"汇总后形成"办公用品需求汇总表",并计划一定的库存量,交人力资源部经理审核后,报总经理批准。

3. 采购人员负责按照批准后的"办公用品需求汇总表"与"办公用品申请单"执行采购工作。

(二) 办公用品的采购执行

1. 采购人员应了解并收集市场价格信息,进行询价、比价和议价,并对供应商实施质量、价格评审,以确定优质的定点供应商。

2. 采购人员接到采购任务后应与供应商签订采购合同,并在____天内将办公用品采购齐全。

(三) 办公用品验收与入库

1. 采购到位的办公用品,由人力资源部经理指定验收人员协同办公用品管理员按"办公用品需求汇总表"及"办公用品申请单"进行验收并在验收单上签名。

2. 办公用品管理人员对采购的办公用品进行登记后入库保管。

(四) 办公用品采购的结算

采购人员凭"办公用品需求汇总表"、"办公用品申请单"、"办公用品入库单"以及"送货单"、供应商发票或收据,按财务结算流程进行采购费用的结算。

六、办公用品领用控制

(一) 领用程序

1. 员工常用办公用品的领用应按需领用,领用时需在办公用品领用表上签名,并注明所领用办公用品的名称、数量等。

2. 非常用办公用品的领用需按照请购人多少、领用多少的发放原则领用,领用时必须在办公用品领用登记本上签名并注明用途。

(二) 办公用品领用登记及盘点管理

1. 人力资源部需建立办公用品实物账,进出物品要登记入账,领用人要签名以备查验。

2. 人力资源部应每个月末对各部门的领用情况进行统计,盘点库存,编制"办公用品盘点表"。

七、办公用品的使用、保养、维修和报废控制

1. 各类办公用品应爱惜使用、厉行节约,如打印或复印资料时纸张要双面使用,回形针、大头针应

重复使用,不得随意丢弃,圆珠笔应更换笔芯使用。

2. 各类办公用品的保养应由各部门自行负责,人力资源部将进行不定期检查。

3. 各部门办公用品在日常使用中发现有故障或损坏,应及时通知归口管理部门安排维修。

4. 价值高于1000元的办公用品的报废,各部门应填写"办公用品报废单",并附专业维修人员鉴定说明,部门负责人审核后提交人力资源部复核,人力资源部经理及总经理审批后处理报废物品。

八、相关记录及文件

1. 办公用品购置申请表

2. 办公用品申领计划表

3. 办公用品申领计划汇总表

4. 办公用品盘点表

5. 办公用品报废单

6. 其他

编制日期		审核日期		批准日期	
修改标记		修改处数		修改日期	

——本表选自:孙宗虎、邹晓春编著,
《人力资源管理工作细化执行与模板》(第2版),
北京:人民邮电出版社,2011:340-342.

××公司办公用品管理制度

一、宗旨

为规范公司办公用品的采购与使用,使之既能满足员工工作需要又杜绝铺张浪费,特制订本办法。

二、适用范围

公司内部所有部门及分公司的办公用品。

三、管理部门

办公用品的管理部门是公司办公室行政处,由公司办公室助理监管执行,采购由后勤保障部实施。

四、日常管理

1. 办公用品分为消耗性办公用品和非消耗性办公用品。非消耗性办公用品包括桌椅、公文柜、电话机、电脑、打印机、复印机等,同时遵守固定资产管理制度。

2. 办公用品如分配为个人使用的,由个人自己负责管理,如计算机、笔类、尺类、橡皮等;如为部门业务共同使用的,由部门负责人指定专人管理,如打印机、复印机等。

3. 公共财产发生损坏时,使用人或责任人需负相应的责任。

4. 员工要爱护公司的所有公共设备,离开办公室,要检查、关闭设备电源及容易发生危险的器具,保证安全。

5. 任何人未经领导批准,不能将专用办公设备带出办公地点,否则一切后果自负。

五、采购管理

1. 办公室所有办公用品的采购工作,统一由后勤保障部办公室负责执行。

2. 各部门应于每月25日至30日根据工作需要编制下月的办公用品需求计划,由公司办公室助理填写《物品采购申请单》,交后勤保障部进行审核及采购,具体物品发放依据实际采购情况而定。

3. 办公用品采购的一般程序为:

A. 公司办公室助理定期向各个部门统计需采购物料,填写《物品采购申请单》(附表一);

B. 后勤保障部确认库存无可用或可替代的物品后,按照规定权限办理审批,填写《物品采购计划表》(附表二),并报告办公室采购人员;超出办理权限(即大件物品),即由后勤保障部上报公司办公室审批;

C. 得到采购许可签字后,一般办公用品由公司指定配送公司送货上门,验收完毕后签字确认,即可在财务部核销账目;大件物品则需经过询价、议价、确定、采购、入库、发放程序,购买后凭签字签呈核销费用。

D. 仓库管理员将物品发放给所需部门,部门负责人在《物品领用登记表》(附表三)签字确认;

E. 相关领导按规定进行批准权限审签,后由财务部核销费用。

4. 各部门若需采购临时急用的办公用品,由部门主管填写《物品采购申请单》(附表一),并在备注栏内注明急需采购的原因,经财务部审核报总经理批准后,由采购部实施采购任务。

5. 公司车辆要严格执行定点加油和定点维修制度,并接受后勤保障部的监督指导。

6. 对单价大于100元以上物品的采购,应先进行询价、比价、议价,并将最终议定价格呈报公司办公室,经同意后方可实施采购任务。

六、用品入库

1. 办公用品入库前须进行验收,对于符合规定要求的,由公司办公室助理登记入库;对不符合要求的,由采购人员负责办理调换或退货手续。

2. 物品采购发票应由公司办公室助理签字确认入库后,方可报销。

3. 公司办公室助理须对办公用品做到分类存放,保管整齐,清洁有序。

4. 要认真做好新购物品入库前的检查、验收工作,要建立办公用品管理台账,做到入库有手续、发放有登记。

七、办公用品的领用

1. 一般办公用品的发放,由公司办公室助理依据《办公用品领用标准表》(附表四),在登记好《办公用品领用登记表》(附表三)后,直接发放给使用部门或个人。

2. 领取时,领取人须在《办公用品领取登记表》(附表三)上写明日期、领取物品名称及规格、数量、用途等项并签字。领取非库存、专门采购的办公用品时,领取人须在购物发票上签字。领取接待用品(如水果、烟、茶、纸杯等)时应由接待承办部门或接收此物的人员在购物发票或《办公用品领用登记表》(附表三)上签字。

3. 员工领用单价在100元以上的物品,须经部门主管核准同意。

4. 领取的非消耗性办公用品(如订书器、计算器、剪刀、台历架等)应列入移交,如重复申领,应说明原因或凭损毁原物以旧换新,杜绝虚报冒领。

5. 特殊办公用品的发放,应由后勤保障部指定专人负责,经使用部门或分公司办理有关领用手续后,交使用部门或分公司具体使用和管理。

6. 领取的原则是:工作任务清楚,使用目的明确,一次一领,随用随领,用多少领多少,专领专用。

7. 办公用品管理部门及人员应恪尽职守,坚持原则,照章办事,严格控制办公用品的领取数量和次数,保证办公需要。对于消耗品,可根据历史记录和经验法则设定领取基准。明显超出常规的申领,领取人应作出解释,否则保管员有权拒付。

八、办公用品的保管

1. 办公用品由公司办公室助理统一保管。

2. 库存办公用品的种类和数量要科学确定,合理控制。常用、易耗、便于保管和适于批量采购的办公用品可适量库存。要避免不必要的储存或过量积压,确保供应好、周转快、消耗低、费用省。

3. 批量购入的办公用品应即时入库存储,物品采购员和仓库保管员要搞好验收交接,在办公用品入库登记本上如实填写接收物品的名称、规格、单价和数量,并签字。

4. 加强对办公旧物的管理。阶段性使用和暂时闲置的物品要妥善保管,随时待用;替换下的各类办公设备交由后勤保障部统一保管,要及时回收。登记造册,修旧利废,充分利用。

5. 定期进行办公用品库房盘点,确保账物相符。随时掌握库存物品的数量、质量和需求情况,适时增加库存,保障供给。

九、办公用品的使用

1. 使用办公用品应以室为家,牢固树立"节约光荣、浪费可耻"的思想,在日常工作中,处处精打细算,提倡节省每一张纸、每一颗钉、每一滴墨、每一分钱,努力降低办公成本。

2. 办公用品应为办公所用,不得据为己有,挪作私用;不得用办公设备干私活,谋私利;不许将办公用品随意丢弃废置。

3. 精心使用办公设备,认真遵守操作规程,及时关闭电源。定期维护保养,最大限度的延长办公设备、用品使用寿命。

4. 办公用品使用要物有所值,物尽其用,不要大材小用,贵材贱用。复印纸应用于复印,不得用做草纸、包装纸;大头针、曲别针等要反复使用;纸张可双面利用,修改校对稿可先用废旧纸张打印,充分发挥各种办公用品的最大使用效率。

5. 印制文件材料要有科学性和计划性,并力求使印制数与需用数基本相符,略有余富,避免不必要的浪费。

6. 对于高档耐用办公用品,科室间应尽量协调相互借用,一般不得重复购置。使用中办公设备出现故障,由原采购人员负责协调和联系退换、保修、维修、配件事宜;因使用不当,人为造成设备损坏的,直接责任人应负赔偿责任。

十、用品转移

1. 员工离职时应依《物品领用登记表》(附表三)所领物品一并退回(消耗品除外),由办公人员填写《办公用品移交表》(附表八),离职员工签字确认。

2. 办公事务用品如桌椅、公文柜、电话机、电脑、打印机等的迁移,需经财务部办理迁移手续后,方可执行。

十一、物品维修

1. 电脑、打印机、传真机、复印机等办公用品出现故障及需维护(加碳粉)时,由使用部门向后勤保障部提出维修申请。

2. 后勤保障部若发现用品为人为故障,应追究使用人或责任人的责任。

3. 如无法维修,可联系供应商或外部维修机构进行维修,并填写《办公用品维修记录单》(附表五)。

4. 维修经后勤保障部和使用部门验收后在维修单上签字作为报销凭证,相关费用由后勤保障部按规定报销。

5. 如办公用品由于损坏或超出使用年限等情况,维修费用较高,需淘汰或新品替换,则需对于该物品进行报废处理,填写《办公用品报废凭证》(附表七)说明情况,并说明是直接淘汰还是需要购置新设备,该表将提交公司办公室,由公司办公室决定是否需进行报废处理。

十二、遗失物品管理

1. 公司员工应爱护和节约办公用品,同时应承担良好保管的义务。

2. 如办公物品出现人为遗失,应由保管人员、使用人员及其部门负责人共同承担相应责任。

3. 如办公室出现被盗、抢劫等情况,导致贵重办公物品及公司机密文件被盗,遗失部门应积极配合警察侦破案件,如能追回遗失物品和遗失文件,则相关人员应被处口头警告,同时被警告人应加强防盗、防劫观念,积极建议改进防盗措施;如遗失物品及文件不能追回,则由相关人员及部门负责人对该事件负责,具体处罚措施由公司办公室商议决定。

4. 如公司出现内盗情况,一经查出,直接移送公安局。该人员应归还被盗物品,并对公司及公司员工所受损失负责,承担相应责任,公司应视情节给予严厉处罚。

附表一:物品采购申请单

附表二:物品采购计划表

附表三:物品领用登记表

附表四:办公用品领用标准

附表五:办公用品维修记录单

附表六:办公用品遗失单

附表七:办公用品报废凭证

附表八:办公用品移交登记表

附表一　　　　　　　　　　　**物品采购申请单**

日期：

序号	物料名称	规格	单位	所需数量	所需部门	签字确认	备注
1							
2							
3							
4							
5							
……							

附表二　　　　　　　　　　　**物品采购计划表**

采购人：_____　　　　　　　　　　　　　　　　___年___月___日

序号	物料名称	规格	单位	库存	采购计划	采购确认	备注
1							
2							
3							
4							
5							
……							

附表三　　　　　　　　　　　**物品领用登记表**

公司：_____　　　　　　　　　　　　　　发放人：_____

序号	日期	领用人	领用物料	领用数量	领用人签字
1					
2					
3					
4					
5					
……					

附表四　　　　　　　　　　　**办公用品领用标准**

编号	品名	单位	数量	岗位	使用周期	离职需归还	备注
1	促销服	套	1	促销	非消耗类	需归还	入职发放
2	笔记本	本	1	一级	一月		入职发放
3	中性笔(黑)	支	1	一级	一月		入职发放
4	计算器	个	1	一级	非消耗类	需归还	入职发放
5	订书机	个	1	二级	非消耗类	需归还	需求发放
6	文件盒	个	1	二级	非消耗类	需归还	需求发放
7	中性笔(红)	支	1	二级	一月		需求发放
8	胶棒	支	1	二级	一月		需求发放
9	电脑	台	1	二级	非消耗类	需归还	需求发放
10	电话	部	1	二级	非消耗类	需归还	需求发放
……							

注:一级为一般工作人员,二级为财务人员、文职人员及管理人员;消耗类用品,需以旧换新进行发放。

附表五　　　　　　　　　　　**办公用品维修记录单**

日期:＿＿＿＿年＿＿＿月＿＿＿日　　　　　　　　　　　　　　　　填表人:＿＿＿＿＿＿＿

编号	申请部门	申请人	维修品名	数量	维修内容	损坏性质	维修时间	是否已维修	备注
1									
2									
3									
4									
5									
……									

备注:损坏性质主要分为人为损坏和自然损坏,人为损坏需将赔偿金额附备注。

附表六　　　　　　　　　　　**办公用品遗失单**

时间:＿＿＿＿年＿＿＿月＿＿＿日　　　　　　　　　　　　　　　　填表人:＿＿＿＿＿＿＿

编号	部门	遗失物品名称	数量	使用人	使用时间	遗失原因
1						
2						
3						

编号	部门	遗失物品名称	数量	使用人	使用时间	遗失原因
……						
部门意见：						
财务部意见：						
公司办公室意见：						

附表七   **办公用品报废凭证**

申请部门		申请时间	
物品名称		配置时间	
物品编号		物品编码	
报废说明	领导签字：		
部门意见			
财务部意见			
公司办公室意见			

附表八　　　　　　　　**办公用品移交登记表**

　　　　　　　　　　　　　　　　　　　　　　　　　　　　___年___月___日

日期	物品名称	单位	数量	移交人	所在部门	接收人	所在部门	备注

注:此表由管理员登记,如若办公用品回收,则管理员为接收人,并负责登记入库。

【思考题】

1. 如何理解"办公用品"的含义?

2. 办公用品的采购需要完成哪些程序?

3. 办公用品的保管工作需要注意哪些事项? 可采取哪些方法?

4. 如何做到办公用品的规范化使用?

【案例分析】

"办公用品"非办公

材料1:

A县审计局在对该县一些行政事业单位审计时发现,有些单位的商业零售发票开具办公用品时只有笼统的金额,而无具体品名、数量、单价,且有的只有发票,没有可证明其用途的原始附件(如原始记录、签单表等)。金额小的有几十元、几百元,大的达几千元、上万元,而且购入比较频繁,特别是在半年期或年终期,发生数比较多,一年累计起来购买办公用品数额占全年业务支出的近25%。

B县地税局税务人员对M公司2009年度纳税情况进行评估,对企业提供的财务报表和企业所得税申报表进行比对时发现,该公司2009年"管理费用"支出比2008年增加近15万元。经对企业原始凭证核实,发现"管理费用——办公用品"中有3份发票是同一商家开出,发票合计金额为 11.5 万元,未附详细的销售清单。办公用品是企业购买笔、墨、纸张等支出,经仔细询问该公司经理最终承认,所谓的"办公用品"其实是过节时员工的"福利物品",并拿出了当时发放物品的清单。税务机关据此依法对该公司补征企业所得税 28750 元,对滞纳的企业所得税从滞纳之日起加收滞纳金 287.5 元,并补缴个人所得税 15805.12 元。

材料 2:

一些单位在开具票据时,主要用于以下几方面:一是用于办公支出,如购买纸张、笔、笔记本等用品。二是用于请客、招待支出,如单位来客,购买香烟、饮料、酒等,并与正常办公用品混淆一起开票,造成单位招待费支出不实,偷逃有关政府性基金。三是用于职工福利,有的票据实际用于为职工购买日常用品或逢年过节购物等,当作单位福利发给职工,以逃避职工个人所得税。四是用于一些非正常开支,如送礼。五是有的单位用于开具假发票,套取国家资金,私设"小金库",甚至有的个别人员虚开发票,中饱私囊,变相贪污。

根据《发票管理办法》规定,所有单位和从事生产、经营活动的个人在购买商品、接受服务以及从事其他经营活动支付款项,应当向收款方取得发票。取得发票时,不得要求变更品名和金额。由于一些商家不按规定开具发票,使得一些纳税人逃税有机可乘。税务部门也一再提醒广大纳税人要开透明发票,不虚开发票内容,如实进行账务处理。

材料 3:

C 县政府采购中心通过实行六项机制,有效地规范了办公用品采购,制约了定点供应商的供货行为。

价格确定　各定点商场确保供应商品比市场零售价优惠 5%,同时,享受各项打折优惠活动的待遇;各县直行政事业单位根据需求规模,可在 5% 的基础上讨价还价,也可由定点商场进行竞价。

保障质量　各定点商场供应的办公用品必须运送到采购中心商品部,由管理人员负责验收,不得在本单位商场自行供货和调换货物;管理人员可根据实际情况,定期、不定期地对各商场的进货渠道进行检查。

考核奖惩　各定点商场派 3～4 名人员进驻采购中心商品部,由商品部统一管理;商品部对进驻人员的服务态度、服务质量、考勤情况等进行细化、量化,按月考核,优秀的给予物质奖励,不合格的予以更换。

跟踪问效　采购中心商品部对所供应办公用品进行月回访,对批量大的及时回访,跟踪商品的质量、使用效果,对单位提出的建议和意见及时进行整改,促进了供应水平的提高。

监督管理   采购中心通过印发《政府采购监督卡》，设立举报电话，配备专职人员，对举报的情况及时认真核查，一经查实，将按照政府采购的有关规定及合同规定对有关责任单位和责任人进行处理。

特殊备案   对定点商场缺货的、专业性强的特殊办公用品，由县直行政事业单位提出申请，经县财政局业务科室审核批准，报采购中心备案后，可以到非定点单位购买。

材料4：

办公用品是机关、企事业单位正常运转不可缺少的物品。因此，在使用中要有厉行节约、防止浪费的意识。

对于政府部门而言，应坚持把节能作为转变经济增长方式的重要内容。不但能为自己节省开支和费用，更重要的是可使社会形成节约能源的意识和风气，企业和公众要把节约挂在心上，落实到行动上。

要制定相关的硬性规定，建立办公用品采购的审批制度。加强采购审批，既可以提高采购的透明度与效率，又可达到节省开支、增加效益的目的。

宣扬降低消耗就是增值的思想。中国人向来有勤俭节约的美德，过去老一辈的人们经常将节约挂在嘴边，实实在在落实在行动上，曾几何时，人们对节约是那样的刻骨铭心。近几年，一再敲响的能源危机警钟，再一次唤醒了人们记忆深处的节约意识，但愿节约的话题成为社会高度关注的焦点。

请认真阅读材料，完成以下问题：

1. 概括材料中描述的办公用品管理中所存在的问题。
2. 你如何看待大量"办公用品发票"被开出的现象？
3. 你觉得材料3对材料1、2有何意义？
4. 材料4主要是阐明了什么道理？

【实践活动】

领导已经批准了你的休假请求，时间是15天，从这个周末开始你就可以不用来公司上班了。作为办公室主任助理，你负责办公用品和办公设备的采购和分发，为了保证在你休假期间工作人员的办公用品不因缺乏而影响工作，你休假前应该做些什么？

活动目的：通过具体的探访实践，了解不同机关、企事业单位是如何管理办公用品的。

具体要求：以上述描述背景为问题，走访当地不同的组织，包括机关、企业、事业单位；记录不同组织处理此种问题的方法；比较他们处理方法间的异同；分析各种方法的优劣；再谈谈你的感受与看法。

第五章　办公室时间管理

　　本章由三节组成,分别为时间管理概述、领导时间辅助管理和秘书自我时间管理。通过本章的学习,能够树立正确的时间管理理念,掌握时间管理原则和方法;能够熟练使用"ABC 时间管理法"及"80/20 法则",科学管理自己的工作时间,并辅助领导管理好时间,以此大大提高自己和领导的工作效率。

【职场小故事】

忙乱无功还是从容有成　取决于时间管理

　　马丽是河北省一家五星级酒店的经理秘书,每天从早到晚忙忙碌碌,但经常感觉自己也不知道都忙了些什么,更使她懊恼的是,她工作尽心尽力,但还是不时出现差错。比如有一次经理告诉马丽他要午休一会儿,下午 3 点有个重要会议,要马丽 2 点 40 分叫醒他,结果马丽因忙于其他事而忘记了,直到 2 点 55 分,经理自己醒来,发现时间马上就到,顾不上批评马丽就赶去开会了,马丽为此自责很久。

　　类似的事情多了,马丽开始反思自己的工作,也向他人请教。一位资深秘书指点她:作为一名秘书人员,要具有强烈的时间管理意识,讲究时间管理方法,才能把头绪繁多的工作安排得有条不紊,遇事才能周全从容地应对。比如,辅助上司工作是秘书工作的重中之重,对此,秘书需要做年度计划表、月计划表、日志等各种时间计划表,有了这些计划表,做事有序,才不至漏事,心里有谱儿,遇事才不会慌,否则会很容易顾此失彼,被工作淹没。马丽听后恍然大悟,想想自己以往工作基本上都是凭借不错的记忆力和热情,一旦累了,工作效率就会下降,种种失误也就跟着发生了。她也曾用笔记录一些待办事项,但时常是随手记在纸上,一忙乱就找不到那张纸,甚至根本就想不起来自己记在哪儿了,原来还有时间管理这门诀窍,她立即认真学习,并积极付诸实践,此后,她的工作也渐渐变得从容有序,出现的失误越来越少,领导越来越满意,她也从临时秘书升为正式秘书,成为领导得力的助手。

　　时间管理是指在同样的时间消耗情况下,为提高时间的利用率和有效性而进行的一系列控制工作,其实质就是如何面对时间的流动而进行自我管理。对于秘书人员来说,因自身在各级党政机关领导体系和企事业单位中占有着枢纽地位,十分重要,秘书工作又是一项综合性很强的工作,所以具有较高的时间管理能力尤为重要;秘书作为领导的辅助管理者,要更好地配合领导工作,帮助领导提高工作效率,秘书还要辅助管理领导时间,因此,秘书人员要树立正确的时间管理观念,在工作过程中遵循时间管理的原则,科学有效地运用各种时间管理方法,并在此基础上不时反思,不断创造,寻找更加适合自身需要的时间管理方法,由此迈向工作的成功。

第一节 时间管理概述

一、时间管理的一般原则

(一)最佳原则

把握最佳精力时间和最佳时机,即"黄金时间做黄金事"。

(二)80/20 原则

把精力和时间首先并主要用于处理那些占整体 20％的最重要同时也是最困难的事情,就可以解决 80％的问题。

(三)相对连续性原则

集中时间处理重要性事务,不要把时间分割成零星碎片。但也需要每隔一段时间更换一下工作环境、工作方式或工作内容。

(四)合理"预留时间"原则

在按照计划内时间做某事的基础上,适当附加一些额外时间,可避免因意外情形耽误更多的时间。

当预留时间变成零碎时间时,要善于利用。

二、时间管理的方法

(一)ABCD 时间管理法

这一方法是 80/20 原则指导下的具体运用,即将待办事项按重要程度(非常有助于达到目标,如果不能完成,后果将十分严重)与紧急程度(需要立刻行动起来去做)分为 A、B、C、D 四个等级,以此确定待办事项的优先顺序,依次完成任务。ABCD 时间管理法也被称为四象限法。(如图 5-1)

A 级:既重要又紧急。应全力以赴投入时间精力先完成。

B 级:重要但不紧急。虽不需现在就做,但过一段时间,这类事务可能会变成 A 级事务。

C 级:不重要但紧急。可设法尽快解决,如考虑授权。

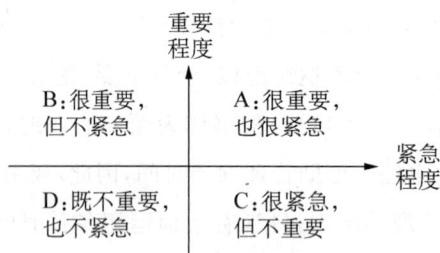

图 5-1　ABCD 时间管理法

D 级:既不重要也不紧急。这类事务如果完成固然好,它可能会让你有意外收获,但不完成也没有关系,也可以不把它们列入计划。

在以上的划分基础上,还可以将各个级别进一步细分,比如将 A 分为 A1、A2、A3……当然,A1 要比 A2 更重要一些,A2 也比 A3 更重要一些。其他级事务也是如此。

另外,优先顺序排出后,在执行中有时还需灵活处理,比如 A 级事务要完成得需两个小时,而 C 级中有一些是请别人做的一些小事,那就应该在处理 A 级事务之前,先用几分钟的时间把这些小事分配出去,以使被分配的人相对有更多的时间去做,也就是说,有时有些很紧急的事务虽不重要,但也要优先处理。

(二) 时间计划表控制法

即将某一段时间内已经明确需要完成的工作任务清晰地记入表格,提醒使用人和相关人按照时间表的进程行动,从而有效地管理时间,达到完成工作任务的方法。这种方法有助于统观全局,相互配合,有条不紊地完成工作,是管理时间的一种常用方法。

(三) 记录统计法

指通过对时间计划表中一段时期内所实际消耗的时间进行记录统计,然后通过对这些记录的综合分析,判断时间耗费的整体特征及浪费情况,反思时间投入是否抓住了主要目标,对事情轻重的衡量是否合理,以及如何进行调整等,并把这些信息反馈到时间计划表的拟订过程中去,从而有效诊断和提高时间利用率和有效性,高效地完成工作。

三、时间管理的工具

时间管理常用的工具有备忘录、待办文件夹、商务通、布告板等,现在还多采用各种时间管理软件,以下是几款在线的时间管理软件的简要介绍:

Backpack　是一个简单的网络服务,具有日历和提醒功能,可把想做的事情做成一个清单发送电子邮件或通知到手机上,时间可以自己来定。当然,也可以把任务计划发给同事或朋友与他们一起共享。

Scheduler　可以帮助用户建立日程并进行跟踪,还可以通过 Email 及 MSN 的方式提醒用户即将到来的日程。Scheduler 还提供了完整的计划制订、跟踪和回顾的机制,帮助用户制订计划并分解长期的目标,将之转化成日程。

Rescuetime　能准确地判断你花费了多少时间,不用录入数据,就可以收集你的事务数,并有迅速而即时的数据分析。例如你在 WORD 输入和排版上用了多少时间,你在浏览网页上用了多少时间等;通过每日或每周对你完成目标的情况作出总结。

GTD(Getting Things Done)　它不仅可以帮你安排好时间,从而提高你个人的工作效率,还可以和你的客户和同事一起协作完成项目。它提供了一种通过协同工作而从大规模项目运作中解脱出来的办法。

第二节　领导时间辅助管理

一、领导时间辅助管理

秘书对领导时间辅助管理不仅关系到领导者的工作时效,也直接影响着整个机关、单位人员的时间和效率,同时也影响着秘书工作的准确性和主动性。秘书辅助管理领导时间最基本、最常用的方法是时间计划表控制法,此外还有统计记录法,后者将主要在第三节中相应部分与秘书自我时间管理方法同时详细介绍,本节主要介绍前者。用时间计划表控制法辅助管理领导时间,就是在运用时间管理的一般原则和方法的基础上,针对领导工作的全局性、指挥性特点,将领导的工作内容纳入年度、月、周计划表及日志,以辅助领导管理其时间。

二、领导时间辅助管理的原则

(一) 务实有效

现代社会竞争激烈,领导时间、精力宝贵,各种时间计划表要根据现实的需要制订,要能切实帮助领导者提高工作效率,对那些没有任何意义的应酬、表面文章之类的形式主义要给予把关,力戒排场,争取为领导增加可控时间。

(二) 统筹兼顾

制订时间计划表的目的是要在关注全局的前提下,有效分配时间和精力,因此要针对整体情形,兼顾领导者实际,分清主次、轻重和缓急,精心考虑,统一筹划。

(三) 张弛有度

时间计划表的活动安排要注意张弛相间,这样既可以使领导得到必要的休息,也可以为临时情况的出现留有调整余地。

（四）尊重领导

时间计划表是为领导者服务的,因此要符合领导者的习惯和要求,在制订之前要征询领导者本人的意见,制订后要请领导过目。

三、领导时间辅助管理的方法···

（一）制定时间计划表的一般步骤

1. 明确单位或公司的例行安排,如年终总结大会、每周例会等。

2. 通过口头询问或会议文件等方式,向领导和各部门负责人征询下一时间段所要进行的工作内容。

3. 确定列入计划表的工作内容。

4. 发现工作内容上有冲突,主动与负责人或相关人员沟通协调,加以调整。

5. 绘制表格。

6. 请领导过目。

7. 根据需要打印并分发计划表。

（二）常规时间计划表

1. 年度计划表

年度计划表是体现本单位或公司全年工作的整体安排,一般只列出有关全局的重大活动或主要业务,如职工代表大会、大型会展等。

年度计划表要力求一目了然,使领导和部门负责人能清楚地看出一年中的主要工作和活动,以便配合全局,早做准备。（参见表5-1）

表5-1   四季公司 2012 年年度计划表

月份	内容	备注
一月	6日 董事会 10日 全体总结大会	
二月	10日 职工代表大会 22—25日 产品展销会	
……	……	

2. 月计划表

月计划表是在年度计划表的基础上,将领导在当月中的重要活动体现出来,包括会议、会谈、出差、访问等,以使领导工作按计划从容进行。（参见表5-2）

表 5 - 2　四季公司 2012 年 6 月计划表

日	星期	内容	备注
1	二	上午　到总公司开交流会	
2	三	上午　参加销售部会议 下午　会见 M 公司总经理	
……	……	……	
29	四	上午　参加某产品展销会开幕式	
30	五	上午　去洛阳出差	

3. 周计划表

周计划表要在月计划表的基础上制订,除了要记入领导的例行工作和重要活动,涉及他人的已经约定的活动也要记入,内容要具体、详细。

周计划表一般要在前一个周末制订出来,与领导协商后确定,它是领导活动的具体实施计划,秘书部门也要根据此计划做相应准备,以便为领导提供及时有效的服务。(参见表 5 - 3)

表 5 - 3　某经理周计划表

星期	内容	备注
一 (8 日)	9:00—10:00 公司例会,小会议室 10:30M 公司刘经理来访,会客室 14:00—15:30 到车间查看生产流程	
二 (9 日)	8:30—10:30 到 N 公司与该公司经理谈某项业务 18:00 在长城大酒店设宴款待上海考察人员	
……	……	
日 (14 日)	9:00 在机场欢送考察人员一行回上海	

4. 工作日志

工作日志简称日志,是根据周计划表写出领导一天中的活动计划,时间以时、分为单位,地点、工作内容等都要根据具体情况需要尽可能写得具体、细致。(参见表 5 - 4)

表 5 - 4　四季公司刘经理工作日志
2012 年 3 月 12 日　星期一

时间	工作内容	备注
9:00	部门负责人例会	小会议室
10:00	接待明达厂负责人高阳经理,协商工程进度方面问题	经理办公室 高经理手机号:×××× ××××

续　表

时间	工作内容	备注
11：30	出发去锦江饭店与重要客户王先生共进午餐	司机小王在公司门口等候
12：00	与王先生一行共进午餐	
14：30	审阅显影液项目投标书	
15：00	为参加郑州的经销商招聘会做准备	
16：00	去机场	司机小王在公司门口等候

秘书在前一天下午编写好日志后,最好在当日一早再请领导过目,看有无需要修订或补充之处;日志内容确定后,要协助并提醒领导执行计划,并在必要时能帮助领导排除干扰,如有变更,要及时通知领导。

为有效辅助上司,秘书需要根据领导的日志安排,根据领导的时间协调并合理规划自己的时间。如根据表5-4,秘书可制订日志。(参见表5-5)

表5-5　四季公司刘经理秘书张春工作日志
2012年3月12日　星期一

时间	工作内容	备注
8：00	检查9：00部门负责人例会资料及会议室准备情况;为上午刘经理与明达厂高经理的会谈做相关准备	
9：00	部门负责人例会	小会议室;带相关会议文件
10：00	为刘经理与明达厂高经理的会谈服务	
10：40	打电话到锦江饭店,确认预订时间、座位	午餐在12：00,"兰亭"包间
11：00	电话提醒司机小王在公司门口等候,并嘱咐下午送刘经理去机场的事宜	下午小王需16：00在公司门口等候
11：20	提醒经理准备出发与重要客户王先生共进午餐	
12：00	经理与王先生一行共进午餐,餐间服务	
14：00	检查准备好的审阅显影液项目投标书的相关资料,并请经理审阅	
15：00	为经理参加郑州的经销商招聘会做准备	检查其所带资料、机票等
16：00	送经理去机场	

(三) 时间计划表的落实

实际工作中,有时会因为原定工作内容的时间调整、取消或需添加新的内容等原因而必须改变计划安排,对此秘书应立即与领导人联系,并对日程表作相应修改;如因计划变更涉及其他单位和人员,秘书应尽早通知有关领导和人员,并向对方说明计划变更的原因,以求得对方的理解与合作。

除以上几种时间计划表外，按不同分类标准，还可以将时间计划表分为接待计划表、会议计划表、旅行计划表等等。无论是哪一种计划表，都应根据领导和机关或公司的具体情况，遵循制表原则，作出统筹安排。

第三节　秘书自我时间管理

一、秘书自我时间管理的基本原则

（一）目标原则

秘书每天除了一些常规工作，还要处理许许多多突如其来的、临时性工作，如果忽略目标，就会像无头苍蝇一样，忙得团团转，却不知道自己干了些什么，还很有可能无法完成一些重要的工作或者应该在某个时段完成的工作，以致影响下一步工作的开展，因此，秘书必须首先确立一个完整清晰，而且经过努力能够实现的目标，用目标控制自己的工作。

（二）计划原则

秘书每天都会面临在一定时间内完成多项工作的问题，唯有建立统一协调的目标规划，认真执行，注重灵活性的同时控制好其中的关键点，才能有条不紊，忙而不乱。

（三）效率原则

在保证质量的前提下，讲究工作速度，以最短的时间完成既定工作，这一点对工作繁杂的秘书人员来说无疑至关重要。

（四）"人际第一"原则

是指一般情况下，当工作效率与人际关系发生冲突时，要以人际关系为重。

（五）平衡原则

制定时间计划时，要考虑生活的整体平衡，使工作时间和休息时间、业余爱好时间等保持协调，以获得最佳效益。

以上这些原则之外，秘书的自我时间管理原则还有批次处理原则（即一段时间处理同一性质的事，一次处理多件，多件累积到一定数量再处理）、未雨绸缪原则（即在已有认识和经验的基础上对将要发生的事情早有预见，及早准备，从而防止事情突然发生时昏头转向）等等，这些原则都并非孤立，若能将它们巧妙组合和变幻，必将能使时间发挥出更大效益。

二、秘书自我时间管理的方法

（一）时间管理目标法

即准确选择某一阶段工作的某一主要目标（注意目标要集中，不可有多个），制定相应的时间耗费措施,实施后及时反馈结果,对客观变化作出应有的反应,修正计划,从而迫使秘书工作人员在预定时间内完成任务的方法。实施目标法可采取以下五个步骤:

1. 拟定目标清单

依据目标的经济价值、社会价值等,一一列举目标清单,并分为成果目标和过程目标。再将这些目标按次序排列,分清主次,以选出时间区段的最优目标,也就是要立即执行的目标。

2. 制订时间标准

执行目标确定之后,即转入对目标的实施步骤,订出时间消耗标准。执行目标应尽可能具体化、定量化。不易定量化的目标也要给予时间限定,确定完成期限。

3. 填写目标管理卡,建立时间目标规划体系(参见表5-6)

表5-6 时间管理目标卡
年　　月　　日

隶属单位	职位	直接主管	目标执行人		

目标	重要性 %	工作计划	预定进度(日)% (三月份—四月份)								自我追踪	考评
			25	26	27	28	29	30	31	…		

4. 控制

用时间分段法检查和控制时间。对于较大的目标,需要定出分阶段实现的若干期限。

5. 总结、分析、评价、反馈

评价的方法之一是采用评分法:把预定时间内目标完成的程度定为6分,复杂困难程度定为2分,主观努力程度定为2分(以10分计算)。计算公式为:综合评价=完成程度+复杂程度+努力程度±修正值。修正值是指意外变化而产生的因素,分值可酌情处理,但不得超过总分的20%。计算结果正好等于10分,说明达到了预期目标;大于10分,说明超过了目标,小于10分说明没有达到预期目标。比如在预定时间内只完成了工作的50%,复杂程度超过了预想,那么综合评价=3(6×50%)+2+2+2(复杂程度超过预期)=9。

通过评价结果,我们就能把主要时间和精力用于最重要的目标上,排除大量干扰,从而提高工作效果。

(二) 时间计划表控制法

本章第二节有述,此处不再赘述。

(三) ABCD 时间管理法

本章第一节有述,此处不再赘述。

(四) 记录统计法

秘书工作人员要提高时间的利用率和有效性,必须对自己和领导的实际消耗时间进行记录统计,通过对记录统计的分析,找出浪费时间的因素,提出减少浪费时间的措施,并把这些反思结果反映到时间计划表的下一轮拟订过程中去,从而使时间计划表更加接近工作目标。

1. 记录统计法的实施原则

(1) 必须真实、准确

记录统计时间是为了用于分析时间的浪费,进而更好地拟订时间计划表,因此,必须保证绝对的真实性和准确性。真实性要求记录必须是某一工作现场的"当时"记录,不能事后"补记",更不能自欺欺人;准确性则要求计时的误差不能大于十五分钟,否则,记录就无使用价值。切忌凭记忆和估计来记录时间。

(2) 时间记录区段要有代表性

一般没有必要天天做时间耗用记录。抽取两到三周连续记录,大致就可以发现其统计规律了。记录次数可根据实际需要而定,但选择的时间区段一定要具有代表性,最能反映自身的工作情况。

(3) 避免错误重复出现,及时反馈

通过分析上一个时间区段已经找到的问题,必须在下一个时间区段拟订时间计划表时采取有效的克服措施。

(4) 选择合适自己的记录方法

例如对自己记录的项目、划分的粗细程度、是否需要将个人生活时间记录等需要按照自身的工作性质、所处的环境等来选择适当的记录方法。

2. 记录统计法的操作步骤

(1) 记录统计法的实施可以通过两个记录表记载:一是周计划表,这是秘书在周末对领导人和自身下周时间的预分配;二是日时间耗用记录卡,载明一天的实际时间消耗情况。

(2) 把每一天分为间隔 15 分钟的时间段。每小时后,记录前一个小时是怎样耗费的。记录时,为节省时间,可使用一些时间记录的符号。(参见表 5 - 7)

表 5－7 时间记录符号

代码	活动	必要时给出定义	注释
C	会议(Committees)		
I	采访(Interviews)	任何有目的的提前会谈,正式的或非正式的	
D	讨论(Discussion)	谈话,不包括在 C 和 I 下的谈话	
E	教育(Education)	参与讲座、课程培训、会议和研习班	
F	数据工作(Figure work)		
P	电话(On the telephone)		
S	口授(Dictating)		
W	写作(Writing)		
R	阅读(Reading)		
J	检查(Inspection)	代领导视察工作,工作自检	
Q	旅行(Ttraveling)	为了你的工作,不做以上的其他工作	
T	思考(Thinking)		
O	其他(Others)	详细说明	

（3）一段时间记录之后,即转入分析计算阶段。应当统计计算出各类时间耗费的总和,以及各类时间耗费的平均值,并以图表的形式明确地显示出来。

（4）对照工作的有效性,分析时间耗用的情况,找出浪费时间的因素。具体可以从六个方面加以归纳分析:

A 类:有哪些工作根本不必去做? 在记录中占多少时间。

B 类:哪些工作应由别人去做? 或者别人去做比领导更合适,而领导未能授权。

C 类:有没有浪费别人的工作时间? 占多少时间? 如果浪费了别人的时间,说明这项工作没有必要或有效性差。

D 类:有哪些工作错误是重复了上次循环中的错误,占用了多少时间? 错误一再出现,表明反馈机制不健全。

E 类:领导人组织或参加会议占多少时间? 对领导而言,会议超过了四分之一的时间,即表明过多了,影响了从事管理的时间。

F 类:处理人事关系的时间是多少? 如果处理人事关系的时间超过了十分之一,则表明机构中的人员过多,领导者时间的有效性被人事工作削弱了。对外部人际关系则应作实事求是的分析。

（5）画出时间浪费排列图进行分析。(如图 5－2)

以两周的统计为例,假定每日工作 8 小时,两周 10 个有效工作日,各类时间统计总计为:$\sum=$ 8 小时×10(天)＝80 小时。从记录统计表中得出时间浪费或消耗如下:A 类—10 小时;B 类—7

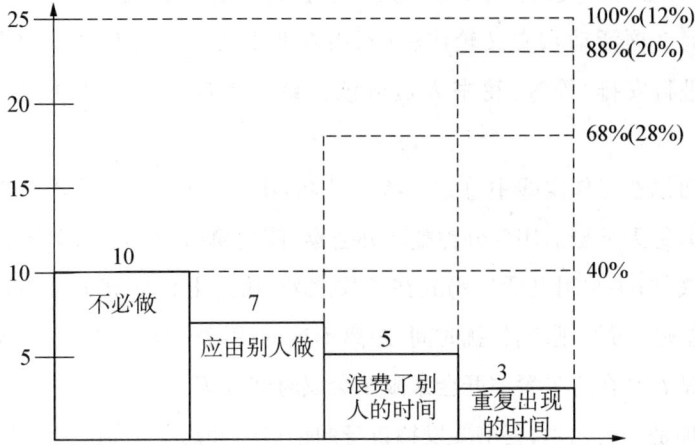

图 5 - 2　总浪费时间排列图

小时；C 类—5 小时；D 类—3 小时；E 类—25 小时；F 类—12 小时。

此图表说明，仅在 A、B、C、D 类浪费时间总数中，不必做的占了 40%；应由别人做的占了 28%；浪费别人的时间占了 20%；重复出现的时间浪费为 12%。此外，会议 25 小时，也超过了总时数的四分之一，即 25 小时−80/4 小时＝5 小时，也就是说应寻求原因并精简会议 5 小时。处理人事关系的时间也超过了十分之一的限度，即 12 小时−80/10 小时＝4 小时，表明机构不健全，或者领导对工作的授权不够，应设法改进。

总浪费时数为：10＋7＋5＋3＋5＋4＝34，浪费时间比例为：(34÷80)×100%＝42.5%。

（6）在经过上述分析后，找到了时间的浪费因素，要一一制订具体控制措施，并反馈到时间计划安排表中去。（如图 5 - 3）

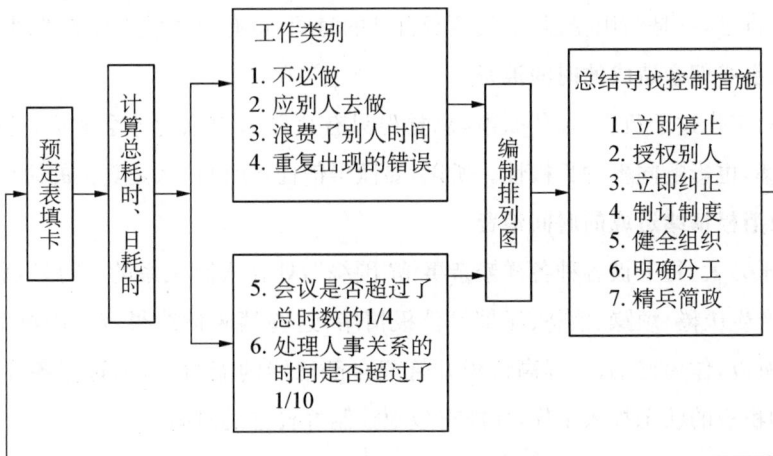

图 5 - 3　统计时间管理法流程图

除以上方法外,秘书自我时间管理的方法还有很多,比如并列运筹法(在某项松散活动进行期间同时开展另一项活动)、交叉轮作法(利用农业上交叉轮作以提高产量的方法,把一天的活动内容交错进行安排)等等,秘书人员应该熟练掌握时间管理的方法,并在实践中不断完善。

另外,秘书还可以在工作实践中总结一些小技巧,小技巧运用得当,也能够帮助秘书提高时间利用效率。例如,每天下班前用5分钟整理办公桌,使其简洁、有序;对文件分门别类管理,并定期清理,扔掉废旧文件;将常用电话号码放在易找之处;接打电话前充分准备,表达言简意赅;对常见不速之客事先预定对策、限制打扰时间,距离不远的话,就到对方的地方去,以便谈完工作后能马上离开;通过站着开会或午餐前开会来限制会议时间等等。

总之,时间管理是一门艺术,秘书要发挥自身的创造力和想象力,在实践中不断摸索,找出更加适合自己的、行之有效的时间管理方法和技巧。

三、秘书时间管理失当及其应对

(一)克服做事拖延而造成的时间浪费

有些秘书会因某事花费时间太多、过于困难、可以"明天"或"下星期"再做等等原因,而将早晚要做的事情一拖再拖,以致不急的事情慢慢变成紧急的事情,反而要付出更多的时间精力。所以秘书要锻炼自己的意志力,养成速战速决的习惯。如果某件事情令人感到为难,但它非做不可,这种情况下要改变思维:立即将它做完,以便尽早将它忘掉。如果有些事情属于大块的任务,也不要害怕,可以将其切成几块小的任务,然后逐一完成。

(二)避免有求必应造成的时间浪费

作为秘书理应乐于助人,但秘书毕竟不是三头六臂,不自量力而过多接受他人请托只有两种结果,一是累垮自己,一是信用受损,不仅浪费自己的时间,也有可能耽误他人的时间。

(三)避免事必躬亲造成的时间浪费

有的秘书对工作过于负责,办什么事,总觉得只有自己亲力亲为才会放心,这样必然会影响自己的工作效率,也影响同事的积极性。所以,要懂得信任,懂得什么是真正的协作。

(四)避免消极情绪造成的时间浪费

秘书工作压力大,每天被各种各样繁杂事情"围绕",处在人际关系的"漩涡",服务领导"伴君如伴虎",容易产生厌倦、烦躁、愤怒、压抑等消极情绪,这些消极情绪很容易影响工作效率,造成时间的浪费。所以,作为秘书,要提高认识并管理自己情绪的能力,运用管理各种消极情绪的方法,以一种平和积极的状态投入工作,才能有效地控制好自己的时间。

【思考题】

1. 时间管理的一般原则是什么？
2. 时间管理的方法有哪些？
3. 秘书辅助领导制订时间计划表时应遵循哪些基本原则？
4. 变更和调整时间计划表时应注意哪些问题？
5. 秘书如何管理好自己的时间？

【案例分析】

1. 假设你午饭后回到办公室，计划着下午的日程，有两项工作要做：第一项是处理一大堆琐碎又重要的事，如口述信件、查看日常事务备忘并处理它们，给某人打电话或是查看疑难问题。另外一项是关于一个重要而富有挑战性的技术问题。这个问题需要和他人一起分析、讨论并解决。对于这个问题你非常有把握，因为它刚好属于你特长的领域。

你有两个助手，他们都能做好第二项工作，原则上你可以让他们中的任何一个去完成，而琐事只能你自己处理。并且你只有完成这两项工作中一项的时间，你面临的问题是决定先做哪项工作。

请从下列选项做出自己的选择，并分析原因：

A. 选择先处理技术问题，希望稍后能挤出时间来处理那堆琐事。

B. 选择先处理那堆琐事，让自己的一个助手来解决那个重要的、有挑战性的技术问题。

C. 把那堆琐事按照是否要自己亲自处理划分出来。自己集中精力处理需要自己处理的琐事，另一部分由自己的一个助手处理；另一个助手来解决那个重要的富有挑战性的技术问题。

——选自　李强华《办公室事务管理》，第237页

2. 这里有一组实验：一只大铁桶，要把石块、碎石、细沙和水最大可能地装入其中。第一种装法，是把一些碎石装进铁桶，再尽力放石块等，当然石块等很难放进去；另一种装法，是把石块一一放进铁桶里，当铁桶里再也装不下一块石块时，把碎石一把一把放入已经装满石块的铁桶表面，慢慢摇晃，然后再抓一把碎石块，不一会儿，这一小堆碎石全装进了铁桶里；然后，再把一把细沙缓缓放在铁桶表面，慢慢摇晃，不一会铁桶表面的细沙也已经不见了，这时候，还可以将水慢慢倒入铁桶中。

现在，如果我们把这只大铁桶最大的容量，象征为在一段时间内一个人的最大工作量，那么

石块、碎石、细沙和水分别象征着哪一类事务？

这个实验告诉了我们什么？

——改编自：成君忆《水煮三国》

【实践活动】

实训演练（一）

下面是秘书刘玉在下一周的五天中要做的事，请根据这些背景材料帮刘玉制订一周时间计划表。

（1）有两张订货单上还有细节问题，需要沟通后工厂才能继续生产。

（2）下周该发员工的工资了，95个工人的工资单还没核对，大概需要4个小时。

（3）眼镜框不小心压歪，还勉强能戴，但看东西很别扭。

（4）一直没回家，有一个多月没和父母联系了。

（5）明天上午9点到11点是公司例会。

（6）周三晚上恋人出差回来，定好晚上在住所为其接风，但吃的用的东西都还没有准备。

（7）每月一期的公司简报还差一点儿，要在周五之前完成，大概需要两个小时。

（8）朋友推荐了一份兼职，需要在周三或周四晚上7点以前去面试，估计要花1个小时。

（9）上司负责的一个工地项目要在明天下午6点开一个临时会议，需要参加。

（10）一位有段时间没联系的朋友正好得了两张音乐会的票，周二或周三晚上的，邀请自己一起去听，7点开始，一个半小时。

（11）下周六要参加会计考试，需要用13个小时突击一下，只能利用业余时间。

（12）上司留下一张便条，要自己尽快与他见面。

（13）明晚有个公司聚餐。

（14）有个广州客户周一下午4点到，需要去机场迎接，并为其安排食宿。

（15）明晚有个自己特别想看的电视节目，8点到9点半。

（16）上司周五出差，需要为其买好飞机票。

（17）住所的一个房间里的顶灯坏了。

（18）身上的钱不多了，需要取钱。

（19）上司出差需要随身携带一份发言稿，完成这份发言稿大概需要两个小时。

（20）会计周三前要到银行办理一笔支付款项，有时间时要陪同前去，最近的银行来去也要1小时。

注：每天上班时间为 8 点—12 点、13 点—18 点(含往来交通时间,中午有 1 小时休息)

活动目的：

1. 训练学生熟练运用 ABCD 时间管理方法；

2. 学会使用办公软件按常规文件的格式制作出符合时间计划表格式规范的表格；

3. 通过周时间安排表的制作,锻炼学生熟练使用计算机办公软件的能力。

具体要求：

1. 需在电脑上操作完成,时间要求在两小时以内。

2. 请根据背景资料提供的事件清单中的各种事件划分不同的优先级,按优先级把它们重新排序,将重新排序结果制作成 word 文档。参考式样如下：

事件序号	事件内容	优先顺序	排序原因 (必要时用)
1	有两张订货单上还有细节问题,需要沟通后工厂才能继续生产。		
2	下周该发员工的工资了,95 个工人的工资单还没核对,大概需要 4 个小时。		
3	眼镜框不小心压歪,还勉强能戴,但看东西很别扭。		
4	一直没回家,有一个多月没和父母联系了。		
5	明天上午 9 点到 11 点是公司例会。		
6	周三晚上恋人出差回来,定好晚上在住所为其接风,但吃的用的东西都还没有准备。		
7	每月一期的公司简报还差一点儿,要在周五之前完成,大概需要两个小时。		
8	朋友推荐了一份兼职,需要在周三或周四晚上 19 点以前去面试,估计要花 1 个小时。		
9	上司负责的一个工地项目要在明天下午 6 点钟开一个临时会议,需要参加。		
10	一位有段时间没联系的朋友正好得了两张音乐会的票,周二或周三晚上的,邀请自己一起去听,7 点开始,1 个半小时。		
11	下周六要参加会计考试,需要用 13 个小时突击一下,只能利用业余时间。		
12	上司留下一张便条,要自己尽快与他见面。		
13	明晚有个公司聚餐。		
14	有个广州客户周一下午 4 点钟到,需要去机场迎接,并为其安排食宿。		

续　表

事件序号	事件内容	优先顺序	排序原因 （必要时用）
15	明晚有个自己特别想看的电视节目,8点到9点半。		
16	上司周五出差,需要为其买好飞机票。		
17	住所的一个房间里的顶灯坏了。		
18	身上的钱不多了,需要取钱。		
19	上司出差需要随身携带一份发言稿,完成这份发言稿大概需要两个小时。		
20	会计周三前要到银行办理一笔支付款项,有时间时要陪同前去,最近的银行来去也要1小时。		

3. 根据这些事件的重新排序,制订一周的时间安排表(在填写一部分之后你会发现有些事件在时间上冲突,你需要取舍),并制作成word文档。参考式样如下:

周时间安排表

时间	星期一	星期二	星期三	星期四	星期五
8:00					
8:30					
9:00					
9:30					
10:00					
10:30					
……					
……					
22:00					
22:30					
23:00					

注:将事件的内容按优先顺序填入表格的相应时间段中,必要时需要将单元格合并,文字过长时可以适当删减,但要以不能被误解为原则。

4. 编好时间表以后,请回答下列问题:

① 哪件事情有最高的优先级?为什么?

最高优先级事件编号:＿＿＿＿＿＿＿＿＿＿＿＿＿＿＿

最高优先级事件内容:＿＿＿＿＿＿＿＿＿＿＿＿＿＿＿＿＿＿＿＿

为什么：_____

_____

_____

_____

② 哪些事情被放弃不做？为什么？

放弃事件1编号：_____

放弃事件1内容：_____

为什么：_____

_____

放弃事件2编号：_____

放弃事件2内容：_____

为什么：_____

_____

放弃事件3编号：_____

放弃事件3内容：_____

为什么：_____

_____

③ 将文件保存后，提交。

——参考：孙伯杨，《秘书实训》35页

实训演练（二）

以下是某企业在八月份的活动内容，请将其制成简明的月计划表：

8月2日　德福木业建厂三周年厂庆；

8月6日至9日　经理和副经理到郑州参加经销商招聘会；

8月15日　迎接相关部门安全检查；

……

活动目的：熟练掌握月计划表的制作。

具体要求：注意月计划表的格式规范，复习月计划表的制作步骤。

实训演练（三）

以下是某公司一周的活动内容，请将其制成简明的周计划表：

星期一9:00公司例会；

星期二9:00迎接市环保局检查；

......

星期五 9:00 至 11:00 各地经销商交流会。

活动目的:熟练掌握周计划表的制作。

具体要求:注意周计划表的格式规范,复习周计划表的制作步骤。

实训演练(四)

刘丽是市场部秘书,一直填写自己和上司的工作日志,如果你是刘丽,请填写 2012 年 3 月 23 日经理和自己的日志。

市场部经理 3 月 23 日一天的工作:

上午 9:00 要召开市场部部门会(地点 705 室)

中午要与新客户一起用午餐

下午 14:00 要与副经理和人事经理一起进行王强、张水和李可 3 位应聘人的面试工作(地点 315 室)

下午 16:00 要组织面试小组进行讨论

(24 日要在公司会议上做报告,做报告时需用相关资料和电脑投影幻灯片)

接上例:在上午 11:00 左右,秘书王莉突然接到总部紧急通知:让本部门经理和副经理下午 3:00 到总部会议室参加工作报告会议。面对突如其来的情况,秘书应做如何处理?

活动目的:

1. 熟悉时间管理的原则和方法。

2. 掌握时间计划表的格式规范和制作方法。

3. 学会在时间计划表的变更和调整中应注意的工作。

具体要求:

1. 明确工作事务的处理重心和要求,把握时间管理的原则,运用时间管理方法,熟练制作日志。

2. 能将一段时期内的工作以"工作计划表"的形式进行编排,帮助领导合理安排工作时间。

3. 计划方案要切实可行。

4. 在以上训练中,为使方案切实可行,除了要求学生合理运用时间管理的原则方法外,还需要学生对所要安排的工作任务有一定的了解,如某些任务将涉及哪些部门、哪些人,会有什么样的环节等,从而能把握任务的轻重,估计任务所需时间的长短,避免将任务想得过于简单,最好有学生在课外对真实秘书工作内容进行了解,或者由教师做必要的描述或提醒。

第六章 办公室信息资源管理

本章由三节组成,分别为办公室信息基础、信息资源的获取、信息资源的管理。通过本章的学习,熟悉办公室信息的含义、特征和办公室常用信息的种类,了解办公室信息的功能;掌握获取信息资源的程序、渠道、方法和原则;掌握办公室信息资源管理的程序,包括整理、加工、存储、利用、传递、反馈。

【职场小故事】

初入市场小试牛刀 无效信息惹懊恼

入职三天的小吴首次下市场独立收集渠道信息。

进入第一家目标客户,他问道:"老板,您好! 我是×公司的销售拜访,今天专程过来拜访您,就一些问题与您沟通一下……"

"我没时间。"老板没看他一眼,自顾忙活。

"哦,那您先忙,下次我再来。再见。"小吴的脸红一阵白一阵,感到委屈。默念"加油",进了第二家,问了同样的问题。

"哪个厂的?"老板看了他一眼,说道。

"我是×公司的,我公司主要经营调味品 Y 系列,旗下有 A 酱汁、B 味精等品牌。这次专程来与您沟通。"

"哦,我听说,你们公司的产品不好卖。"

小吴瞟了一下货架,发现调味品中大部分是 K 品牌(区域强势品牌)。

"与 K 品牌相比,我们的销量是比不上,但我们单品的利润高于 K 品牌,如 K 品牌的 P 味精,单包利润 0.5 元,我们的可达 0.8 元;返利上,……"小吴试着套这位老板的话。

"额,可顾客不认你们的产品呀,进你们的货卖不出咋办?"老板说。

"这个您放心,……"

"行,我考虑下,明天答复你,留个电话。"

"我电话……等你回复,多谢老板。"出来后,小吴觉得这老板挺健谈,成交希望大。忽然他意识到:糟了,信息收集的任务没完成。

一天中,小吴的情况基本是:刚说开头,被"扫地出门";说了很多,聊得很投机,但忘记收集信息;收集信息过程中,总漏问问题,收集不齐全。

下午回到公司。12个目标客户中,有效拜访 2 个,无效拜访 8 个,客观原因未能拜访 2 个。看着小吴懊恼的表情,上司马经理明白了七八分。

人们将信息与物质、能源并列为自然界的三大基本要素,是人类社会文明的三大支柱。可见,信息在各领域都扮演着重要角色,具有很大价值。不论政府机关,还是企事业单位,都将信息工作当作其日常工作的重要组成部分,他们利用信息去分析问题、做决策,去服务于政府管理或企业生产。而承担辅助政务、管理事务、协调服务重任的办公室,是单位内外部信息的集散地。作为常设机构的办公室要管理好各种形式的信息资源,负责任地做好信息的收集和管理工作,确保单位内外部的信息畅通,使单位在信息时代始终处于优势地位。

第一节　办公室信息基础

一、办公室信息的含义及其分类

当今时代变幻莫测,人人都感受到信息给我们生活和工作带来的冲击,我们日日同信息打交道,信息变得如同空气、阳光和水一样,是我们生活和工作的必需要素。

(一)办公室信息的含义

办公室信息,也叫办公室信息资源,是由于工作环境、组织结构的原因,由办公室成员来管理的信息,这类信息是服务于办公室和整个组织的工作的。在实务工作中,不同的行业需求的信息资源是有差异的,因此,各行业的日常办事机构——办公室,需根据本单位特点和业务需求收集和管理信息资源。

(二)办公室信息的分类

一般而言,我们各行业的办公室所需的各类信息根据不同标准可以有不同的分类。从各级各类办公室需求的信息资源来看,我们大致可将办公室的常用信息归纳如下:

1. 图书信息

主要指印刷品图书承载的信息,它是迄今为止历史悠久、流传广泛、使用便捷、影响深远的信息资源。

2. 连续出版物信息

它是一种有统一名称和开本、固定版式、连续编号,汇集许多作者的著述,定期或不定期编辑发行的出版物信息。典型代表是期刊、报纸、年鉴、指南等。

3. 特种文献信息

它是出版形式比较特殊的文献资料信息,这种载体信息内容广泛、类型多样,涉及科学技术、生产生活的各领域,出版发行无统一规律,但有重要价值。典型代表是科技报告、专利文献、标准文献、会议文献、政府出版物、产品资料、年鉴、其他资料(如档案资料、地图等零散文献)等。

4. 非印刷型资料信息

它是指不按印刷方式,而是利用现代技术将信息记录和存储在除纸张以外的其他介质上的一切文献资料。如缩微资料、视听资料、机读资料等,它们体积小、重量轻、传递迅速,但需借助相关设备来阅读和利用。缩微资料是以感光材料为载体,用缩微照相技术制成的文献复制品;视听资料,又称声像文献,是以电磁材料为载体、以电磁波为信息信号,将声音、文字及图像记录下来的一种动态型文献;机读资料,也称电子型文献资源,是通过计算机存储和阅读的文献。

5. 网络资源信息

它是指以电子数据的形式将文字、图像、声音、动画等多种形式的信息存储在光、磁等非纸张介质中,通过网络和计算机等方式再现和利用的资源信息。

以上仅为办公室常用信息的种类,在实际工作中,办公室工作人员要根据工作实际灵活把握,及时、有效地收集有利于工作的任何资源信息。

二、办公室信息的特征……………………………………………………………………………

信息时代,国家机关制定政策不能断绝信息,企业做出决策需要信息做基础和支撑。因此,做好信息资源的管理工作就成了办公室工作的一项重要内容。也正是由于办公室的地位、职能和业务性质,决定了办公室信息具有如下特征:

(一) 综合性

办公室是各级各部门的综合办事机构,组织和领导工作的各个方面在其管理的信息资源中都会有所反映。其信息会涉及政治、经济、文化,也会涉及安全、教育、后勤、卫生;会涉及政务性的,也会涉及事务性的。各种信息通过各种渠道汇总到办公室。因此,办公室的信息就不会像其他职能部门那样单一,要体现综合性。

(二) 真实性

办公室获取的信息必须是对社会事物的客观反映,要做到准确、清晰、鲜明,这是信息的生命所在。不符合事实的办公室信息不仅没有价值,而且还会贻误大事,给机关、企事业单位带来不可估量的损失。

（三）及时性

办公室获取的信息必须是对当时情境的反映，即从时间上体现办公室信息的价值。过时或延后，信息的价值都会大打折扣。这里既要求信息收集者及时收集所需信息，还要求办公室成员及时加工和传递所获信息，将信息的价值在收集、加工、传递的过程中体现出来。

（四）便捷性

办公室获取并存储的信息，要确保在提供利用时的便捷性。即能够方便、快捷地提供给需要信息的人，既包括能够方便、快捷地找到，也包括能够方便、快捷地传送信息。

（五）依附性

办公室信息不是凭空存在的，它必须依附于各种载体或介质，即办公室信息通过其依附的书籍、报刊等各种载体和光盘、U盘等各种介质表现出来。

（六）共享性

办公室信息是服务于办公室集体和整个单位的，不是某个或某几个职员据为己有的。除极少数涉密信息的知悉范围有限外，大部分信息都会被多人分享与利用，并被不断扩散。

除此之外，办公室信息还有可识别性、可转换性、可处理性、可存储性、可传递性和可利用性等特点。

三、办公室信息的功能

办公室是机关、企事业单位等组织的日常综合办事机构，是领导的参谋和助手。它需要为领导的决策进行多方面服务，其中重要的就是调查研究、收集并整理信息等，因此，它也是单位内外部各类信息的集散地。办公室这些信息资源有着其独特的价值和功能。

（一）组织做好决策的重要依据

对政府机关、部门办公室而言，信息是他们知民情、晓民意，做出合民心决策的依据与参考；对企业而言，信息是他们提高自身管理水平和竞争能力的基础，也是他们更好服务客户的参考。因此，各级办公室必须强化信息工作职能，经常沟通情况，掌握动态，及时向领导提供准确、系统、全面的信息，使其运用信息作出科学决策。

（二）优化组织管理的核心内容

无论是企业，还是政府机关，做好管理就是对组织所拥有的资源进行优化配置，使得组织占有资源的效益发挥到最大。而资源配置得当与否关键在于信息掌握得充分与准确与否。谁控制信息，谁就占据了有利地位，谁失去信息，谁就失去有利位置，进而失去行业内的主导位置。组织要优化自身管理，必须掌握优势信息资源。

（三）推动组织发展的重要力量

知识就是力量。作为物化知识的信息，是推动组织发展的重要力量。办公室成员在工作中积累了大量知识和信息资源，如何对待这些信息资源，其实也就是如何对待组织的发展。某种意义上，组织的发展壮大，也是不断获取、交换、利用和创造信息资源的过程。要善于收集、处理并借鉴组织内外部的各类有用信息，将这些信息资源通过整合变成组织自身的无形资产，推动组织自主发展。

（四）组织文化形成和传播的重要依靠

信息资源在一定程度上代表着组织的精神文化，它积淀和承载着组织创造的文化，反过来，组织文化的继承、交流与传播又要以信息资源的交流和传播为基本途径，所以，信息资源的传播也是文化的传播。如，企业里，企业文化已经成为企业的无形资产；政府机关里，机关文化也被凝结为政府的形象代言。而这些文化的形成和传播主要是依靠信息的传播而达成的。

第二节 信息资源的获取

信息作为实行现代化管理的前提，科学决策需要及时准确的信息，所有机关、团体、企业、学校、科研单位等无不如此。办公室要协助领导提高工作效率，集中精力开展信息调研工作，掌握优势信息资源，以履行好自身职能。

信息资源的获取，即收集信息，是指通过各种方式和渠道获取工作所需的各种信息资源的过程。做好信息收集工作，要明确信息收集程序，熟悉信息收集渠道，熟练运用信息收集方法，讲究信息收集原则。

一、信息收集程序

信息收集好比"沙里淘金"，一定要从信息"沙海"里获取有价值的"金矿"。这就需要信息收集者掌握信息收集的基本流程，会使用收集信息的方法，从而节约信息收集时间，提高信息收集效率，确保信息收集质量。一些重大主题的信息收集，往往内容比较多，人员比较杂，时间跨度长，因此，为规避一些不必要的重复，我们可预先做好信息收集规划。

一个完整的信息收集规划，可以从确定主题、分解主题、选择方法、实施收集、验证信息和撰写报告等程序来展开。

（一）确定主题

信息收集的主题来源，既有自发确定的，也有上级或同级领导指示的，还有其他单位或部门委派的，不论其来源如何，都要明确该主题信息的服务对象、需求背景、在决策中起何作用等。对这些了解越透彻，后续工作越易开展。另外，在明确核心主题的同时，也要适当关注与主题相关的信息,只有这样,才能确保信息收集的完整,既保证既定信息之收集,也保证相关信息的掌握,从而避免做出不当决策。

如,要了解未来一段时间客户的采购计划,目的是为单位制订下一季度的销售计划作参考,这组信息既要呈报部门领导,还要呈报总经理,那么我们收集信息时确定的主题就不仅仅是客户采购计划的信息,还需努力掌握竞争对手的报价情况。

(二) 分解主题

主题是一个笼统概念,要进一步对其操作化,以便于收集者操作。在实际中,由于收集的主题信息往往会比较敏感,不太容易收集到,这时就需要操作者将其分解,变成便于操作或隐蔽性的话题,通过旁敲侧击的询问交流来获取分主题信息。

如,我们收集客户采购计划信息,就需要将"客户采购计划"操作化,可以将其分解为客户对未来行情走势的看法、自有资金情况、销售情况、采购部门有没有购料计划、公司库存结构等分主题。

(三) 选择方法

主题被分解后,接下来就是如何去收集信息,即确定方法。不同分主题信息的收集,需要的方法也会有差异,它们优缺点各异,因此,要提前考虑好,做出必要选择。在选择适用方法时,要考虑成本、人员限制、操作的难易程度。一般而言,要在最短时间内用最低成本获取最需要的信息。

如,针对分主题"未来行情走势",这方面信息一般只有客户采购主管和负责采购的经理关注,因此,要获取这类信息,必须通过与该主管和经理交流来获知,因此,可以采用登门拜访或电话拜访的方法;对于分主题"资金情况",可以根据以前的付款记录或结合目前的销售情况、员工工资发放情况等来客观分析。

(四) 实施收集

方法确定以后,就需要各成员付诸实施了。这里的"实施"就是对前述选定方法的落实,确保需要的信息汇集到自己手中。注意,在实施的过程中,一般要按原定计划和方法进行,如遇特殊或突发情况,可采取备用方案和方法。

如,事先约定客户采购主管和负责采购的经理于某日在某地交流,不料发生突发事件,致使约会流产,这时候就要紧追对方,商定下一次见面的机会,绝不能随意放弃。

(五) 验证信息

收集到的信息未必完全是真实或符合要求的,这就需要一个验证环节。在实际中,我们会采取不同的渠道信息来相互佐证,比如,用过去的经验案例、访谈确认、利益推理等方法。

如,客户对未来行情的看法会有意无意地透露给下属,那么,我们可以借助与下属的沟通、交流来获取信息验证先前所获是否确凿。如有不一致,就需要改进方法,进一步考察和收集。再如,用过去的经验案例验证信息的可信度。2007 年底,国内张浦、太钢、宁波宝新等不锈钢厂发布联合声明:不锈钢产量减产40%。这只是一个声明信号而不是行动信号,目的是稳定商家对后期不锈钢行情看好的心态。如何验证? 首先,我们要了解其各自的产能情况;其次,要了解其最近3个月的产量情况;再次,要了解其电力、原料等情况。综合以上3个方面,我们可以判定这个声明信号是否可信。

(六) 撰写报告

信息收集的最后一步就是信息的表述,即形成信息报告。信息报告的撰写,不能夹杂个人情感因素,必须实事求是、客观表述。这样才能确保后续的信息分析不受影响。

当然,严格按照上述程序来收集信息,指的是办公室工作中针对重大专题的信息收集。如果仅是一般性的为了便于工作的信息收集,完全可以简化工作程序,适当采取便捷的方法进行专门收集或者随时收集。

二、信息收集渠道⋯⋯⋯⋯⋯⋯⋯⋯⋯⋯⋯⋯⋯⋯⋯⋯⋯⋯⋯⋯⋯⋯⋯⋯⋯⋯⋯⋯⋯

渠道,原意是指水渠、沟渠,是水流的通道。现在被引入商业领域、信息工作领域,引申为路线、方式。信息收集渠道就是指收集信息的方式,即信息一般通过哪些方式或平台发布。按照信息资源发布或扩散的方式,我们可以大致将信息资源的收集渠道分为正式渠道和非正式渠道。

(一) 正式渠道

正式渠道是指信息的正常发布方式,通过此方式来获取所需信息资源。常见的正式渠道有:

1. 公共传播媒体

如今大量信息的发布都会通过出版发行系统、广播电视系统以及互联网等方式公开传播。因此,信息收集者可以依托图书、杂志、报纸、电视、广播、互联网、行业协会出版物等来收集信息资源。

2. 正式社会活动

为强化行业间的交流、沟通,很多组织会举办一些交流活动,如招商会、展览会、学术会议、产品发布会、促销会等,信息收集者可以借助观摩或参加这类活动,来获取需要的信息资源。

3. 专利技术文献

专利技术是一个国家、企业在竞争中取得的技术在国家层面的认可与确认,也是一个组织的核心竞争力。有数据统计,世界上90%以上的发明创造成果可以在专利技术文献中查到。因此,专利技术文献也是组织信息资源获取的一种重要渠道。

4. 竞争者信息源

这是指竞争对手有意或无意公开的资料、信息,任何一家组织为扩大自身的影响,会进行一些广告、产品说明、组织简介、领导讲话等信息的发布,这类信息一般都会从其官方网站或公开的社会信息传播平台上获得,信息收集者可以将这些资料信息当作分析与解剖竞争对手的依据,从而将其变成己方获取对手信息的渠道。

一般而言,通过正式渠道获取的信息大多是质量一般、数量有限的。因此,正式渠道是信息获取的一种渠道,它不能保证获取信息的效益最大化和高质量化。

(二) 非正式渠道

非正式渠道,是指正式渠道以外的信息收集渠道,重点在于这种信息的获得方式不像前者公开和便捷,相对而言,比较隐蔽,但要注意合法。任何违法搜集信息的做法都是我们坚决反对的。常见的非正式渠道有:

1. 人脉渠道

中国社会是一个人情社会,很多组织参与各种形式的活动,目的是为了建立人脉。如在外地相遇,交谈间知道是老乡,会倍感亲切,从而变成一种友好关系,进一步发展成信息收集的渠道。据调查,中小企业的经理获取信息的方式大多是通过朋友、亲戚等人脉关系。

2. 第三方渠道

第三方是除提供信息者和收集信息者外的中间方,这类中间方要跟双方联系密切。如广告商、供应商、经销商、银行、咨询机构、行业协会等,他们经常为二者提供各种帮助,在这个过程中,可以了解到双方的一些有价值的信息。因此,在信息收集过程中,可以借助第三方的优势来获取。

3. 人才流动中的信息

人才合理流动是现代制度的一种正常现象。但是组织的发展关键在人才,人才流动会带来信息的流失与传播,那么信息收集者可以借助流动的人才来获取竞争对手的信息。市场上流行的"猎头公司"就是这种信息收集的最佳渠道。

4. 以参观、学习名义

"醉翁之意不在酒",经常有一些组织相互间进行参观、学习、考察的交流活动,通过这种方式来切身感受对方的实力,从而获取一些对方不公开的信息。有的组织会相互间派遣"交流生"来学习对方的长处。

5. 通过逆向工程

它是通过正常渠道获得对方的产品,然后找技术人员来解剖、分析,从而获得技术秘密的一种方法。这种方法虽降低了研发成本,但恐涉侵权,不宜使用。

通过非正式渠道收集的信息,在一定程度上能保证信息的稀缺性,因为这种渠道的信息搜集大多是相对独特的,其价值也是显而易见的。

三、信息收集方法··

信息资源收集的方法多种多样,不同组织因不同人、事会采用不同的方法。因此,要做到高

效率地收集信息,而且要收集到符合需求的信息,就需信息工作者灵活运用各种信息收集方法。常用的一些方法主要有:

(一) 观察法

它是最基本的方法,指人们需要借助自身的感觉器官或其他工具来认识客观事物、获取信息的过程。它需要信息收集者亲自到现场收集资料、信息。不过这种方法对信息收集者的要求很高:一要有信息意识和敏锐的观察力;二要能够透过现象看本质,准确把握事物的本来面目;三要做到全面观察,不要犯以偏概全的错误;四要善于多角度观察。

(二) 阅读法

它是通过对文件、资料、报纸、杂志、图书的阅读,从中获取需要的信息。这种方法比较方便,因为大量出版物容易得到,如,订购各种公开出版物。但是这种方法要求信息收集者要善于从文字材料中发现新信息,能够精准把握信息的真谛和价值。

(三) 访谈法

也称询问法,它是通过信息收集人提问并请对方回答的方式来获取信息。常见的形式有当面访谈、电话访谈、网络访谈以及书面访谈等。当面访谈需要提问人和回答人面对面来完成;电话访谈是提问人通过电话的形式向对方提出问题并获取答案的方法;网络访谈是通过现代网络技术,如 QQ、网络远程、BBS 论坛等工具,来完成"问-答"环节的信息收集办法;书面访谈是提问人事先将问题列出,并交予回答人,由回答人完成答复,再返给提问人的信息收集方法。这些方法各有特点,使用时可根据实际情况灵活选择。

(四) 调查法

它是人们在实际工作中常用的信息收集方法,需要信息收集者深入实际,调查研究。常用的调查法有普遍调查、抽样调查、个案调查、典型调查和追踪调查等方式。主要做法是:第一,确定调查选题,选择调查地点,确定调查人员;第二,深入信息发生地,广泛接触相关人员,获取第一手资料;第三,尽量参加各种有关联的会议,通过会议形式、座谈会形式获取信息。

(五) 交换法

它是用自己占有的信息资料,同相关地区、部门或单位进行交换,达到互通有无、互惠互利,从而获取自身所需的信息。一般而言,可以与业务往来密切的组织交换信息资料,以建立稳固的关系和信息来源。

(六) 索取法

有些信息资料可通过向信息提供者索要的方式来获得,而不需支付费用。可当面提出、直接索取;也可给相关组织或个人发函,请求他们协助收集或提供必要的信息资料。尤其是那些比较重要的内部资料以及不易获取的资料,更需委托相关组织内部人士给予帮助,当然也要让这些人以有安全感。

（七）购买法

这种方法是向专业信息服务单位购买,比如向一些科研院所、情报机构、社会信息咨询机构、信息预测部门购买必要的信息,或是通过赞助的形式支持对方开展相关的研究,从而达到研究成果的共享。这种方法成本昂贵,要选择好的合作单位或信息提供商。

（八）网络法

这种方法是通过公开的网络系统到各大门户网站、竞争者的官方网站等信息聚集点进行收集。该方法成本低,但可获得的有用信息有限。

总之,信息收集的方法丰富多样,相互之间的优缺点也非常明显,需要信息收集者根据自己的需求和经费支撑来选择合适的收集方法。

四、信息收集原则

信息资源是组织决策的基础,是竞争制胜的法宝。因此,为确保信息的质量和效益,在收集信息时要遵循下列原则:

（一）目的性原则

信息收集有很强的目的性,其目的就在于应用。如果信息收集没有明确的目的,漫无边际地撒网,就会浪费人力、物力、财力。因此,在收集信息前,要有规划,明确目的与主题,明确服务对象和用途,突出针对性。如,就企业生产经营而言,要针对企业的实际发展需求,针对当前和今后一段时期内的科研、生产、营销等活动来展开信息收集,将人力、物力、财力集中在"刀刃"上。

（二）客观性原则

也叫真实性原则,是基于信息的客观性特征而言的。客观真实是信息的生命,谁掌握真实信息谁就能依其做出可靠决策,失真、虚假信息只会误导决策。因此,信息收集者要尊重事物的本质和规律,坚持如实地搜集信息,不夸大、不缩小,要积极运用各种手段与方法探求信息的真谛。如,在互联网便捷的今天,网络信息遍地,这样也造成了信息的良莠不齐,信息收集者需要具备一双慧眼来掌控信息的客观与真实,不能随意听信网络"传播"。

（三）时效性原则

市场讯息瞬息万变,是否能够确保收集到的信息及时、有效,是信息收集者能否把握好信息收集效率和时间的重要体现。办公室人员开展信息工作,要具备高度的时间观念,一旦发现与组织相关的信息线索,就要即刻去追踪、迅速获取,以满足组织的信息需求。反应迟钝、信息感觉不敏锐是做不好信息工作的。日本经济信息专家古场常昭认为,一个准确程度为100%的情报,其价值还不如一个准确程度为50%但赢得了时间的情报。因此,信息收集时要正确处理好时效性原则和真实性原则。

（四）整体性原则

它是指收集的信息要具有整体感和相互联系，不能只言片语、支离破碎，要努力构建整体性和全面性的信息体系。这就要求信息收集者要通过多渠道、多方法来搜集情报。一般而言，组织都会建立以办公室为中心的信息网络系统，因此，办公室就成为一个能贯通上下左右、联系四面八方的多层次、多触角、纵横交错的信息网络中枢。办公室有专人负责信息工作，一方面负责信息收集来源的整体性，一方面也要确保单个信息的整体性。前者强调信息的横向整体，多元、多层次；后者强调信息的纵向整体，讲究历史脉络与情境。

（五）合法性原则

不论采用哪种方法和渠道，做好信息收集工作都要坚守法律底线。任何不顾法律约束，自作主张的信息收集都会给自身带来不必要的麻烦。有的组织为了收集竞争对手的信息，采取各种不法手段，如培养商业间谍、行贿受贿等，这些只能给自己的组织带来名誉与利益的双重伤害。所以，信息收集者要了解和熟悉相关法律法规，做到依法办事，依法收集信息。

办公室信息的收集工作不是轻而易举的，要获取有价值的信息，就需要培养高素质的信息收集者，并且还要做到合理、合法通过各种渠道和方法实现信息的获取目标，从而为下一步信息的管理乃至最终的利用提供便利。

第三节　信息资源的管理

完成信息资源的收集工作后，接下来就是管理工作。信息资源管理的好坏，直接影响其作用发挥的成败。一般而言，信息资源的管理主要包括整理与加工、存储与利用、传递与反馈等环节。

一、信息资源的整理与加工

信息资源的整理与加工是信息管理的两个重要环节。

（一）信息资源的整理

办公室工作人员成天面对大量的信息资料，于是就需要对这些资料进行鉴别、筛选，然后做好分类和登记工作。使原来分散的、个别的、局部的、无系统的信息资料，变成能说明事物过程或整体，显示其变化轨迹或状态，论证其道理或指出其规律的系统的信息资料。

1. 鉴别

鉴别就是对收集来的资料信息进行真假和价值的辨别，为下一步筛选做准备，目的是寻找出与工作相符的材料信息。

鉴别工作要注意：一是真假鉴别。资料不一定都真实，而资料信息的真假直接关系到后续的利用，因此要进行真假鉴别，弄清资料信息的客观实在性和本质真实性，弄清它是否真的发生、存在，是现象还是本质，是主流还是支流，确保不被现象迷惑。二是价值鉴别。资料信息的价值大小是不一样的，哪些价值大哪些价值小，要清楚鉴别，这是对后续利用的负责。

常用的鉴别方法是比较法和专注法。比较法是通过对同一资料信息进行比对，来确定正误和优劣。如，把资料本身的论点和论据相比较；把正在阅读的资料和已经确认可靠的资料相比较等。专注法是注意专门的鉴别性、研究性文章，在学术界经常会产生不同的观点，甚至产生针锋相对的论点的争论，争论中往往会得到新发展。

2. 筛选

筛选环节可在分类前进行，也可边分类边筛选，根据工作人员的喜好和工作方便程度选择即可。筛选工作是将收集过程中来不及辨别的以及那些确认是无价值和失真的信息进行过滤，以提高信息准确性、时效性和利用率。

筛选工作最重要的就是精准把握取舍标准，如政府机关部门领导将要进行的决策、工作部署以及中心工作都应是考虑留取信息的标准之一；其次就是办公室信息筛选人员要提高自身业务水平和信息鉴别力、判断力。

筛选工作的步骤一般是：一看来源，不同来源的信息，重要性往往不尽相同；二看标题，它可以反映信息的内容和价值；三看正文，对初选后的信息资料通过正文的阅读来确认如何取舍；四定取舍，对信息进行严格选择，留取有价值的信息。

当然，筛选过程中，也要遵循基本要求：重大，对关系全局的信息要考虑其政策性、动态性；新颖，要把握新观点、新问题、新角度的信息；准确，信息的每个关键词都要确保准确；完整，对关涉的问题要确保信息收集和分类的全面性。

3. 分类

分类是我们整理信息资料的一种重要思想和方法，它是对散乱、无序信息和资料的一种有序化处理。分类要依据一定的标准以及信息资料的内容进行。常用的分类标准有：

（1）部门分类法

根据资料信息的具体内容以及服务对象，确定其服务的部门，再根据组织内各部门的职责和工作需求进行分类，这样可以方便地服务各部门，同时也可以了解各部门的工作情况，方便纵向掌握内部信息。

（2）地区分类法

收集的信息有时候会涉及多个地区，尤其是对于那些设立多个区域分公司的大型公司，此分类方法最为方便，也便于迅速查找和利用。

（3）主题分类法

根据信息资料的反映内容和主题,可将资料信息进行分类。这种方法需要管理者准确把握和概括资料信息的主题,为方便起见,单位内部可根据日常工作需求和惯例制订一定的信息主题或内容框架等分类标准,这样便于不同管理者尽量做到分类单一。

（4）字母分类法

这种方法一般适用于对日常常用信息的整理,比如名片、办公室常用资料信息卡片等,可以采取字母分类法,存储方便,也便于在使用时快速检索。

做好信息资源的分类工作,首先要熟悉被分类的信息资源,其次是选择合适的分类方法,再次是按标准进行分类,最后归档、存放。分类完毕也可根据资料信息的多少进行检索工具的编制,常用的检索工具有目录、索引和指南。

4. 登记

这里的登记是指在信息整理过程中的登记,既包括收集到信息时的登记,也包括分类后储存时的登记。为便于后续处理与利用,在分类完毕后,需要进行必要的登记工作,这样既方便筛选、防止遗失,也方便在利用时进行检索与查找。常用的登记方式是簿册式登记。一般进行手写,按事先设计的表格进行填写、登记,登记项目可以包括但不限于收集时间、来源(报送单位)、件数、标题、内容摘要等。

不过,随着网络技术的发展,现在也开发出很多网络软件来进行资料信息的登记和管理工作,如天天个人助理软件(DailyPim)、佳盟个人信息管理软件、金动力企业管理软件等。这样,更方便办公室的信息管理工作。

DailyPim 是一款个人日常信息管理的软件,目前具有的功能有日记本、资料管理、文件管理、日程管理、地址簿、网页快抓、邮箱远程管理、即时通讯、便笺、天气预报、火车查询、航班信息、电话区号、邮政编码、定时关机、万年历等。软件特点:可记录日记、资料和文件,树状结构显示,直观明了;编辑器和 RTF 格式兼容,可导入导出 Doc、RTF、Html、Txt 文件;编辑器可插入表情图标、图片、背景图片;最小化保密功能,在你暂时离开时防止他人乘机偷看你的信息;日程管理图形化,分为每天和每月,便于日程安排,还可设置自动提醒;可在局域网内收发消息和文件;多线程的邮件监视器,有新邮件时自动提醒,可远程管理邮件;可全文检索,可从浏览器中直接保存网页到 DailyPim;方便的便笺功能;可制作 CHM 电子书等。

佳盟个人信息管理软件在设计上采用国际先进的 MBO 目标与 GTD 时间管理理念,实现人生目标规划和子目标与任务的分配,对任务和日程进行提醒并记录每次发生的处理信息,瀑布式目标视图清晰地反映当前每个目标进度。它适合个人、家庭、小型公司使用,必将成为工作和生活上的好助手。

金动力企业管理软件是面向中小企业全面业务管理的 ERP 信息系统,将企业中的关键要素,包括人、知识、流程、客户、供应商、财务、办公、采购、库存等,相互关联、集成在一起。应用本系统,管理者能够对客户资源、销售情况、采购情况、库存情况了如指掌;帮助管理者及时了解各部门的业务细节,发现存在的问题,避免库存积压,做到快速的市场反应。

(二) 信息资源的加工

信息资源的加工是对收集、整理的各类信息从整体上和内在联系上进行的分析、研究,甚至汇编或重新编写的资料集合,它是经过信息管理员的思维过程后形成的比较系统和丰富的信息整体。经过加工的资料信息便于领导掌握全局,有利于领导发现规律性变化或倾向性问题,便于领导预测未来和做出决策。

1. 加工要求

信息资料的加工一般要努力做到:第一,点面结合,要把反映同一内容的资料加以归纳、集合,找出其共同点、规律点,使原始信息全面呈现;第二,纵横结合,要注意资料的历史感和空间感,突出资料信息的深度和广度;第三,定性定量结合,通过专业的定性定量科学研究,准确呈现资料信息的内在意涵和价值;第四,现在未来结合,要抓住资料信息的本质呈现和未来展现的特点,体现资料信息的前瞻性价值。

2. 加工方法

(1) 归纳法

这是传统方法,是对各项信息资料的总结、提炼,得出有价值信息的方法。它是由个别性资料到一般性结论的逻辑推理方法。办公室人员要将收集、整理的资料通过主题、内容的归纳,使其形成新信息。

(2) 转换法

对各类资料信息要善加分析,然后转换成便于呈现的资料形态。如,将收集的大量数据、文字表现资料,通过分析、整理,以图、表形式表现出来,这样便于利用。

(3) 改写法

它是将那些不便于看懂或专业术语太多的信息资料,通过专业信息工作者进行语言的转换和改写,形成新信息材料的方法。

(4) 浓缩法

要善于将大篇章的资料信息进行浓缩,有言"浓缩的都是精华",其实大篇章信息里有用的往往并不多,办公室信息工作者要将其概括、提炼、浓缩,形成摘要性信息、标题性信息。

(5) 比较法

它是对相关信息进行对照分析,从而鉴别和判断出信息的价值、时效性,达到去粗取精,提高信息质量的目的。

（6）汇编法

它是将收集来的或加工过的信息资料整理成易于理解、易于阅读的新材料，并对这些材料进行编目和索引，以便信息利用者提取和利用。

3. 加工成果

对收集、整理的信息资料采取一种或多种方法进行加工，一般要形成新的加工成果。常见的新成果形式有：

（1）简报

又称"动态"、"简讯"、"要情"、"摘报"、"工作通讯"、"情况反映"、"情况交流"、"内部参考"等，它是传递某方面信息的简短的内部小报，具有汇报性、交流性和指导性作用。简报一般要抓住简、精、快、新、实、活和连续性等特点。

（2）汇编

它是按照需求的目的和要求，对分类后的资料进行汇总和编辑，使之成为能反映研究对象客观情况的系统、完整、集中、简明的材料。

（3）文摘

它是简明、确切地记述原文献重要内容的语义连贯的短文，无须补充解释或评论。有时也当作检索信息的工具使用。常见文摘形式有报道性文摘、指示性文摘、知识性文摘等。

（4）索引

对收集、整理的各类资料编制索引，以揭示信息、资料的出处，为后续利用信息资料提供检索和查找方便。常见的有题名索引、作者索引、语词索引、主题索引、分类索引等。它可以深入、完整、详细、系统地为读者提供所需信息的具体线索。

（5）目录

在信息登记时，形成的登记册簿经过整理和加工，可转换成目录册，以方便后续利用、查找和检索。

（6）研究报告

它是对收集、整理的资料信息进行科学的分析和研究，形成完整性观点和看法的报告，相对而言，这种成果形式的价值更高，因为它囊括了信息加工者的思维成果，具有针对性、科学性。

（7）信息库

它是在单位内部建立网络系统和实体资料库双重体系，将收集、整理、加工后的信息资料存储进这两类系统中，单位内部各成员可凭借自己的身份认证登录系统阅读和使用。

总之，不管加工成哪种形式，都是要保证信息的质量上乘和利用方便，从而提高信息工作的价值。因此,办公室工作人员要强化自己各项信息管理的本领和技术。

二、信息资源的存储与利用···
整理、加工完毕的信息资料要通过适当的载体和形式进行存储,以方便利用。

(一) 信息资源的存储

存储是将整理、加工完毕的信息资源保管起来,以便日后查考、利用。

常见的存储方式有实体存储、计算机存储、介质化存储等。

1. 实体存储

它是对收集、整理和加工完毕的书面资料信息进行的保管。这种存储形式需要硬件设施和设备。在设施方面,要有资料库房,主体建筑要符合国家的档案库房等建筑标准,确保存储信息的设施安全。设备方面可参考档案存储的条件来备置,比如文件夹、文件盒、文件袋、文件柜、文件架等。这种存储方式消耗成本大,管理相对麻烦一些,因为需要大量的人工操作,但是这种存储方式便于利用,只需一个资料室就可完成信息资源的阅读、利用工作。

2. 计算机存储

计算机存储要配备电脑设备、软件系统等,办公室职员要学会操作,这样可对收集、整理、加工的信息资源进行电子化处理后,存储在电脑设备中,可以直接存储在电脑上,也可存储进数据库系统中。这种存储方式存量大、易编辑、便于找;但是其设备昂贵、易被病毒破坏、对系统有参数限制等。

3. 介质化存储

很多存储设备不再是传统的物质件具,而随科学技术的发展变为科技件具,即现代介质,如光盘、硬盘、胶卷等。当然光盘、硬盘件具仍需电脑设备的辅助,这种存储形式易备份、易查找、可节省电脑空间等,缺点是设备昂贵、要定时更新,以确保数据资料可被识读。胶卷存储,是用照相的方式将信息资料保存在胶卷上,这种形式更节省空间、不必留存书面备份、价值相对低廉,但是其工序复杂,需要加标签、制索引等。

总之,无论采用哪种形式,都要保证信息资源条理有序、排放整齐、目录清楚、使用方便。一些大的组织会设置组织基本信息库、辅助信息库和专门信息库等,这样可以更加促进信息资源的管理和利用工作。

(二) 信息资源的利用

办公室工作人员辛辛苦苦对信息资源收集、整理、加工、存储的最终目的就是利用,要将信息资源的价值发挥到最大。当然,这里的信息资源的利用既包括办公室工作人员自己利用信息,也包括为领导和其他部门提供信息利用,是双重的。

1. 办公室信息资源利用模式

办公室信息资源已经从传统的纸张信息演变为今天的纸张信息和电子化信息并存的格局，其中尤以电子化信息居多。这种模式一改过去"重藏轻用"、"重管轻用"的思想，从以满足借阅需求为主，转移到以满足知识信息需求为主、以知识开发服务为主要功能的利用模式，更加突出了信息的利用。

（1）单向被动提供模式

它是办公室信息工作者根据确定的自身和部门用户要求，为其提供信息资源的过程，如咨询服务、资料查找服务。

（2）多向被动提供模式

它是办公室信息工作者组织、积累信息并根据事先未确定的自身和部门用户需求为其提供信息服务的过程，如借阅服务。

（3）单向主动提供模式

它是办公室信息工作者根据自身和部门用户信息需求分析结果，将信息传递给事先确定的用户的过程。诸如定题情报服务、决策支持服务、信息策划服务和特殊读者的上门服务等。

（4）多向主动提供模式

它是办公室信息管理部门，根据自身的任务和目的，组织部门信息并将其传递给事先没有确定的用户的过程。

2. 做好办公室信息资源利用的途径

在信息时代，做好海量化的信息利用决不是一项轻松的工作，需要组织内部各方面、各部门共同努力。

第一，加强办公室工作人员和组织其他部门员工的信息意识。信息资源的利用首先需要利用者和服务者具备强烈的信息意识。信息意识已经成为每个员工素养的一部分，在组织内部可以通过制订信息制度，约束员工的信息行为，培养良好的工作习惯，提高他们的信息能力，增强他们的信息意识。具体可以加强信息工作培训、举办系列信息工作讲座等方式来促进。同时，也要注意调动员工的工作积极性，给予适当奖励，激发其工作热情。

第二，扩大办公室信息工作人员的服务对象范围。在办公室整个信息工作中，为领导提供信息服务是重点、是中心，不能动摇，必须紧紧围绕这个中心和重点来展开。此外，还要拓展服务对象范围，比如单位内部的其他职能部门，这时需要信息工作者善于研究服务对象的需求，要加强自身信息工作与其他部门的联系，努力去满足他们的需求。

第三，制定科学的信息服务与利用规划。组织信息化管理平台的搭建要结合自身对信息系统的需求、信息技术的特点和管理的需要来进行，因此要制订科学的信息服务和利用规划。如，企业可以从组织的整体战略出发,对企业信息资源管理的任务和目标、实现方法和策略等内容进行统筹和设计,使其适合信息资源的管理过程,匹配企业的信息流。然后通过详细分析企业各管理层的信息需求,建立全面科学的功能模块和数据模块,把企业信息资源开发利用的应用系统打造成一个整体。

第四,加大办公室信息资源的开发力度。办公室工作人员要不断学习和增强自身的信息服务技术和能力,努力开发更多、更好有价值的信息资源。加大信息资源开发的深度和广度,充分发掘组织需求的知识宝藏,为提升组织的竞争力服务。如,在企业市场营销方面,对大量复杂的客户关系,企业可以利用数据仓库进行管理,充分挖掘客户资料所包含的潜在有用的信息。

第五,发展信息利用的多种方式和手段,优化信息服务设备和技术。如尽可能建立阅览室,拟订订阅、借阅的办法,在内部或公开发表信息,让信息为全社会服务。在手段上,可以提供原件服务、复制服务,制作声像、照片、图纸材料以至口头报告服务等。在信息服务设备和技术方面可以引进信息库、信息系统建设,引进技术人才,强化电子化信息的服务。方式、手段、设备、技术多种多样,可使信息活化,极大地提高信息的服务效果和利用率。总之,要积极探索提高信息资源价值发挥的各项技术和方式方法。

三、信息资源的传递与反馈 ....

信息资源的传递与反馈是信息管理工作的两个辅助环节,它们渗透在信息资源收集、整理、加工、存储和利用的各个环节中。

(一) 信息资源的传递

传递是实现信息价值、发挥其作用的重要辅助环节。信息传递途径的畅通与否,直接制约着信息价值的发挥,对于重要信息的传递,如果达不到快速传递,就会降低信息的价值。

1. 信息传递的要求

第一,及时和准确。信息的时效性决定了信息传递必须确保时间上的优势,一旦过时,信息的价值就会大打折扣。一般可以采取现代化的通讯手段,如电话、网络等,也可以通过直接联系、简化手续的方式传递。准确是信息的生命,不准确的信息会误导决策。因此,传递中要做到字体清楚、标点正确,采用规范化语言传递信息。

第二,安全和保密。有些信息属于涉密信息,在传递过程中要注意信息的安全和保密,不能因为传递的疏忽而造成泄密,否则会造成巨大损失,严重者会触犯刑法。因此,要选择合适的传递途径和方式确保安全和保密。

第三,适量和有用。传递的信息不是以多或以少为好,而是适量为好,要能够满足领导和部门的信息需求。再一方面,传递的信息要有用,必须是经过整理的信息,要确保这些信息的价值,无用信息的传递只会浪费双方的时间和精力。

2. 信息传递的方式

信息传递的方式常用的有书面传递和电子传递。

（1）书面传递

如以信件、公文、备忘录、通知、告示、传阅单、内部刊物等形式，载明信息关键点和重要内容，直接呈报上级和各信息需求部门。

（2）电子传递

可以通过网络、电子邮件、企业办公平台、电子政务平台、电话等形式，以文字、声音、图片等内容呈报给上级和各信息需求部门。

3. 信息传递的重点

传递信息要善于抓住几个关键点，作为重点，优先传递：

第一，要抓住领导决策的"空白点"。即把那些领导应注意而没有注意到且带有一定倾向性的问题，及时传递给领导，以引起领导重视，使他能及时进行决策。

第二，要抓住领导决策与下级单位或职能部门工作中的实际"矛盾点"。即由于领导决策与基层状况不尽相符，决策在基层实施中产生矛盾，难以实施或实施效果不佳。办公室应及时反馈信息，以求加强沟通、修正决策。

第三，要抓住领导决策在具体实践中的"症结点"。即收集基层组织在落实领导决策中遇到的阻力、困难，并分析其原因。这类信息对于领导了解决策在基层的实施情况并抓好落实是十分必要的。办公室工作人员应抓住线索，深入实际，调查研究，剖析症结所在，提出可行性意见，为进一步抓好落实提供依据和建议。

第四，要抓住各项工作中的"敏感点"。即抓住机关工作、生产、生活中存在着的有害性质的苗头性、倾向性的问题，特别是抓住敏感问题，例如与职工利益、情绪关系最为密切的分配问题、提拔问题以及福利问题等，注意观察分析，发现不稳定因素，及时上报，以便领导及时处理。

（二）信息资源的反馈

信息反馈是办公室工作人员了解自己信息工作质量如何的重要渠道之一，同时也是进一步改进工作的出发点。信息反馈是组织科学决策的重要组成，是保证信息交流必不可少的重要环节。

信息管理中的反馈，其实是另一种信息收集，它是关注决策效果的信息收集。一项政策的实施效果如何，要进行跟踪调查，以掌握其执行效果，并为进一步改善信息工作提供依据。做好信息反馈工作，有利于领导根据反馈信息调整或改善原先的决策，修正原先的失误。

1. 反馈形式

一般而言,信息的反馈形式根据不同的标准可以有不同的分类。

根据反馈效果,可分为正反馈和负反馈。正反馈是反馈使输入对输出的影响扩大而引起系统原有的运动加剧发散,即它能够增强管理者原定的信念。负反馈是反馈使输入对输出的影响减少而使系统原有的运动呈现收缩,即它能够减弱管理者原定的信念。但是,我们不能随意判定正负反馈的优劣,必须针对具体事例具体分析。比如,在实践中,有的管理者只喜欢听正反馈信息,自以为是、主观武断,往往听不进不同意见,那么这时候就有可能因为听取过多的正反馈,而使得最终的决策效果走向反面,这种情况下,正反馈就是不利的。

根据反馈的阶段或时间点,可分为前反馈和后反馈。前反馈是领导在决策前先提供决策计划,向被影响者征集意见和建议,再参考建议进行最终决策。后反馈是决策后收集决策的实施效果,当作今后调整决策的参考。

2. 反馈技巧

信息反馈是一项非常重要的工作,一般可以关注以下技巧:

第一,审时度势,适当控制。即合理控制决策实施的各个不同阶段中正负信息的反馈量。按决策实施的进程需要,初期应适当加大负反馈量,以便帮助领导及时发现问题,采取纠偏除弊的措施;中期要注意控制负反馈,加强正反馈,以便帮助领导发现经验,加以推广,使决策深入实施;后期要注意正负反馈的结合,以便既总结经验成果,又找出问题教训,使决策得到完善和发展。同时,还要注意在决策实施的不同情况下正负信息反馈量的控制,当某项决策的实施比较顺利时,要注意控制正反馈,当某项决策实施困难较大时,要注意负反馈的控制。正负反馈量的控制,必须坚持实事求是和辩证分析法,做到客观反映情况。

第二,及时追踪,二次反馈。二次反馈是指对上一次反馈所产生效果的反馈。在第一次反馈之后,领导对反馈信息分析研究,制订纠错防弊的措施之后加以实施,然而新的措施效果如何,是否还应采取进一步措施,这就需要进行第二次反馈,依此类推,使实施效果最终与决策预期目标基本相符。

第三,合理分流,保证畅通。指反馈信息会根据内容的不同分别流向不同的方向,从而保证本机关与上下级之间信息畅通。对上级机关决策的实施情况,反馈信息流既要流向上级机关领导,也要流向本机关领导;对本机关领导人决策的实施情况,反馈信息流一般只流向本机关领导,但有时也需流向上级机关、下级机关的领导。办公室工作人员要掌握好信息的流向,该分流要分流,该截流要截流,使信息反馈发挥出应有的作用。

在目前的办公室事务中,由于种种因素的影响,反馈工作总是难以做到位,因此,办公室工作人员要带动全组织积极开动脑筋,搞好办公室的信息反馈工作。

【思考题】

1. 办公室信息的种类有哪些？办公室信息资源的重要性何在？
2. 办公室信息资源的获取程序是什么？方法有哪些？
3. 办公室信息资源的管理是如何进行的？

【案例分析】

材料1：

沙里淘金

小张是刚毕业分配来的某厂办公室秘书。很早他就听人说信息是资源，是财富，但究竟其价值有多大，对领导决策能起到什么作用，总感到说不清。一次领导办公会上，小张做记录，才对信息工作有了切身理解。

会上，管设备的副厂长提出技术改造方案，以提高企业竞争力，要求把刚收回的一大笔资金，投放到购买机械设备上。管财务、管生产的副厂长都表示支持。当厂长正要拍板决断时，卢主任说他想向各位领导汇报一个新情况，供领导们参考。

"我先说几条信息请领导们参考：一是我国粮食进入市场后，粮价上调的趋势十分明显；二是国际上几个主要粮食进口量大的国家今年均遭自然灾害，国际性粮食歉收趋势已定；三是供应我厂工业粮食原料产量区今年都遭到严重水灾；第四，今年是乡镇企业发展很快的一年，这些乡镇企业不少是利用资源优势从事投资少、见效快的食品和酿酒业，都将以粮食为原料。根据以上情况，我预计，近期粮价必上涨，而且上涨幅度较大，可能每千克上涨 0.2—0.5 元；我厂每年工业原料用粮 10 万吨，按每千克原料用粮上涨 0.3 元计算，每吨将上涨 300 元，10 吨就是 3000 元，全年就是 3 千万！因此，我建议当务之急是在粮食涨价前购进原料，这样可降低成本，提高竞争力，获得可观的经济效益。然后再把获得的盈利投入技术改造；由于经济实力增强了，我们进行技术改造的起点可以更高，最好能达到国际先进水平。这样，就为我们的产品参与国际市场竞争打下坚实的基础……"

卢主任发言结束后，会场一片寂静。领导们有的拿出计算器仔细地算着；有的掏出钢笔在本子上写着；还有的托着腮在沉思……

过了一会儿，厂长的发言打破了寂静："卢主任提出了一个值得我们深思的问题。我同意他对粮食价格变化所作的分析和预测。摆在我们面前的问题，是先搞基本建设和技术改造，还是先购进即将涨价的原料,取得经济效益后再以更大的投入进行高起点的技术改造。请大家对这两个方案再议一议。"

大家讨论起来,会议气氛十分活跃。经反复比较、分析、论证,厂领导最后一致同意采纳卢主任的建议:先购进粮食原料,再进行技术改造。

后来事实证明,卢主任的预测完全正确,该方案使企业整整多赚了一个亿!小张敬佩地对卢主任说:"看来信息是金钱的说法一点不假!您是怎样获得这些信息的?"

卢主任说:"信息变化极快,信息工作无止境……稍一马虎,它就会从你眼皮底下溜走。"

材料 2:

<h3 style="text-align:center">喜讯后面的悲剧</h3>

总经理一天三次电话询问办公室信息秘书小王,了解南方市场的销售情况。小王打了好几次长途电话,总公司南方办事处主任都不在家,得不到答复。总经理外出办事,临出门叮嘱小王及时了解南方市场情况,只要南方销售形势好,便可调整下季度的生产任务,使企业再上一个台阶。

小王中午没休息,终于打通了电话,接电话的正好是南方办事处吴主任。"吴主任吗?我是总公司办公室王秘书。总经理急需了解你们的销售情况。"

"我们的销售形势大好啊!我正忙着与港商洽谈十万套西服的出口合同呢!面料和样式与上次一样。"

"那太好了!能成功吗?"小王问。

"估计问题不大!意向书已经草签,今下午四时洽谈细节,然后签订合同。"吴主任说。

"那我下午四点半等您的准确消息。"

"四点半我还有个应酬。我让办事处小李给你回电话。"

小王刚放下电话,总经理秘书小刘又来电话问南方的销售情况。

"吴主任说,南方形势大好,正与港商洽谈十万套西服的出口合同。"小王兴高采烈地说。

"成功的把握大吗?"小刘问。

"吴主任说,今天下午四点正式签约。面料和样式与上次一样。"

"那就是说,只有签约的手续了?"小刘又问。

"是的。"小王肯定地说:"我接到签约回电后马上告诉你。"

接完电话后,小刘在总经理写字桌的记事本上写道:"办公室小王接南方办事处吴主任电话,与港商洽谈出口十万套西服合同,面料和样式与上次一样。今下午四点正式签约。3月25日小刘记录。"

下午五点二十分,总经理回到办公室,急忙翻阅记事簿,看了记录后非常高兴。他拨通电话,要求采购员按上次要求购面料,通知设计部门做好准备,维修部门抓紧维护设备,生产部门准备另外招收一批熟练技工……时间就是金钱,总经理抢在时间前调兵遣将,一直忙到晚七点半还没吃饭。

下午四点半,办公室小王一连接到北方办事处、西北办事处的两个电话,一直打到下午五点半。刚放下电话,上海的男朋友又打来长途,商量结婚物资采购和蜜月旅行路线,一直谈了两个钟头,柔情蜜意中连吃饭都忘了。直到男朋友挂断电话,小王才想起南方办事处的重要电话还未接到。这时已快八点了,她拨通南方办事处,小李就吼道:"怎么搞的?我拨了几个钟头电话,总是占线,你的电话拨不通,总经理的电话也拨不通。"

"合同签了吗?"小王来不及解释,问道。

"生意让深圳一公司抢了!人家更有优势,吴主任气得高血压也犯了,住院去了。"

小王赶快拨总经理办公室电话。总经理办公室无人接,小刘也下班了。她又把电话打到总经理家,家里说他没回来。最后,好不容易在大富酒楼找到总经理。

"什么?谈判失败?"总经理一听,手里的酒杯落地了。他知道高档面料已购进,现在只有压在仓库里……

重大经济损失不可避免,总经理、吴主任、小王、小刘、小李像害了一场大病。公司的前途,个人的去留,使他们忐忑不安……

请认真阅读材料,完成以下问题:

1. 材料1和材料2的最终结果为何正好相反?材料1中的办公室秘书小张和材料2中的办公室秘书小王分别是如何对待信息管理的?

2. 请从信息管理的角度,评价材料1中卢主任的分析。

3. 请你补充完整材料1最后卢主任的回答,要求思路清晰、可操作性强。

4. 材料2中总经理秘书小刘是如何处理与小王的谈话信息的?这对总经理有何好处?请分析和评价材料2中的信息传递情况。

5. 从这两个案例中,我们应该汲取哪些经验和教训?

【实践活动】

教务处要调整学校服务大三学生考研的相关规定,请你在班里选择几位同学组成团队,代表学校教务办公室进行一次全校大三学生考研情况的信息收集与管理。

活动目的:通过实践活动,训练学生的办公室信息资料的获取、整理、加工、存储、利用以及传递和反馈环节的具体操作能力。

具体要求:学生自建信息工作团队,自主设计信息获取方案,自主进行信息的收集、整理、加工、存储、利用以及传递和反馈等管理工作,并提交信息成果。

第七章　辅助人力资源管理

本章由三节组成,分别为员工招聘、员工入职离职手续的办理和新员工培训。通过本章的学习,了解办公室辅助人力资源管理的相关内容,熟悉员工招聘的渠道,知晓办理员工入职、离职的相关手续,熟练掌握招聘广告(启事)的写法,熟悉开展新员工培训的相关业务。

【职场小故事】

公司扩充"招兵买马"　　人才招聘总监挠头

华瑞科技公司综合办公室李总监近来遇到了麻烦事,作为一家小企业的办公室总监,他负责公司的人事工作,最近公司想要扩大规模、开拓市场,迫切需要"招兵买马"。李总监亲自参加了一些校园招聘会,但是校园招聘会面向的主要对象是学校即将毕业的学生,缺乏工作经验,对工作薪酬的期望值偏高。不得已李总监又转向网络招聘,网络招聘是现在比较流行的招聘渠道,确实行之有效,可是由于公司招聘广告内容不够明确具体,在一周的时间里,办公室收到了800多份简历,李总监和办公室小王在800份简历中筛出70份,经再次筛选考评后,留下5人。不过市场部急需的"国际市场经理",依然没有合适的人选,李总监又开始出入人才市场……这一系列的招聘活动让李总监挠头不已,虽然耗费了大量的时间和精力,但招聘工作的质量和效果却不尽如人意。而且,自己辛苦点倒没什么,可是公司想要扩大规模、开拓市场的计划项目如果因此受到影响迟迟不能落实,损失可就大了。这中间到底出了什么问题呢?

一般来说,各个组织会设有专门的人事部门或人力资源管理部门,但是办公室人员主要在领导身边工作,要发挥参谋、助手作用,这需要人力资源管理基本职业能力作为支撑,否则在辅助决策方面势必会因为忽视人力资源管理而影响秘书工作的有效性。在中小型企事业单位,办公室会分管人事工作,而规模稍大一点的组织特别是大型企业的办公室工作,由于现代人力资源管理强调组织的协调职能,人力资源管理的很多业务性、事务性工作实际上直接由办公室人员承担。所以办公室人员要熟悉辅助人力资源管理的相关事务。除此之外,在自身职业生涯规划中,办公室人员职业生涯设计的中期目标就可能是人力资源部长,因此办公室人员更要积极参与人力资源管理事务。

人力资源管理,是在经济学与人本思想指导下,通过招聘、甄选、培训、报酬等管理形式对组织内外相关人力资源进行有效运用,满足组织当前及未来发展的需要,保证组织目标实现与成员发展的管理模式。具体说来,就是预测组织人力资源需求并作出人力需求计划,招聘选择人员并进行有效组织,考核绩效、支付报酬并进行有效激励,结合组织与个人需要进行有效开发,以便实现最优组织绩效的全过程。这个过程主要包括企业人力资源战略的制定、员工的招募与选拔、培训与开发、绩效管理、薪酬管理、员工流动管理、员工关系管理、员工安全与健康管理等。

第一节　员工招聘

一、员工招聘的内涵及原则

员工是指企业(单位)中各种用工形式的人员,包括固定工、合同工、临时工,以及代训工和实习生。员工招聘,是指组织根据人力资源管理规划和工作分析的要求,从组织内部和外部吸收人力资源的过程。员工招聘包括员工招募、甄选、聘用和评估等内容。

招聘是单位整个人力资源管理活动的基础,是单位进行对外宣传的一条有效途径。有效的招聘工作能为以后的培训、考评、工资福利、劳动关系等管理活动打好基础。招聘工作直接关系到单位人力资源的形成,有效的招聘工作不仅可以提高员工素质,改善人员结构,也可以为组织注入新的管理思想,为组织增添新的活力,甚至可能给组织带来技术、管理上的重大革新。

员工招聘的原则通俗地讲,就是要"聘得着,管得了,用得好,留得住"。具体是:

(一)因事择人原则

员工的选聘应以实际工作的需要和岗位的空缺情况为出发点,根据岗位对任职者的资格要求选用人员。

(二)公开、公平、公正原则

公开就是要公示招聘信息、招聘方法,这样既可以将招聘工作置于公开监督之下,防止以权谋私、假公济私的现象,又能吸引大量应聘者;公平、公正就是确保招聘制度给予合格应征者平等的获选机会。

(三)人岗匹配原则

人岗匹配是指人的能力与岗位需要相契合,能够胜任岗位的各项工作,并最大限度地发挥任职者的才能。岗位要求与任职者的知识、技能、能力等素质相匹配,工作报酬与工作动机相匹配,即因职选能、因能量级、级能匹配。

（四）竞争择优原则

是指在员工招聘中引入竞争机制，在对应聘者的思想素质、道德品质、业务能力等方面进行全面考察的基础上，按照考查的成绩择优选拔录用员工。要对所有应聘者一视同仁，不徇私舞弊，以科学客观的考核方法、严格的标准对候选人进行测评。

（五）效益最佳原则

招聘的效益是指投入与产出的关系。所谓效益最佳原则是指投入最少的招聘成本获取适合职位的最佳人选。

（六）双向选择原则

招聘是一个双向选择的过程。单位要选择能够胜任某岗位工作、为其创造价值的员工，而个人则是在寻找一份报酬公平、能够体现其个人价值的工作。双向选择能够实现人力资源的最优配置。

二、制定招聘计划··

招聘计划是组织根据发展目标和岗位需求对某一阶段招聘工作所做的安排，包括招聘目标及意义、信息发布的时间与渠道、招聘员工的类型及数量、甄选方案及时间安排等方面。具体来讲，员工招聘计划包括以下内容：

（一）招聘目标及意义

招聘的核心目标，就是实现所招聘人员与待聘岗位的有效匹配，获取组织发展所需人才。招聘的意义在于为促进组织规模的不断扩大，满足组织对人才需求日益增长，发扬组织文化，提高员工队伍整体素质。

（二）招聘信息的拟定与发布渠道

1. 招聘信息的拟定

招聘信息最常见的是招聘广告和招聘简章。招聘广告应该包含以下内容：组织的基本情况；招聘的职位、数量和基本条件；招聘的范围；薪资与待遇；报名的时间、地点、方式以及所需的材料等。招聘简章相对招聘广告内容要丰富一些，主要包括：组织业务简介；组织创始人及组织文化；组织显著优势；职位要求与标准；发展平台与待遇。考虑到长远的人才招聘，还可以制作一些有针对性的招聘宣传视频，以便求职者对组织有更直观的认知，从而留下深刻印象。

2. 招聘的渠道

招聘信息的发布就是选择有效的招聘渠道、招聘方式。办公室应总结各种招聘渠道及方式的优劣，综合对比分析需求岗位所需人才的要求和标准，对招聘渠道进行有效选择。要保障所选择的招聘渠道，从人才的数量、质量、到岗周期和匹配性等方面都能基本符合组织的用人标准和需求。

招聘渠道可以分为外部招聘和内部选聘两种:

(1) 外部招聘渠道

人才交流中心和人才招聘会　我国很多城市都设有专门的人才交流服务机构,常年为企事业用人单位提供服务。人才交流中心一般建有人才资料库,可以很方便地在资料库中查询条件基本相符的人才资料。通过人才交流中心选择人员,有针对性强、费用低廉等优点。人才交流中心或其他人才交流服务机构每年都要举办多场人才招聘会,招聘者和应聘者可以直接进行接洽和交流。招聘会的最大特点是应聘者集中,用人单位的选择余地较大,费用也比较合理,而且还可以起到很好的企业宣传作用。

媒体广告　通过报纸杂志、广播电视等媒体进行广告宣传,向公众传达招聘信息,覆盖面广、速度快。相比而言,在报纸、电视中刊登招聘广告费用较大,但容易醒目地体现组织形象;很多广播电台都辟有人才交流节目,播出招聘广告的费用较少,但效果也比报纸、电视广告差一些。媒体广告招聘的优点是:信息传播范围广、速度快、应聘人员数量大、层次丰富,组织的选择余地大,组织可以招聘到素质较高的员工。媒体广告招聘的缺点是:招聘时间较长;广告费用较高;要花费较多的时间进行筛选。

网上招聘　网上招聘具有费用低、覆盖面广、时间周期长、联系快捷方便等优点。将招聘广告张贴在自己的网站上,或者张贴在某些网站上,也可以在一些专门的招聘网站上发布信息。网络招聘由于信息传播范围广、速度快、成本低、供需双方选择余地大,且不受时间、空间的限制,因而被广泛采用。当然也存在一定的缺点,比如容易鱼目混珠,筛选手续烦杂,以及对高级人才的招聘较为困难等等。招聘网络有前程无忧人才网、智联招聘、58同城、赶集网、中华英才网、百姓网、快点8网、驻马店人才网、百才招聘、百伯网等。

校园招聘　学校是人才高度集中的地方,是组织获取人力资源的重要源泉。对于大专院校应届毕业生招聘,可以选择在校园直接进行。包括在学校举办的毕业生招聘会、招聘张贴、招聘讲座和毕业生就业办公室推荐等。学校招聘的优势是可以在校园中招聘到大量的高素质人才。大学毕业生虽然经验较为欠缺,但是具备巨大的发展潜力;大学生思想较为活跃,可以给组织带来一些新的管理理念和新的技术,有利于组织的长远发展。学校招聘也存在明显的不足之处,学校毕业生普遍缺少实际经验,组织需要用较长的时间对其进行培训;新招聘的大学毕业生无法满足组织即时的用人需要,要经过一段较长的相互适应期;招聘所费时间较多,成本也相对较高;在大学中招聘的员工到岗率较低,而且经过一段时间后,离职率较高。

人才猎取　是指借助"猎头"公司获取组织所需人才的招聘形式。"猎头"公司是一种专门为雇主"猎取"高级人才和尖端人才的职业中介机构。

员工推荐　通过内部员工推荐人选,也是组织招聘的一种重要形式。

招聘洽谈会　人才交流中心或者其他人才机构中心,每年都会举办多场招聘洽谈会。在洽谈会中,用人单位可以和应聘者直接进行接洽和交流,节省双方的时间。随着人才市场的日益完善,洽谈会呈现出向专业方向发展的趋势。例如有高级人才洽谈会、应届毕业生双选会、信息技术人才交流会等。

(2) 内部选聘渠道

将招聘信息公布给组织内部员工,员工自己可以来参加应聘,此外还有岗位轮换和返聘。

内部渠道招聘有许多优点:选任时间较为充裕,了解全面,能做到用其所长,避其所短;内部员工对组织情况较为熟悉,了解与适应工作的过程会大大缩短,上任后能很快进入角色;内部提升给每个人带来希望,有利于鼓舞士气,提高工作热情,调动员工的积极性,激发他们的上进心。通过内部渠道招聘也有其缺陷,表现为:容易造成"近亲繁殖",老员工有老的思维定势,不利于创新,而创新是组织发展的动力;容易在组织内部形成错综复杂的关系网,任人唯亲、拉帮结派,给公平、合理、科学的管理带来困难;内部备选对象范围狭窄,只能从现有员工中选择。

与内部选聘相比,外部招聘有很多优点:来源广泛,选择空间大,特别是在组织初创和快速发展时期,更需要从外部大量招聘各类员工;可以避免"近亲繁殖",能给组织带来新鲜空气和活力,有利于组织创新和管理革新。此外,人员新近加入组织,与其他人没有历史上的个人恩怨关系,从而在工作中可以较少顾忌复杂的人情网络。同时,为了使新进员工能够尽快适应岗位需要,可以有针对性地要求应聘者有一定的学历和工作经验,从而节省在培训方面所耗费的时间和费用。

当然外部招聘相对内部选聘也有自己的缺点:难以准确判断应聘者的实际工作能力;容易造成对内部员工的打击;招聘成本相对较高。

(三) 招聘的岗位、要求及其所需人员数量

一般来说组织需要招聘的岗位空缺,包括数量和质量两个方面。办公室应该掌握组织的人力资源规划,对组织所需人员的岗位、工作要求及数量有清楚地认识,为招聘提供"量"的依据,从而确定配备、补充或晋升的规模。对所招聘岗位的要求进行分析,主要包括该岗位的职责、工作任务、工作关系等,以及什么样素质的人才能胜任这一岗位,即任职资格,为招聘提供"质"的要求。

(四) 甄选方案及时间安排

甄选一般包括对所有应聘者情况进行的初步审查、知识与心理素质测试、面试,以确定最终的录用者。

确定甄选方案即确定采用何种方式对应聘者进行考查、鉴别和淘汰。一般由以下程序构成:

1. 收到应聘者的各项资料,即进行初步审核,审阅其学历、经验是否符合所需,并初步淘汰资格不符合者,之后将材料转交用人部门进一步审核,通过书面材料淘汰一部分不合格的应聘者。

2. 根据需要对应聘者进行电话面试并做相关的记录,再淘汰一部分应聘者。

3. 确定笔试、面试时间,组织成立面试小组,对应聘者进行笔试筛选及第一轮面试。对外地应聘者,第一轮面试也可通过电话完成。

4. 安排候选人的行程及后勤工作,进行第二轮的面试。

5. 确定、通知被录用的应聘者。

(五)招聘费用的预算

1. 印制广告及相关宣传材料的费用。

2. 参加人才市场招聘会、人才交流会的摊位费,招聘人员差旅费。

3. 中介机构招聘费用。

4. 面试小组成员劳务费。

(六)招聘总结与评估

招聘结束后,需要对整个招聘工作进行总结和评估。评估的主要指标包括:招聘人员的数量是否达到计划的目标,录用人员的素质是否符合组织要求,招聘人员的到岗率,招聘的成本是否在控制之内,招聘所带来的效益等。

第二节 员工入职离职手续的办理

一、员工入职手续的办理 ··

(一)新员工报到前

1. 通知员工报到。向被录用者书面送达或电话传达"录用通知",说明报到日期、时间、安排及报到时应携带的个人资料(原件及复印件),一般包括身份证明材料、学历学位证书、上岗证书或专业技能/职业资格证书、离职证明或与原单位解除劳动合同关系的证明材料、近期照片等。

2. 做好相关准备。在新员工报到之前准备好要与新员工签订的劳动合同、保密协议,必要的办公用品、钥匙、考勤卡等,为其开通单位邮箱;做好新员工培训计划,以及新员工培训的相关组织安排工作。通知用人部门确认其职位并提供职位说明书;确认新员工的办公座位,所需电脑、电话;确定新员工的督导师。

(二)新员工报到日

入职报到当日,办公室应安排专门工作人员负责报到工作,并安排联系相应的管理者、用人部门负责人参加。具体报到流程一般包括:

1. 收验新员工入职资料的原件及复印件,组织填写《员工履历表》。《员工履历表》一般包括个人基本情况(姓名、性别、年龄、民族、籍贯、出生日期、学历、身份证号码等)、家庭主要成员情况、个人受教育情况、个人工作情况及个人专长。

    2. 填写《新员工入职手续清单》(参见表7-1),以便按清单逐项办理入职手续。各项手续办完后,《新员工入职手续清单》应交回办公室。

表7-1 新员工入职手续清单

个人资料	姓名		年龄	
	性别		入公司时间	
	部门		职位	
	部门直接负责人		联系电话	

请在入职前确认下列项目

序号	项目	确认情况	负责人	确认签字	日期
1	核验相关证书材料				
2	填写员工履历表				
3	领取新员工培训计划资料及《员工手册》				
4	确认调档、存档情况				
5	签订劳动合同(协议)				
6	发放办公用品				
7	发放钥匙、考勤卡				
8	建立邮箱地址				
9	介绍管理层				
10	领取、填写体检表				

以下项目由部门完成

序号	项目	负责人	确认签字	日期
1	参观部门			
2	介绍部门人员			
3	确认座位			
4	领用电脑、办公电话			
5	确定督导师			
6	职位职责与工作说明			

我已办完入职手续,可开始在公司上班。

新员工签字: 时间:

3. 向新员工发放介绍单位情况及管理制度的"员工手册"，使其具备基本工作知识，并要求其通过内部网络进一步了解情况。发放新员工培训计划及相关安排资料，并逐一确认。

4. 了解确认新员工调档、存档情况，签订劳动合同、保密协议等。

5. 向新员工介绍单位情况，为新员工介绍、引见同事及管理层。

6. 带新员工到用人部门，介绍给部门负责人，确定其督导师。

7. 将新员工的情况通过 E-mail、内部刊物、内部网站向全单位公告。

8. 更新员工通讯录。

二、员工离职手续的办理··

员工离职通常分为以下几种类型：自请辞职、解雇离职、符合劳动合同终止情形离职（如退休、劳动合同到期不再续签、员工失踪或死亡等）。

（一）离职谈话

员工离职时，其所属部门负责人或上层管理人员需与离职人进行谈话，办公室工作人员协助完成，谈话涉及相关内容为：了解离职原因，了解员工入职以来的工作业绩，审查文件、资料的所有权及核实管控情形，审查其了解单位秘密的程度，审查其掌管工作的进度和承担角色；阐明公司和员工的权利和义务，代表公司根据其工作的进展情况确定具体的离开公司日期，解答员工可能有的问题，征求对公司的评价及建议。填写《员工离职备案审批表》（参见表7-2），经提出离职员工和谈话负责人共同签字，提交办公室存档。

表7-2　员工离职备案审批表

姓名		工号		部门	
入职日期		合同有效期至		职位	
申请日期		预计离职日期			
离职类型	□ 辞职	□ 辞退	□ 合同到期	□ 开除	□ 其他
离职原因详述：(若是辞职，由申请离职员工填写，其他情况由部门主管填写)					
对公司的意见及建议：					
所属部门意见	部门主管签名：　　　年　月　日				

续　表

行政办公室审批	□ 未面谈　　　　□ 已面谈,面谈要点如下: □ 同意申请　部门主管签名:　日期:　　　年　月　日
总经理审批	□ 同意申请　　□ 其他意见 　　　　　　　　　　　　　　　签名:　　　日期:　　　年　月　日

(二) 办理员工离职交接事务

为确保员工离职时,其工作能明确地转移,以利接交人完整地接任工作,办公室人员要与离职员工办理离职交接事务,填写《员工离职交接表》。(参见表7-3)

表 7-3　员工离职交接表

员工类别:□正式员工　　　□试用员工　　　填表日期:

姓名		部门		职务	
入职时间		离职时间		止薪日期	

所属部门交接情况:(可附交接清单) □内部文件　　□经管工作说明　　□《客户信息表》　　□技术资料 □目前工作的进展程度说明　　□工作记录资料　　□其他:_____ □工作交接: 经办人:　　　　　　　　　　　　　　　　　　　　　年　　月　　日
行政办公室交接情况: □办公室钥匙　　□办公桌钥匙　　□文件柜钥匙　　□培训资料　　□笔筒 □文件架　　　　□电脑　　　　□电话机　　　　□计算机　　　□公司通讯录 □借阅图书　　　□工具 □其他:_____ 经办人:　　　　　　　　　　　　　　　　　　　　　年　　月　　日
人事部交接情况: □解除或终止劳动关系的证明文件　　　　□辞职申请表(辞职信)　　　□保密协议 □其他: 经办人:　　　　　　　　　　　　　　　　　　　　　年　　月　　日

续　表

财务部交接情况： □业务账务　　　□个人借款				
工资结算情况： □工资情况： □其他： 经办人：			年　　月　　日	
当事人确认：	本人同意移交以上事项所有内容，有关离职手续已按规定办妥，已将公司重要资料交还，并不外泄在职期间所了解的相关商业及技术等秘密。确认从即日起与公司终止劳动关系，所从事的一切活动与公司无关。 当事人签字：_____　　　　　　　　　　　年　　月　　日			
总经理签字：			年　　月　　日	

1. 工作交接

一般由离职员工所属部门完成，指将离职员工经办的各项工作、保管的各类工作性资料等移交至直接上级所指定的人员，并要求接交人在《员工离职交接表》中"所属部门交接情况"一栏上签字确认，具体内容如下：各项内部文件、经管工作详细说明、《客户信息表》、技术资料或职位所涉及保管的文件性资料（包括书面文档和电子文档两类）、目前工作的进展程度说明、任职期间的工作记录资料等。

2. 物品移交

指离职员工在公司就职期间所有领用物品的移交，交接双方签字确认。包括领用的办公用品，单位配置的办公、通讯设施（电脑、笔记本、手机、对讲机等），各类钥匙（大门、抽屉、置物柜、保险柜等），借阅的图书资料，各类工具（如维修用品、移动存储、保管工具等）。

3. 合同移交

指离职员工应将解除或终止劳动关系的证明文件（签字的辞职申请表、辞职信）等交予办公室或人事部门，并与单位签署离职保密协议。

4. 款项移交

离职员工应将经手各类项目、业务、个人借款等款项事宜移交至财务部门。

以上各项交接均应由交接人、接交人签字确认，并经办公室审核备案后方可认定为交接完成。在办理离职交接事务时，如出现部分文件或资料遗失情况，可采取以下措施：相关部门有备案的，可以拷贝一份，没有备案的，因个人原因，造成的文件遗失无法追回的，后果由个人承担，视文件的重要性，由部门负责人请示单位高层确定应由移交人承担的经济补偿额度。出现物品、图书遗失，依据物品、图书记录的价格，按本制度规定的赔偿标准赔偿。无记录价格的物品和图书，按市场现行价格最高价赔偿。

（三）离职结算

当交接事项全部完成，并经相关人员签字确认后，方可对离职人员进行相关结算。离职人员的工资、违约金等款项的结算由财务部和办公室共同进行。

（四）办理离职交接工作应注意的问题

第一，办公室应通知相关部门负责人需要做好本部门与离职员工涉及的工作、物品、文件审核，需本着对单位负责、对个人负责的原则，认真检查与审查离职员工与本部门涉及的工作事宜。

第二，离职人员原则上须亲自办理离职手续，并在双方确定的离职日期办理完交接手续。如离职人员指定代理人代办离职手续，须由离职人员出具代办委托书，在《员工离职申请表》写明指定代理人的姓名、身份证号码，一并交办公室备案，并在确定的离职日期前办理完交接手续。

第三，在被辞退员工办理离职手续时，根据实际需要，办公室可派人全程监护办理。原则上所有离职员工必须在三个工作日内办妥全部离职手续。

第四，离职员工在办妥辞职、移交、结算等相关手续后才能离职，离职员工若在未办理或未办完移交手续而单方面离职者，单位有权通过法律手段追究其责任。

三、离职员工管理

随着市场经济的发展，人员的流动日益频繁已经成为一种趋势，任何组织都不可避免要面对人才流失、员工跳槽和职工离职的现象。适当的人员流动有助于组织血液的更换，但当员工离职变得比较频繁时，应该建立一种新的离职员工管理观念来面对新的问题和情况。办公室在处理员工离职工作时，要注意建立离职员工管理体系，把离职员工当成一种特殊的人力资源重视起来，让其能够感受到单位的重视和关心，使其依然有可能为原来工作过的单位作贡献，以另外的方式促进原单位的发展。

（一）离职员工管理的意义

1. 做好离职员工管理，有利于维护组织的形象，防止离职员工和单位之间产生矛盾和冲突，避免员工离职后损害单位形象，甚至成为组织发展道路上的障碍。

2. 做好员工离职面谈，有利于企业听取到建设性的意见

离职面谈既是对离职员工的抚慰或挽留，上层管理者又可以利用与离职员工面谈的机会，认真听取他们对单位的意见和看法，找出单位管理存在的问题，并加以解决。

3. 有利于现有员工队伍的稳定

单位对待离职员工的态度不仅会对这些离职员工产生影响，而且也会直接影响到在职员工的情绪。如果在办理离职过程中粗暴无礼或者不尊重离职员工，那么在职员工心里也会发生变

化,对单位的信任感和忠诚度会减少。

4. 离职员工还可以作为企业招聘录用的人才来源

因为企业对离职员工比较了解和熟悉,所以单位重新雇用离职员工的成本比雇用新员工的成本低许多,并且还可以降低用人风险,特别是中高层管理者岗位,一旦用人失误将对单位造成严重后果。同时,投入工作后这些"吃回头草"的离职员工与单位的磨合期较短,能迅速适应工作,忠诚度也会比较高。

(二) 如何做好离职员工管理

1. 首先要改变对离职者的态度

要做好离职员工管理,前提必须改变对离职员工的态度。对离职者不能抱有不满意的态度,不应设置重重障碍,阻止员工离职,也不要认为一旦员工离职,就成为单位的敌人。员工一辈子只为一个单位工作的时代已经一去不复返,员工重视自己的事业甚于职业、甚于单位。

2. 切实做好离职面谈工作

离职面谈应选择合适的面谈者,面谈者职位的高低对离职面谈的效果有较大影响,代表单位出面的面谈者应是单位的上层管理者;面谈的地点应具有隐蔽性,一般不要选择在办公室,可以是小会议室、小休息室,保证交流的通畅性和保密性,不易被人打扰,使其放松心情,降低离职员工的紧张感。离职面谈可以选择分两次来进行。

第一次离职面谈的内容,首先是了解其离职的原因,并综合考虑单位的实际工作情况、员工的业绩、工作能力等方面因素确定是否挽留,其次离职面谈要消除离职员工对企业的负面情绪,了解企业当前存在的问题,让其提出改进建议,最后了解其离职后个人职业生涯规划等。

第二次离职面谈,应在员工离开企业一段时间后(半个月内)进行,可以由办公室人员与其取得联系。当管理者与还未离开单位的离职者进行离职面谈时,由于种种原因,员工很少会说出真正的离职原因,为了获取真实有效信息,第二次离职面谈是非常必要的。其内容即在于了解其离职的真正原因。这时,很多员工由于没有顾忌会积极配合,把以前不方便说出的原因,如与上司的相处关系、企业文化、未获得晋升、缺少培训机会等原因全盘说出。通过对这些信息的整理分析,可以改善单位的管理。

3. 做好离职员工的信息管理

应对离职员工的相关信息进行搜集、整理和归档,建立离职员工数据库。这包括对离职面谈内容的记录、整理和分析,记录离职者姓名、专业、才能、通讯地址、电话传真、离职去向以及新职位,有必要的话还要分析离职员工的职业生涯的变化信息。此外,组织还可以对离职员工进行实时跟踪调查,关注离职员工的事业发展、知识技能获取情况、家庭状况等信息,对数据库的相关信息要进行及时的动态更新。一些著名企业还设立"旧雇员关系主管",专门负责追踪掌握离职员工的职业生涯变化情况，定期对其离职员工数据库进行更新、分析。此外办公室可以建立与离职员工的网络沟通渠道，将单位最新业务成绩、未来发展计划等与离职员工分享；或定期邀请离职员工参加单位大型的庆祝活动（如年会、年末聚餐等），定期寄送公司刊物，在离职员工进公司日或生日时送份小礼物等。坚持与离职员工终生交往，与离职员工之间建立一种良好的人际互动，使其成为单位在社会上的活广告。

4. 制定离职员工返聘制度

"好马不吃回头草"的时代已经过去，员工愿意重返单位，是他们对单位的认同、对组织文化的认同。如果他们重返单位，其对在职员工心理上产生的震撼，是不言而喻的。能够吃"回头草"的员工的稳定性和忠诚度会比较高。许多著名企业都有招聘离职员工的做法，建立科学完备的"回聘"制度，鼓励"离职员工"重返单位。由于企业与员工彼此了解，信息对称，基本上可以减少用人不当风险，"回聘"员工比新员工更为熟悉企业文化和公司业务，从而降低了招聘和培养成本，还会给企业带来新经验和新技术，为企业的多元化发展带来积极因素。

第三节　新员工培训

一、新员工培训的目的

新员工培训是指给新员工提供有关单位的基本背景情况，使新员工了解所从事工作的基本内容与方法，明确自己工作的职责、程序、标准，并初步向其灌输单位及其部门所期望的态度、规范、价值观和行为模式等内容，从而帮助新员工顺利适应单位环境和新的工作岗位，使其尽快进入角色。

在一个完全陌生的工作环境下与不熟悉的人一起工作，对新员工来说是充满压力的。为了在新的工作岗位上取得成功，新员工必须学习了解新的工作方法、做事的程序、组织的价值观及对自己的期望。新员工可能还会因低估了新工作的难度、环境要求及所附带的情绪影响而感到焦虑、沮丧。此外，新员工也许还需要调整一些在以前的工作中帮助其取得成功的行事方法，因为原有方式并不适合新的工作环境。

二、新员工培训计划

新员工培训不是简单的入职培训或适岗培训，其目标是培养新员工成为职业化的"企业人"。职业化的"企业人"应是能认同企业文化，具有良好职业精神和专门的知识与技能，并按职业规则在企业工作和领取薪酬的人。办公室应为新员工培训制订周密的计划，并尽早开始实施。新员工培训计划是为让新员工了解其即将从事的工作、即将与之共事的上级主管、同事以及组织的情况而设计的一项计划。一般是新员工到岗的第一天开始。新员工到岗首日所受到的问候及待遇将给其留下深刻而长久的印象。新员工培训计划的内容主要有：

(一) 培训目标

明确培训目标对整个培训计划具有极大的指导意义。新员工培训所要达到的目标为：通过新员工培训，帮助新进员工了解和熟悉组织的一般情况，从而适应组织的各种环境，胜任新工作。使新员工在入职前对公司有一个全方位的了解，包括了解企业的文化和经营理念、熟悉企业的各种通用的政策、规章制度；了解企业的业务状况和产品基础知识，知道岗位的基本要求；能熟练应用各种基本的工作技能；理解并接受企业的共同语言和行为规范，坚定自己的职业选择。

(二) 培训内容及方式方法

从员工心理需求入手设计的培训内容和形式才会收到好的效果。有调查表明，入职的新员工有50%～60%会在前6个月离职，新招聘的管理人员有40%会在前18个月离职。原因之一在于很多组织忽视对新员工心理状况的分析和生存空间的考虑。

1. 培训内容的确立

培训内容应该涉及员工关注的所有问题和员工需要掌握的相关技能，培训内容的确定应综合培训目标和新员工心理特征来共同确定。

对于完全陌生的环境，首先，新员工的第一感受就是好奇，企业的组织结构、企业文化、部门设置、产品、企业历史、薪酬和福利、规章制度等，都是新员工希望了解的内容；其次，陌生的环境往往会让人感觉到焦虑和不安，而只有融入群体之后，这种压力才能得到缓解，让新员工了解未来的团队，明确自己的工作职责和目标，使其顺利地融入工作团队必须列入新员工培训内容；再次，很多新进员工特别是知识型员工追求的是自我实现，对于他们来说，能最大限度地发挥自己的潜能与充分地展现自我的工作，才是具有吸引力的工作，所以他们会特别关心企业的发展，同时关心企业对个人的培养和晋升计划，而对于一些刚毕业的大学生来说，激发他们的积极性，为他们提供适合的职业发展建议，也应该列入新员工培训的议程；最后，新员工培训的内容还应包括：有关组织内部工作关系及权力结构方面的政治信息，组织所特有的专业技术语言以及简语、俚语和行话等组织话语知识，组织的传统、习俗、传说和礼节等文化知识，组织在运作、运营过程中的规则和原则，以及组织创始人和领导者所奉行的目标与价值观。

2. 培训方式方法的确立

为了能够达到更好的培训效果，充分调动新员工的积极性，一般不再使用传统的单纯讲授法，而采用多元化的培训方法。游戏、案例分析、讨论、情景模拟、户外拓展、文娱、座谈、督导师示范等一系列丰富实用的培训方法，能缓解新员工压力，使新员工更好地融入群体，提升培训质量。培训者还可以根据培训内容的不同，匹配不同的培训方法。(参见表7-4)另外，几乎所有的新员工,都想在新环境中脱颖而出,为自己的发展争取机会,因而在新员工培训中要积极关注所有受训者的表现,对于值得肯定的行为及时给予表扬,采取"即时性"激励的培训方式。

表 7 - 4 培训内容与培训方法

培训内容	培训方法
企业文化、历史,企业战略(组织运作过程中的规则和原则,组织创始人和领导者所赞成的目标与价值观)	讲授法,座谈,播放视频,讲解典型事例、故事,描绘宏伟蓝图
企业经营状况及产品介绍	多媒体讲授法,实地参观
企业组织结构、部门设置(组织政治信息)	讲授法,实地参观,《员工手册》自学
公司相关制度(绩效考核、薪酬计算、福利、请假、晋升、违纪处理等)	讲授法,实例讲解,讨论法,《员工手册》自学,督导师辅导、咨询
工作职责(组织话语知识)	部门工作说明书,督导师讲解、辅导
团队合作	游戏,拓展训练,文娱,情景模拟
礼仪	多媒体讲授法,情景模拟
职业精神、角色转变、职业生涯规划	讨论,游戏,情景模拟,新老员工座谈,督导师辅导

(三) 培训时间

一般来说新员工集中招聘八人以上者单位就会组织培训,时间一般不少于三天,可以根据组织的实际情况和具体培训内容安排落实。

(四) 培训考评

培训结束应对培训过程和效果进行评估,一方面可以了解新员工学习状况,另一方面培训评估也是设计更合理、更科学的培训内容的重要信息来源,是测评培训有效性的重要环节。可以通过问卷和访谈的形式了解新员工对于培训的满意度如何,通过座谈、测试掌握新员工对于培训知识、内容的掌握程度,通过观察、绩效考核等考察新员工的职业精神及其工作能力如何。

三、新员工培训的注意事项 ··

(一) 注重细节

新员工培训从其报到即开始,办公室人员应在组织显著的位置挂出欢迎的标语,从大门口到办公区的报到处要贴有路标,可以为新员工制作报到流程单,指导新员工办理报到手续,还要设置问询处,并派资深工作人员负责解答相关问题。午饭时间,可以安排各个用人部门的负责人带自己未来的下属去吃一顿简单的午餐,使新员工能够在轻松、自然的氛围下了解和融入自己未来的工作团队。

（二）设置精彩而隆重的开场

在开始正式的培训之前,办公室应准备好欢迎词,并安排组织的高层管理人员致欢迎词,宣讲组织理念,表达对新员工的欢迎和期许。简短而精彩的欢迎词会让新员工对未来的工作和挑战充满希望。

（三）采用多元化的培训方法

在对新员工进行培训时,应结合培训内容和培训对象等因素,选择恰当的培训方式。除了上文提到的培训方法,应结合组织的实际情况拓展新的积极高效的培训方法,如有的企业推出著名的"太太式培训",督导师像新员工的太太一样"喋喋不休",不断地给予新员工指导、鼓励和关怀,提高他们的工作能力,帮助他们养成良好的工作习惯。事实上,这种培训方式也确实收到了令人满意的效果。

【思考题】

1. 员工招聘的原则是什么?
2. 外部招聘的渠道大致有哪些?
3. 如何做好离职员工管理?
4. 新员工培训内容及方式方法有哪些?

【案例分析】

一想到明天就要正式到新远公司报到上班了,杜强心里别提多高兴了。作为业内很有实力的"新生企业",名牌大学毕业的杜强对于要到该公司网络中心开始自己人生的第一次工作感到非常满意。杜强不少同学都曾欣喜地告诉他自己的公司如何热情地接纳"新人"……想着面试时公司总经理对他赞赏的态度,杜强都期盼明天快点到来。第二天他先来到公司行政办公室,工作人员确认他已报到,发给他一些办公用品,就打电话告诉网络中心的张经理过来带杜强到自己的工作岗位。在行政办公室坐了一段时间,张经理才派自己的助手小黄来,小黄客气地伸出手,说:"欢迎你加入我们的公司!王经理有急事不能来,我会安排你一些事情的。"来到网络中心,小黄指着一个堆满纸张和办公用品的桌子对他说:"你的前任前些天辞职走了,还没有来得及收拾,你自己先整理一下吧!"说完就自顾自忙了起来。到中午,小黄带杜强去餐厅用餐,告诉他下午自己去相关部门办一些手续。在吃饭时,杜强从小黄那里了解了公司的一些情况,午休时与办公室里的一些同事又谈了一会儿,心里感到深深的失望,公司并没有像他想象的那样热情地接待他、重视他。报到后的第二天,张经理见到杜强,把他叫到自己的办公室开始分派他任务。当张经理说完之后,杜强刚想就自己的一些想法同他谈一谈,一个电话来了,杜强只好回到自己的电脑前构思工作,他的工作需要同公司其他人沟通协调,可是他还不知道谁是谁,只好自己打开局面了。几天下来,杜强对公司、对工作还是一头雾水,经常不知该如何开展自己的工作。后来他了解到公司的创始人是几个工程方面的博士,认为过多的花样没多大用处,让新员工自己适应,觉得适应的就留下来,不适应的就走人。周末同学聚会,看着别人热烈的谈论自己的新工作,意气风发,得心应手的样子,杜强觉得自己的工作真的是"糟糕透了"。

请认真阅读案例,完成以下问题:

1. 从新员工心理需求的角度分析说明新远公司的新员工培训有哪些问题。
2. 结合案例情景说明新员工培训的目的是什么。
3. 结合案例情景说明如何做好新员工培训。

【实践活动】

背景材料:利新饮料有限公司现急需招聘一名总经理秘书和一名行政办公室秘书。要求男女不限,会驾驶。总经理秘书要大学本科或以上学历,秘书学、企业管理、经济、法律等相关专业,具备两年以上文秘工作经验;知识结构要全面,还需具有良好的人际交往能力,优秀的沟通、表达能力和较强的执行力;具备扎实的文字功底,良好的书面写作及表达能力,能熟练掌握 EXCEL、POWERPOINT、WORD 等办公软件。工作职责是:全面负责安排总经理日常工作安排及出差行程安排;协助总经理安排各项高层会议的日程与议程,撰写和跟进落实高层会议、主题会议等公司会议纪要;并需撰写总经理的有关讲话稿、报告、文件、信函等综合性文件;协助总经理处理外部公共关系,参与对外商务活动。

行政办公室秘书要全日制大学专科以上学历、专业不限,具有相关工作经验者优先;相貌端庄,身体健康,具有良好的形象和气质;具备扎实的文字能力和良好的团结协调能力;能熟练使用各种计算机软件,有过硬的多媒体制作和网站管理能力;性格开朗,有良好的服务意识和职业素养,善于与人沟通,做事细致耐心,工作效率高,能吃苦耐劳,承受工作压力能力强。工作职责是:处理公司领导交办的日常事务;来电来访接待工作;行政会务工作;对外接待工作;协助完成办公室领导交予的行政文案事务工作。

活动目的:训练学生招聘计划的拟写能力。

具体要求:

1. 本次实践活动要求在实训室内进行,配备电脑、网络。

2. 学生以组为单位，每组不超过 6 人，成立招聘工作组，选出组长，分工完成招聘计划，包含：招聘目标、招聘信息发布（制作招聘广告、甄选招聘渠道）、甄选方案及时间安排、招聘预算。

3. 准备个人简历，演示招聘过程。可以两组同学配对，分别演示招聘方与应聘方，最后完成招聘总结。

第八章 办公室常规工作

　　本章由四节组成,分别为电话接打和网络在线沟通、邮件处理和公文处理、印信管理和名片管理,以及车辆管理。通过本章的学习,掌握电话接打的基本程序和技巧,了解网络在线沟通的基本知识,掌握邮件、公文处理的程序,掌握印章和介绍信的保管和使用方法,以及名片的管理和使用要求,有效管理车辆。

【职场小故事】

秘书整日忙忙碌碌　　工作繁杂认认真真

　　毕业于河北某大学秘书专业的小周,在北京某企业总经理办公室当秘书。转眼工作了三个月,一次朋友聚会,大家都好奇地问她是不是每天都在聚光灯下主持会议,或衣着光鲜地出入各种高档场所陪上司谈判,小周一笑,说:"我们可不是很多人想的那样风光,其实很多工作内容都是不太容易被人注意,但却马虎不得的。"接着她给大家简单介绍了一下自己工作的常规内容:

8:40　　到达自己的办公室。

8:45　　打扫上司办公室、接待室等房间,准备好备用物品。

9:15　　为上司沏茶,确认当天的日志。通知总经理办公室主任在接待室接待预约的客人。

9:30　　上网登录QQ,并查看电子邮件,有需回复的根据上司指示回复。

9:45　　邮件到达后进行相应处理。

10:00　　处理上司交待的文件,在此过程中,接听电话,接待客人。

10:40　　为市场部小刘联系业务开公司介绍信。

11:30　　上司外出,为上司联系车辆。

12:00　　午休。

13:00　　回到办公桌前,上网查资料、接听电话等。

13:10　　上司回到公司,为其沏茶,并汇报电话留言。

14:00　　起草向人力资源部门的报告,申请今年的休假日。

15:00　　将财务部新发的办公经费报销规定复印一份备存,原件放置文件传阅夹中给部门同事传阅。

16:00　销售部小李找广告公司做宣传小册子的费用需到财务部报销,为其签字并盖章。

16:30　制订并打印明天上司的日志,请上司过目。

17:30　上司出门办事,整理当日零用现金账目。

18:00　下班。

半年后,由于小周对自己的工作性质有明确把握,工作认真用心,很快就俨然有了老秘书的气场,不但整体表现有条不紊、从容不迫,而且一些"小事儿"处理起来也是井井有条,细致到位,很得上司和同事的信赖。

各级党政机关、企事业单位或个人配备秘书的目的之一,是协助他们处理日常琐事,尽量减少他们在决策过程中受到的干扰,这些杂事与接待、会务等工作相比,看似不那么系统和复杂,显得更为琐碎,但所谓"秘书工作无小事",处理不好这些琐事,却很可能影响大局甚至导致严重后果。这些繁杂"小事"可大体分为电话接打、邮件处理、公文处理、车辆管理等等,秘书做好这些常规性工作是实现其工作职能的基本要求;对秘书自身来说,不轻视这些小事,熟练把握这些工作的内容和规律,讲究方法,就可以腾出更多的时间精力来处理其他事务性工作,更好地处理临时性、突发性工作。

第一节　电话接打和网络在线沟通

一、电话接打

(一) 电话接打应遵循的原则

1. 注意文明

(1) 用语文明

牢记电话基本文明用语。如"您好"、"请"、"谢谢"、"对不起"、"再见"等。通话中,绝对不能用粗陋庸俗的语言攻击对方,损害公司形象。

(2) 态度文明

体现为声音友好亲切,平等对待客人,服务热情、周到。例如,当对方要找的人不是自己,且要找的人不在时,要耐心有礼地主动提出代找或代为转告;若对方一时听不清,或对某些问题提出疑问时,秘书应予以耐心解答。

(3) 举止文明

体现为坐姿端正,不乱坐乱动。电话交谈过程,保持正确的坐姿(侧面看,为双 L 形——脚和小腿形成一个 L，大腿及躯干形成一个 L）可以使人的声音听起来更加响亮集中。千万不要坐在桌边，或软软地陷在椅子里，或仰靠到椅子后背上，也不要趴在桌面边缘，或把双腿高架在桌子上，另外，不要把话筒夹在脖子下，不要边通话边抖腿、玩笔等，总之，虽然对方看不见自己，也要当作对方就在眼前，尽可能注意自己的姿势。

2. 表达清晰

电话联络，语言声音是唯一的沟通媒介，口头交流比较容易使对方理解困难或产生误解，所以，在电话表达中，发音、吐字清楚非常重要。秘书在平时应注意使用普通话，遇到多音字词或同音字要加以解释或说明，如果用外语，要发音准确。打电话过程中绝对不能吸烟、喝茶、吃零食，也不要同时与其他人闲聊。要注意说话时根据对方语速来调整自己的语速，语调尽量抑扬顿挫和流畅。

另外，不能抱着敷衍的态度接打电话，要把电话铃声作为专心应答的开始，在通话过程中始终全神贯注，用词准确，表意顺畅，不能心不在焉，词不达意。

3. 通话高效

注意沟通效率，通话时间以短为佳，宁短勿长。西方商业社会在公务电话中的基本礼仪规则中有"商界通话三分钟原则"，即在上班期间，利用电话进行工作沟通和联系，不能占用对方过多的时间，一般情况下将通话时间控制在三分钟以内。因此，在表达准确、清晰的前提下，要尽量做到语言简洁、高效。

（二）打电话

1. 打电话前的准备

（1）准备好谈话内容

内容准备通常包括六个方面，英语中简称"5W1H"即：Who（何人）、When（何时）、Where（何地）、What（何事）、Why（何因）、How（何种方法）。若事情较多，谈话前可准备一个记事本，在记事本上逐一列出电话中要说的事，安排一下逻辑顺序，这样既可避免秘书有什么遗漏，也便于对方理解记忆。

（2）选择好时机

打电话需以客为尊，要注意在恰当的时段内打电话。最佳的通话时间主要有两个：一是双方预先约定的时间；二是对方方便的时间。尽量避开不适当的时段，例如，周一早上上班之初、周五临近下班之际、午间休息时间、非工作时间等。

（3）情绪准备

就像人际中的第一个印象会长时间影响人与人的交往一样，打电话时第一声也极其重要，所以拿起话筒时，就要保持愉快的心情，以确保声音的亲切。保持微笑能够使客户感受到你的愉悦和友好。

（4）准备好相关资料和文具

事先准备好纸、笔等可能用到的文具，如果需要用到某些文件资料，则事先把它放到随手可以翻阅的地方，以节约通话时间，也是尊重对方的表现。

（5）弄清对方电话号码

为避免对电话资源的无效占用，拨号之前一定要查清预打电话的号码，尤其是对方的区号、分机号等，不能先摘机再查对。

（6）了解对方的姓名、身份和职务

如果对被呼叫方不太熟悉，一定要事先了解清楚对方的姓名、身份和职务，以防因称呼错了对方而感觉尴尬，甚至造成对方的不愉快。

（7）准备好预案

对一些很重要的电话，还有必要在打电话之前考虑一下，如果要找的人不在该怎么处理，比如，是电话留言、转找他人，还是告知自己的身份与电话，请对方方便时回电。

2. 打电话的基本程序

（1）正确拨号

最好养成左手持听筒、右手拿笔的习惯，以方便在通话过程中进行文字记录或电脑操作；摘机后要立即拨号，拨号时精神要集中，避免拨错。

（2）振铃等待

电话拨通后，要考虑到对方可能离电话比较远，或手头有紧急工作一时难以立即接听电话，所以要耐心等待。但也不能一直等到铃响自动停止，那样可能会影响对方其他同事的工作。一般来说，电话铃响六七声之后如果还无人接听就应挂断，可以稍后重拨，一般连拨两次没人接，就最好换个时间或换个方式联络。

（3）主动自报家门

电话接通后，如果对方未自报家门，应首先用亲切的语调向对方问好，并确认对方是否是自己要找的对象："您好！请问是某某公司吗?"得到对方确认后，便应先作自我介绍，如："您好，我是某某办公室（或公司）的秘书某某。"；如果对方已自报家门，便可直接进行自我介绍并"直入正题"，让对方了解自己的通话目的；如果接电话的人不是要找的人，千万不要"咔嚓"一声挂断电话，而应表示谢意或给对方留言；如不慎拨错了电话，别忘记表示歉意。

（4）适当寒暄

多数沟通最好先有一"破冰"阶段，尤其是对那些初次联系，或长时间没联系的沟通对象，因此，接通电话后谈正题前最好和对方有个简单寒暄，当然，寒暄不宜太长。

（5）切入正题

简单寒暄后，要将话题迅速转入正题，若需交流的内容比较多，可先提醒对方，让对方有心理准备。另外，要注意突出重点；易出错的问题要请对方核实，（如通知中的时间、地点，电话号码、身份证、银行账号，谈妥的产品数量、种类，认同及分歧的地方等等），必要时可请对方重复，或提醒对方记录。

（6）需中断电话时要有礼貌

通话过程中，有时可能因为有人敲门、另外一部电话响起等客观原因，需暂时中断电话，此时应注意以下问题：

① 在中断电话前要向对方打招呼

需暂时中断电话时，要向对方打招呼，表示歉意，请求对方稍等，然后再放下话筒，绝不能在不打招呼的情况下就离开或径直与其他人说话，更不能与通话方及来人同时说话，使通话对象觉得混乱。

② 根据要做工作处理的快慢决定中断或终止电话

如果要做的事情在较短的时间内（如1分钟之内）能结束，可以让对方稍等；但有时突然出现的情况不能在短时间内结束，为避免让通话对方长时间等待，要及时告知对方，并商量继续沟通的时间，比如待事情处理完毕后自己拨过去，或改其他时间再沟通。

③ 中断电话时要注意保密

为避免让对方听到一些公司内部的信息或机密，在暂时中断电话时，千万不要顺手把电话听筒仰放或侧放在桌子上，而是要扣在桌面上。或者打开电话的"闭音"功能，屏蔽话筒的声音。

如果是线路出现故障，电话中途被切断，要立即重拨并说明，防止对方误以为是故意切断。

（7）结束通话要有礼

结束通话前，要想想是不是要说的问题都已说完，还有无细节性的问题需要确认；若对方提供了帮助或有需要麻烦对方的地方，要表示感谢；挂电话之前要和对方打招呼，使用"谢谢！""再见！""请多多关照！"之类的礼貌告别用语，切忌对方话没说完就挂电话；一般情况，秘书请对方先挂电话，如果己方先挂，最好养成先按叉簧，再放听筒的习惯，以避免让对方觉得是在"摔"电话。听筒要放实，确保电话挂断，否则来电无法呼入，计费仍在延续，甚至还有可能无意间泄密。

（8）整理电话记录

对重要电话应做好电话记录，以备核查。

3. 如何替上司提前拨通电话

有时上司要打某个电话，为避免对方可能不在，浪费时间，会要求秘书先替他拨通电话。如果领导要找的是他的平级或下级,秘书可以让被找的人先接电话,简要自报家门后请对方稍等,再请领导与之通话,或将电话转接进领导办公室。如果上司要找的人是一位地位较高的人或尊长,秘书需跟对方的秘书说完后就请领导接过电话,如果领导未接过电话前被找者已经讲话,秘书需先道歉,请对方稍等一下,请领导与对方通话。

另外,为避免电话拨通后领导离开导致无法接电话的尴尬,秘书在替领导拨通电话前,最好确认一下领导就在身边,而且没有其他紧急公务缠身,这样可以确保和对方通话。

(三)接电话

1. 接电话的基本程序

(1)记录准备

俗话说"好记性不如烂笔头",不要过于相信自己的记忆,应在电话旁边准备好"电话记录表"(或记事本)和笔等,电话铃一响,左手摘机,右手马上准备记录,养成随时准备记录的良好职业习惯。

(2)注意选择接电话的时机

按照国际通行的惯例,正常情况下,电话铃声响起后应在2~3声之内接起。电话铃声一响就接电话,特别是第一声没响完就接电话,会让对方因心理准备还不充分而有些慌乱,另外,也容易掉线。电话铃声三响之后仍然不接听,会使对方失去耐心,还会打扰周围同事工作。如果因为一些特殊原因,电话铃声超过3声以后才接,接通后要先向对方致歉。

(3)报出公司或部门名称

按照国际惯用的电话礼节,在电话接通之后,接电话者应主动向对方问好,并立刻介绍单位和自己以便对方确认其所打的电话是否无误。

(4)确定来电者姓名身份

如果对方未做自我介绍,秘书切忌直接问"你是谁"、"你找谁"或"你要干什么"等,而应礼貌客气地了解对方的身份,多数情况下要把握"不明确对方身份、意图,就不打扰上司"的原则。

另外,如果对方拨错了电话或电话串了线,绝不能"啪"地挂断电话或责备对方,一定要保持友好,先自报一下"家门",让对方知道其拨错了电话,如果对方有道歉,秘书要礼貌地说声"没关系";另外,有时可以不妨问问对方,是否需要帮助他查一下正确的电话号码,热情的态度会给对方留下良好的印象。

接电话时,要注意一视同仁。

(5)认真听记

通话时,秘书不能漫不经心,而是应暂停手头上的其他工作,集中精力,用心倾听,准确领会对方意图,认真做好记录。(参见表8-1)

表 8-1　某某单位电话记录表

时间：_____年_____月_____日_____时_____分 电话号码：_____ 来电话人：_____先生(女士、小姐) 接电话人：_____ 来电话人单位、职务：_____ 来电内容： 处理结果：

通话过程中要有适当的反馈，可适当插用一些短语或其他的反应方式，如"好的"、"我们会尽快处理的"等，表示自己在认真倾听；重要的内容，应主动复述，以防误解，耽搁事情；若有不清楚的地方，需恳请对方重复或解释，以保证信息的准确性，不能主观推测，"差不多就行"。有时对方在电话中所谈的内容确实无法解决，秘书要学会委婉地拒绝，不要生硬。

对于需认真办理的重要电话，应在通话结束后立即填写专门的重要电话处理单(参见表 8-2)，送交办公室负责人或分管领导阅读处理。

表 8-2　重要电话处理单

来电时间		来电号码	
来电人		接话人	
来电人单位、职务			
来电内容			
拟办意见			
领导批示			
处理结果			
备注			

(6) 如何接听两部电话

秘书常会遇到同一时间里两部或两部以上电话同时打进来的情况，一般恰当的处理方式是：

① 请正在通话的一方稍等。

② 根据情形灵活处理第二个电话。例如，第二个电话是本地的，事情不急，一时也解决不了，可简单解释原因，告诉对方迟些时候会打给他，将第二个电话挂断，再接第一个电话。如果第二个电话是长途电话，或者是很重要或是须马上处理，则应区分轻重缓急，优先处理。

③ 不管是哪一种情况，当重新接起第一个电话时，都要向对方致歉并感谢对方的等候。不管被挂断的是哪一方，都要向被挂断的电话对方致歉。

④ 注意不能对另一部电话不理不睬，也不能拿起两部电话轮流交替接听，以防沟通混乱，甚

至将与一方通话的重要内容泄露给另一方。另外,注意放下电话时,应把话筒扣放,不能侧放或仰放。

（7）结束通话

一般来说,接电话的一方不宜先提出终止通话,应遵循"谁打出电话谁先挂断"的原则,如果对方是长辈或领导,更应如此。结束通话的礼节要求与打电话的此环节相类似。

2. 特殊电话的处理

（1）接听投诉电话

客户投诉时一般都情绪激动,甚至还有的会"得理不饶人",秘书要知道很多客户是因为对公司的产品或服务不满意,因此秘书的个人情绪不应该受到客户抱怨的影响,要耐心地倾听顾客的抱怨,不要中途插话,特别是不能在对方还没有说完时就否定对方的看法,要先让客户发泄情绪,并设身处地对客户的感受表示理解,用适当的语言给客户以安慰,比如,"难怪您会这么生气,我要是您也会非常不快的""我完全理解您的心情"等,同时要注意倾听事情发生的细节,确认问题所在,并将问题的重点记录下来,以便之后对症下药,有效处理。

如果客户的问题不能立即解决,要留下对方的联系方式,并注意及时向客户汇报处理方式和进程。

（2）接听不需要的推销电话

推销电话往往是三番五次,"不达目的不罢休",对此,秘书态度一定要明确,拒绝要坚决而有礼。

（3）接听匿名电话

对于坚决不说姓名,只要求找上司的电话,秘书要保持彬彬有礼的态度,可建议对方采取写信等其他方式联系上司。另外,对匿名打来反映有关情况的电话,不要明确表态,也不要"听到风便是雨",到处乱说,而应向有关负责人反映。

（4）接听告急电话

告急电话往往急切、慌乱,秘书则需沉着、冷静、细心地引导对方清楚描述,尽快弄清楚发生了什么事,在什么地方,什么人,并根据情况,果断、迅速地予以处理,情况紧急、程度严重又是自己职权范围内的,要当机立断,马上提出防范措施或初步处理意见;如不能决定,应马上请示汇报,并协助有关部门即刻处理。

3. 电话的后续处理

（1）整理电话记录

有时接听过程中的记录较为潦草或过于简单,就需要在放下电话后把较为重要的或较为复杂的电话内容整理并誊写一遍,以便于上司批示或立卷存档和日后查考。

（2）及时处理有关事务

对接听电话的内容,有的秘书或秘书部门能解决,就要尽快解决;有的需向上司汇报或请示,若内容较多,可先作初步的整理汇总,必要时还可附上自己的处理意见,协助上司处理;有的需有关部门解决,要及时转交、移交,或协调有关部门解决;对重要的事项还要跟踪了解并把有关情况反馈给上司。

二、网络在线沟通··

网络在线沟通是指运用计算机网络,通过网络传递文字、图片、音频、视频等信息,是一种方便快捷的交流沟通方式。时下互联网的高速发展,特别是网络资源共享及网络通信工具的日益完善强大,使秘书的工作效率得以大幅度提高。办公室文秘人员要学会利用搜索引擎查找资料,掌握必备的网络通讯工具,了解基本网络安全常识,高效地完成信息沟通工作。

（一）常用网络通讯工具

网络时代的沟通多样化是所有文秘人员的共同感受,QQ、MSN、邮箱和 BBS 这些网络沟通资源可谓是炙手可热。作为一个办公室文秘人员更要对这些了如指掌,运用自如。QQ、MSN 等通讯软件支持文件收发,视频、音频沟通,资源共享等,丰富多样的功能极大地提高了办公室文秘人员的办公效率。

腾讯 QQ 是国内最为流行、功能最强的即时通信(IM)软件。QQ 支持在线聊天、即时传送视频、语音和文件等多种多样的功能。同时,QQ 还可以与移动通讯终端、IP 电话网、无线寻呼等多种通讯方式相连,是一种方便、实用、超高效的即时通信工具。用户可以通过 QQ 号码、电子邮箱地址登录腾讯 QQ。

QQ 群是腾讯公司推出的多人聊天交流服务,群主在创建群以后,可以邀请朋友或者有共同兴趣爱好的人到一个群里面聊天。在群内除了聊天,腾讯还提供了群空间服务,在群空间中,用户可以使用群 BBS、相册、共享文件等多种方式进行交流。

秘书也可通过微信等通讯工具进行网络沟通。微信是腾讯公司推出的一款快速发送文字和照片、支持语音对讲的手机聊天软件。微信群则是腾讯公司推出的多人聊天交流的一个平台,可以快速发送语音短信、视频、图片和文字;可以发起群接龙,实现打卡签到功能;还可以发起群直播,实现会议同步参与,活动同步进行。

电子邮件是一种用电子手段提供信息交换的通信方式,是互联网应用最广的服务。通过电子邮件系统,用户可以非常快速地与世界上任何一个角落的网络用户联系。

（二）网络在线沟通注意安全

一般单位都是组建并发展内网,从而连接到互联网。对秘书而言,要保护好自己的电脑,防止文件丢失或信息泄露,必须了解基本的网络安全常识。

1. 设置权限

设置权限是防止内网泄密或者病毒传播的有效方法。设置开机密码,可以保证自己电脑的使用权限。设置屏保密码,当自己有事离开电脑时使用屏保,其他人没有密码无法使用电脑。文件密码设置的重要性毋庸赘言,Word、Excel 等办公软件均自带加密功能,其他不熟悉的文件可使用 RAR 等压缩软件对文件压缩并实行加密。

2. 设置密码

设置密码要复杂一些,最好使用字母加数字和特殊符号,不要使用与自己相关的信息作为密码,如姓名、生日、电话、门牌号等,避免被熟人轻易猜出,也不要使用完整的拼音或英文单词,如 Good、Beijing 等。不要将所有的密码都设置为相同的,也不能将密码记在明显的地方,如果遇到可疑情况,要及时更换密码。不要让 Windows 或者 IE 保存你任何形式的密码。

3. 杀毒软件

操作系统和防火墙、杀毒软件,是实现网络和信息安全的基础设施。一般公司下发的计算机都预先装好杀毒软件等,在平时的使用中,要经常检查杀毒软件的工作情况,及时升级病毒库,定期全盘扫描整个系统。养成良好的上网习惯,要注意及时打系统补丁,防止病毒传染,上网时要打开杀毒软件实时监控,打开防火墙,以免病毒通过网络进入自己的电脑,隔绝病毒跟外界的联系,防止木马病毒盗窃资料。

4. 警惕病毒

大多数病毒通常以文件形式存在,一般寄生在可执行文件上,如后缀名为. exe、. com、. bat、. vbs、. sys 等可以直接由操作系统加载程序运行的文件上。秘书在日常工作中,通过网络收发电子邮件或通讯工具等,收到文件时,特别要注意以上文件,及时使用杀毒软件扫描检查,无异常后方可使用。

5. 文件备份

经常使用的文档和资料不要全部放在桌面上,一旦系统中毒或硬盘出问题就会造成文件丢失且很难找回。秘书要养成将文档和资料归类存放的习惯,而且不能放在系统盘内,同时在其他盘里随时做好备份,防止文件资料的丢失。

第二节 邮件处理和公文处理

一、邮件处理

邮件主要是指通过邮政系统传递的各类信函、报刊等实物邮件以及电子邮件;邮件处理是指秘书在收进和发出邮件过程中所要进行的一系列工作。

（一）实物邮件处理

1．邮件接收程序

（1）邮件签收

规模较大、机构较全的单位一般会设有独立收发室或文件传达室，邮件签收往往是这些部门的工作，秘书要掌握邮件送达的时间规律，尽量保证在邮件到达时不离开办公室，如不能避免，应请人代领。但单位接收到的重要邮件、特快专递邮件往往需要专人签收，通常由秘书来做，秘书一定要及时交予收信人，并请收信人签收。

另外，有的组织为各部门分别设立信箱，一般邮件需要秘书去收取。秘书就要注意避免丢失邮件，对于开关信箱要做到专事专办。每天开箱的次数应该和邮局投递的次数一致，并尽可能与送达时间合拍，才能提高邮件的处理效率。

邮件签收首先要对邮件的地址、接收单位等进行核实，查看邮件是否属于本单位；对确认属于本单位的邮件要填写邮件收集单，注明接收日期，尤其写清楚机要邮件和经办人等项目，如有污损，应当面指出，可在邮件上注明"邮件收到即如此"以分清责任。

（2）邮件分类

秘书收到邮件后，应按照收件人、收件部门或信件重要性等一定标准进行分拣。

（3）邮件拆封

邮件分类后，秘书可根据上司的交代或惯例，视相关情况呈送邮件。急件、要件、密件、私人信件尽快呈送相关部门或个人。密件和要件在呈送时应编上序号，进行登记并要求收件人签字；发给公司领导公务信函通常由秘书人员进行拆封后再交给领导或有关部门处理。拆封邮件要注意：

① 拆可以拆封的邮件。一般来说，机要邮件和私人邮件秘书不应拆封，除非领导特别授权。秘书需要学会通过从发信人地址、收信人的称呼等处辨别区分领导的公务信件和私人信件，尽量避免误拆。

② 将信件在桌子上向左磕几下，使里面的信纸等集中到信封的一边，以免拆封时遭到损坏。一般用剪刀拆信封右侧，如果需要拆封的信件很多，可以用自动拆封机。

③ 将信封用回形针与信纸或附件等附在一起（注意不要损坏信封上面的文字、邮戳和其他标志），以供以后查阅、佐证之需。

④ 取出信件里面所有东西，检查信封、信纸上的地址、电话是否一致，若附有货单、发票、支票等，也要检查这些与信纸上提到的部分是否一致，若有不一致，应打电话询问，修改准确；信件里的证件、现金等要专项登记和保管；若有订购物品，应找出订购副本，仔细检查物品的规格、数量等是否与订购的一致，如果物品有质量问题，要及时与对方联系。

（4）邮件转交

① 交给领导。需要呈给领导的信件,应根据重要程度进行整理(如,可把信件分为需紧急处理的、需会商后再决定如何处理的、领导可以直接签字处理的、仅需阅览和参考等几种),将最重要的放在上面,及时呈送给领导。

如果事先得到领导的授权,应对信件进行评注,即把长信中重要的地方标明、显示出来,或者把有用的事情记录下来(或做一个摘要),有些还需要提供领导回信时的参考资料。

② 转交他人。请接受人在签收本上签字,注明收到的日期,并保存好。有些信件比较重要,秘书可在粘贴条上写上希望某人采取什么样的行动,必要的话还需附上有关材料或者以前的信件。也可以制作"邮件转送单"。(参见表8-3)

表8-3　邮件转送单

日期：　　年　　月　　日　　上/下午　　时　　分
致：
来自：
____请您参阅,阅后归还/不必归还给我 ____请阅后与_____见面,一起讨论这份邮件 ____请阅后提供给我答复这份邮件的资料 ____请答复这份邮件,并给我一份答复的副本 ____请注明您的意见 意见：_____ 　　　_____

若信件要给多人看,可以设计一个传阅顺序提示单。(参见表8-4)

表8-4　传阅顺序提示单

			年　　月　　日
序号	传阅人	阅信人签名	阅信日期
1	市场部李明经理		
2	销售部张华经理		
3	生产部刘方经理		
请签上姓名、日期后,传给下一个人,最后请交还秘书王丽。			

2. 邮件的寄发程序

（1）按照公司信函的统一格式和要求,将领导的授意具体化,草拟出邮件。

（2）核对附件是否准确齐全。

（3）请领导签发邮件。为避免频繁签发对领导工作的干扰，一般的信件可以选择一个领导方便的时间集中签发；若领导外出，授权他人代签信件，秘书要注意在签名处标记代签字样。

（4）组织发出的重要邮件应留份存档。

（5）核对地址。

（6）根据信件内容的重要性和时效性选择合适的邮寄方式，如挂号、保价、特快专递等。

（二）电子邮件(E-mail)

使用电子邮件首先要注意它是一种近于书面沟通的方式，尽管速度也比较快，但毕竟不能代替面对面的沟通，所以它不适合解决充满争议和复杂的问题。如果收发双方就一个问题的交流回复超过三次，就应采取电话沟通或面谈等其他方式进行交流。

秘书每天要收发大量的电子邮件，正确处理电子邮件，是实现高效沟通的必要条件。

1. 撰写及发送电子邮件

（1）主题明确

接收邮件者可通过主题第一时间了解邮件内容，并可据此判断其重要性、紧急性，所以发信者要将主题写得明确，提纲挈领，不要使用空白主题，也不要使用含糊不清的主题，如果需要引起接收者的注意，可以使用大写字母或特殊字符来突出标题，但要适度。

（2）内容简洁

撰写电子邮件要像撰写书面信件一样认真构思，用语简洁流畅，重点突出，避免长篇大论。如果提到几件事情，可用序号标明；如果内容很多，可在正文中简要提示，具体描述写到一文档中作为附件；电子邮件的格式虽可不像书面信件那样讲究，但要有必要用语，以示对对方的尊重。

（3）慎重使用邮件语言及邮件功能

如果邮件是发往境外一些地区，或收件人中有外籍人士，要注意中文邮件可能会在接收者那里显示成乱码，所以必要的话，应使用英文邮件。

现在电子邮件的软件功能都很先进，可有很多字体备用，要注意选择最适合在线阅读字体（经研究证明，中文是宋体或新宋体，英文是 Verdana 或 Arial 字体，字号用 5 号或 10 号）；另外，邮件中还有各种"信纸"可供选择，秘书在工作中要慎用，因为修饰过多的电子邮件，容量会增大，收发时间会增长，易使对方产生华而不实之感。

使用附件功能时，要注意在正文里提示对方看附件，附件应按有意义的名称命名。如果附件较大，最好先进行压缩，以免占用对方信箱过多的空间。

另外，慎重选择抄送和密送功能。如果邮件要同时发给多个人，一般使用抄送，这样，所有收件人可以分享所有的电子邮件地址，否则宜使用密送，这样各收件人不会知道还有其他的接收者存在。发送给多人时，要注意按部门或职位等顺序排序，以防漏发。

（4）注明发送者姓名及身份

注明发件人的姓名和身份是电子邮件沟通的基本礼节，除非是发给彼此熟悉的人，其他每封邮件都应在结尾处签名。

2．接收与回复电子邮件

（1）回复要及时

电子邮件已是当今组织与外部沟通的重要渠道之一，秘书每天都应查看邮箱，以保证对外沟通的及时通畅。打开邮箱后，要首先阅读具有"高优先级"的邮件并将其放到"to do"的邮件夹中；接下来浏览"精选"、"新闻"、"信息"等经常性的邮件。确定好优先级后，要及时处理，对于公务邮件，一般应在收件当天回复，特别是一些重要、紧急的邮件，最好在两小时之内回复；对于一些不太重要、不太紧急的邮件可集中在一个特定的时间处理，但一般也应不超过 24 小时。如果涉及较难处理的问题，或邮件太多处理不过来，可先告知收件人已经收到邮件，再择时具体回复。这样可以避免让对方长时间等待，也可以给自己留下时间来从容回复邮件。

当邮件内容相似且需要回复的信息也相似的时候，在不影响形象的前提下，可以使用自动回复。自动回复可以让对方省却人工回复需等待的时间。

另外，不要同时处理多封邮件，以避免混淆；为一些特定的发件人，比如老板，设置特定的背景颜色，这样可以很容易地发现并首先处理他们的邮件。

（2）勤于管理自己的邮箱

① 把邮件按照优先级、主题、日期、发件人及其他选项进行分类，定期整理，以方便日后查找。

如果一封电子邮件包含的内容你打算以后作为参考，那么将其放置在适当的邮件文件夹存储，或者打印出该邮件内容，删除邮件，将打印出来的文档保存。

如果一封电子邮件涉及与客户、上级来往沟通合作，且事件较为重要，邮件本身包含着对工作和合作的记录，那么最好将邮件整个保存下来，同时记录下邮件处理的过程。

如果检查完一封电子邮件后，你确定其在将来没有什么价值，那么就马上删除它。

② 在公共电脑中收发信件要注意保密，可以通过"Internet 选项"的"常规"选项卡删除文件、清除历史记录及删除 Cookie，也可以到"内容"选项卡的"人人信息"栏进行自动完成设置，清除表单及密码等。

③ 妥善保管电子邮件地址，不要在互联网论坛、聊天室中等随便泄漏。

④ 使用邮件的标签以及过滤功能。

很多邮件客户端工具都有这些功能。一般邮箱能够过滤掉大部分垃圾邮件，但是无法过滤所有的垃圾邮件，如果通过标题发现是垃圾邮件，那么直接删除，不要打开。最好学会如何识别垃圾邮件，这样就可以不用浪费时间打开邮件或者感染病毒。善用这些功能，一方面使你能够更有条理地管理邮件,使用一个邮箱同样可以达到多个邮箱的效果;另一方面,可以使你今后查找邮件更加方便,减少时间的无谓浪费。

二、公文处理

(一) 收文处理程序

1. 收文的接受

(1) 签收、拆封

签收是公文进入组织内运转程序的第一道关口,事关公文能否迅速进入运转处理程序并及时生效。公文的签收及拆封处理可参看邮件处理相应部分。

(2) 收文登记

指对拆封的文件的情况所作的简要记录。这是收文的重要环节和制度。一般要求急件随到随登、平件当日到当日登。登记顺序号不留空号、不出重号;字迹工整,不随意使用简称;对无标题的收文,应代拟出简明、准确的标题,以标明公文内容,便于处理。

(3) 初审

《党政机关公文处理工作条例》(2012 年规定):"对收到的公文应当进行初审。初审的重点是:是否应当由本机关办理,是否符合行文规则,文种、格式是否符合要求,涉及其他地区或部门职权范围内的事项是否已经协商、会签,是否符合公文起草的其他要求。经初审不符合规定的公文,应当及时退回来文单位并说明理由。"

2. 收文的办理

(1) 拟办

拟办即根据来文情况,对怎样处理来文提出初步意见,签注在文件处理单上,供有关领导批办时参考。拟办可以提高秘书统观全局、处理问题的能力,同时也可为领导节省处理公文的时间和精力,充分发挥秘书的辅助作用。

拟办所提意见要准确具体,一般应包括解决问题的方法措施、理由依据、承办部门(人员)及时限等;如有两种以上方案,应将自己倾向性的意见及理由放在前面;对难以提出具体拟办意见或对所提意见没有把握时,应先和有关部门联系,听取意见和会商后再提拟办方案;如各部门意见不一,难以协调一致,可在综合分析的基础上拟出倾向性意见,并说明理由,供领导定夺;书面难以表述清楚的,应向有关领导人当面陈述拟办设想。

(2) 批办

是由组织的领导或部门负责人对公文办理提出批示意见的决策性活动。

秘书要严格控制批办范围,请合适的领导人批办,既不越权,也不浪费领导时间、精力。需要批办的文件包括两类：一是无既定办理方案的业务性文件；二是确需领导人行使决策权、处置权的重要文件和非常规性文书；秘书要清楚本组织规定的领导人和各层次、各部门负责人批办的职责与范围，对其中全局性、政策性强的文件须由组织领导人亲自批办，其他的则可按照分工，请其他负责人批办其职权范围内的有关业务性文件与行政事务性文件。

（3）承办

即秘书及有关工作人员按领导批办意见，具体办理和解决其内容所针对的事务和问题。

承办可分为实质性承办和程序性承办，秘书多为程序性承办，即转交其他部门办理，中枢环节秘书控制；职能部门和业务部门是实质性承办。

3. 收文的管理

（1）组织传阅

一些非承办性文件、特别重要的指导性文件、有关会议类文件或一些绝密性刊物，有时需秘书将其在多部门或多位负责人之间传递，使之得到有效地阅知和处理。传阅的方式有分送、专人送传、集中传阅三种。通过互联网进行传阅要特别注意接收途径的安全保密性。

传阅过程要注意先后，主要领导、主管部门领导应优先阅读。一般情况传阅文件应附上文件传阅登记单，每个传阅对象阅文后均应签上姓名和阅文时间，以防出现遗漏和责任不清的情况。秘书要选择正确的传阅方法（如图8-1，M代表秘书，L代表领导），监督传阅过程，防止文件阻滞或丢失。

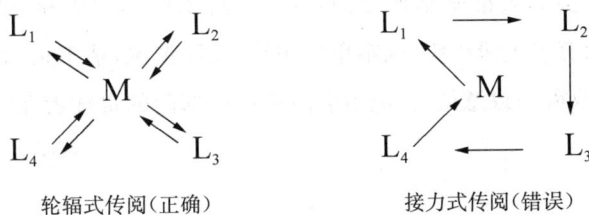

轮辐式传阅（正确）　　接力式传阅（错误）

图 8-1　文件传阅的方法

（2）催办

即根据承办时限和内容要求，对所办理事情的检查和督促。可分为对内催办和对外催办。对内催办，即由本单位的秘书对各承办部门（人员）公文承办过程进行督促检查；对外催办，即由发文机关内部承办公文的部门或人员，对于自身发文在有关收文机关具体办理的情况进行了解、检查和督促。紧急公文或重要公文应由专人负责催办。

4. 收文的办结

（1）注办

注办是指秘书部门经办人员在公文处理单的"办理结果"（或"承办情况"）栏或版头空白处签

注公文承办情况和结果,以备忘待查。

注办虽然简单但却不能忽视,内容要写得清楚完整。发文承办的,要注明其是否办复(需答复的公文,办理结果应当及时答复来文单位,并要根据需要告知相关单位)、复文号及复文日期;会议承办的,要注明会议名称、与会范围、决议与结果;电话或当面解决时,要注明时间、地点、有关人员与主要内容等,并标注承办人姓名;要传阅承办的,应注明主要阅件人姓名和日期;通过现场办公解决的,应注明时间、地点、参加者、解决问题的方法、措施与结果。

(2)清理

办理完毕的公文,视实际情况,按文书处理工作要求,或暂存,或清退,或销毁。

(3)立卷归档

清理工作中确定的有保存价值的公文,要整理归卷,然后定期向档案部门移交。

(二)发文处理程序

1. 发文文稿的形成

(1)拟稿

秘书根据领导或承办部门负责人的意图,收集相关信息,了解情况,构思并撰写文书的工作。可参看"秘书写作"相关内容。

(2)会商

当文书内容涉及其他不相隶属(含同级)组织或部门的职权范围时,发文机关应依法同其协商并征得同意或配合。会商要准确掌握会商范围;注意采取书面协商、座谈协商等多种协商方式;协商未果,应及时向有关上级组织(或本单位领导)反映情况,请求指示,未获准许不得按自己的意见向下行文;协商取得一致意见后,应由会商单位或部门的责任者在"发文稿纸"有关栏目中签注意见、姓名和时间。

(3)审核

也称核稿,公文草稿在签发之前需由部门负责人或秘书人员进行全面核查与修正。核稿范围要全面,重点把好三关,即政策关、文字关、格式关。政策关,即确定行文是否有必要性,文稿是否符合现行方针、政策和法律、法规、规章的要求,是否与有关的规定相协调、衔接,反映的情况是否准确、真实,提出的要求是否明确具体,提出的措施和办法是否符合实际、切实可行等;文字关,即审核文稿文字表达是否合乎"准确简明、平实庄重"的公文事务语体特征,结构是否完整、严谨,引文是否准确无误等;格式关,主要审核行文关系、文种选择是否正确,公文的各种标注是否规范,印发传达范围是否准确,附件与附件说明是否一致等。

审核是发文的关键环节,通常有初审、复审、三审。

（4）签发

即由对公文负有法定责任的领导人或被授以专门权限的部门负责人对经审核后的文稿决定是否发出,批注"发"、"印发"或"急发"等意见,并签署姓名及日期。公文草稿一经签发即成定稿,具备正式公文的效用,成为缮印正式文本的标准稿本。

2. 发文制作

（1）注发

在签发之后,由秘书人员在定稿上批注缮印要求,将签发意见具体化、技术化,为公文制作过程确立具体的程序与标准。

（2）缮印

对定稿进行誊抄、印刷制作供正式发出的公文的过程。缮印出的文件有正本、副本和存本,正本供正式外发;副本是根据正本另行复制的文本,用来代替正本供传阅、参考和备查;存本是正本的留查样本,发文机关留存的,存本不用印。涉密公文应当在符合保密要求的场所印刷。

（3）校对

缮印出的首份应根据定稿进行校对,发现问题及时改正,确保各方面都准确无误后,才完成所需份数的印制。公文校对的方法主要有对校法、折校法、读校法。

（4）用印与签署

公文正本印制完成后,由文书人员用印或领导亲笔签署,公文生效。用印应注意,以谁的名义投用谁的印,联合行文加印格式参照 GB/T 9704—2012《党政机关公文格式》相应要求执行。

3. 公文的传递

（1）登记

登记是对生效后的公文的发文字号、分送范围和印制份数的详细记载。发文登记簿的常用格式及内容如下。（参见表 8-5）

表 8-5　发文登记簿

发文日期	发文字号	密级	文件标题	收文单位	共印份数	发出份数	存档份数	拟稿单位	签发人	附件	备注

（2）分装

指秘书人员将制作完毕并已完成登记的公文进行装订、拣配和封装的工作。公文应左侧装订,保证不掉页,并注意按领导签发意见和审核要求拣配公文,装订、装好封套并按要求写好地址、邮编等内容。

（3）核发

指核查并发出分装好的公文。核查时要注意清查文件份数、有无附件及附件数量、是否用了印、封套与文件内的受文对象是否一致等，一切都准确无误后再发出。

公文的发出途径一般是邮寄、机要传递、直接送达三种。公文传递安全保密、完整准确、迅速及时。

3. 公文的立卷归档

秘书要将发文办理过程中领导签发（会签）定稿的文稿原件、发文正本、重要公文的历次修改稿妥善保管，并立卷归档。

第三节 印信管理和名片管理

一、印信管理

（一）印章管理

1. 印章

印章是国家行政机关、企事业单位、社会团体职权的重要凭证，具有标志作用、权威作用、法律作用和辨伪作用。

印章种类有很多，按质料来分，有钢印、木印、塑料印、胶皮印、万次印等；按性质来分，有公章、职衔签字章、专用章等。公章是对外正式代表组织的印章，不同组织和级别的公章，其形状、图案和大小都有相关规定。职衔签字章，是为领导人行使职权而刻制的个人名章，其作用是代替领导人的亲笔签字，与领导人的亲笔签字具有同等效力，一般有三种形式：一是按领导人亲笔书写的姓名字样刻制，用于重要凭证时的签字；二是用普通字体刻制，用于一般性签字；三是电子签名章，多用于电子商务领域。专用章，专用章是机关或单位为开展某一类特定工作而开展专门刻制的印章，款式应与正式印章有区别。专用印章除刊单位名称之外，还应刊有××专用章字样。如密封章、收发章、财务专用章、资料专用章、物资专用章、图书馆藏书章等。

2. 对印章的管理和使用

（1）印章要有专人管理。秘书通常负责保管单位章、部门章和领导职衔签字章，未经领导批准，秘书不能把印章交给他人管理和使用。

（2）印章存放要安全可靠，一般应存放在保险箱或加锁的抽屉里。

（3）用印之前要经领导批准。文件用印，以文件签发、签字为准，未经领导批准，秘书人员不能违章用印，擅自用印。要明白自己的手起手落之间，担负着重大关系。

（4）所用印章和文件内容相吻合。使用的印章要和文件的内容一致。如对外正式代表组织的一般公务不能使用党委印章；内部职能部门行文不宜使用组织对外的印章。特别是两块或多块牌子、一套人马的单位更要注意用印的规范性。

（5）用印要登记。相关人员在使用印章之前,首先要填写用印登记表,详细填写相关信息。

（6）用印要监督。秘书人员要对用印全过程进行监控,用印的具体事项和用印次数要和用印登记表相吻合;一般不能出借印章,在失去监控的情况下,用印人可能将印章用于其他用途,从而给组织带来不利影响。

（7）用印要规范。例如:普通公章盖章时要求"骑年压月",即印章的边缘应该压住落款中的年份和月份;骑缝章要求公章要均匀盖压在两页可折叠纸的中缝上,总之,盖印要端正、清楚,盖印的具体位置要视印章的情况和发文机关的多少而定。

3. 印章的刻制与启用

（1）印章的刻制

无论刻制哪一级单位的印章,都要有上一级主管单位的正式公文。得到上级单位的批准后,由印章的制发单位开具公函,附上章样到所在地的公安部门办理登记手续,由公安部门指定专门的刻字单位承担印章的刻制任务。

（2）颁发与启用

启用前要确定印章的启用时间;提前向有关单位发出正式启用的通知并附上印模;填写印模卡一式两份（一份留存,一份交上级单位备案）。另外,在印章启用通知所规定的生效日之前,所刻印章不得使用。

为安全起见,取公章应实行双人同行制;取回公章后,立即交办公室负责人拆封检验,指定专人保管;使用单位启用新刻制的公章时,要将印模和启用日期报送上级主管部门。上级主管部门和使用单位都要把印模和启用日期的材料立卷归档,永久保存。

4. 印章的停用与缴销

因机构变动、名称改变或公章损坏需启用新公章而停止使用旧公章时,在新公章启用后,同时将旧公章送缴制发机关封存或销毁。自行销毁的,经上级部门批准方可。

属于机构撤销的,应在撤销决定下达之日起,停止使用公章并缴销。公章送缴要有手续,销毁旧公章要登记造册,要经上级批准,要有两人监督。

（二）介绍信

介绍信篇幅短小,内容一目了然,格式固定,主要作用是在规定时间内,为证明被介绍人身份,使对方能够予以信任并配合办理事务。

1. 介绍信的形式

（1）普通介绍信

普通介绍信可用于各种场合。多人同时使用时,可只写主要持信人姓名,同时应写明人数。

介绍信

_____负责同志:

兹介绍_____等_____位同志前往你处办理_____事宜,请接洽并予协助。

此致

敬礼!

(有效期 30 天)

××市××局(章)
年　月　日

(2) 带存根的介绍信

一般分为上下(或左右)两栏,中间用针孔虚线分开,上(左)栏为存根,留作备查,下(右)栏为正式联,作为对外介绍情况或证明之用。中间虚线上有"××字第×号"字样,要与存根的"第×号"一致,数字要用汉字大写,字体也要大些,便于从虚线处裁开后字迹在存根联和正文联各有一半。同时,在虚线正中加盖骑缝章,以防假冒和伪造。

存根栏内容可简写,但至少应有开介绍信的部门、持信人姓名、简要事由。正式联的写法与普通介绍信相同。

介绍信(存根)

_____字第_____号

_____等_____名同志,前往_____联系_____事宜。

(有效期:×年×月×日至×年×月×日)

×××(公章)
年　月　日

·········· ×字第×号··········

介绍信

_____负责同志:

兹介绍_____等_____位同志前往你处办理_____事宜,请接洽并予协助。

此致

敬礼!

(有效期:×年×月×日至×年×月×日)

×××(公章)
年　月　日

(3) 专用介绍信

又称信函式介绍信,只能用于某一项专门工作,如党团组织关系介绍信、工作调转介绍信等。

开具这类介绍信要求叙事清楚,语气温和。

调查证明材料介绍信(存根)

_____字第_____号

介绍_____同志系中共党员,前往_____了解_____的_____问题。

(有效期:×年×月×日至×年×月×日)

×××(公章)

年　月　日

··×字第×号··

调查证明材料介绍信

×××(致发单位名称):

　　兹介绍_____同志系中共党员,前往_____了解_____的_____问题,请予接洽并给予协助。

　　此致

敬礼!

　　(有效期:×年×月×日至×年×月×日)

×××(公章)

年　月　日

(4) 证明信

证明信是持有者用以证明自己身份、经历或某事真实性的一种凭证。形式如下:

证明

×××(致发单位名称):

　　兹证明××。

特此证明。

×××(公章)

年　月　日

2. 介绍信的使用及管理

(1) 介绍信要像公章一样,由专人保管,安全存放。

(2) 需开介绍信者,要先向本单位的领导请示,经领导批准后,秘书方可开出介绍信。

(3) 填写介绍信要用毛笔或黑色的钢笔、签字笔,禁止使用铅笔、圆珠笔或红色墨水笔填写。

(4) 介绍信内容要具体明确,内容填写应真实、清楚。持信人的姓名和身份必须真实,不可为达到某一目的而随意提高持信人的地位和身份。

（5）书写要工整，字迹清楚，不能随意涂改或涂抹，如有写错的地方，需在修改处加盖更正章，否则视为无效。另外，注意在日期处和存根骑缝处加盖公章，并要填写有效期限。

（6）一般情况下，不得开具空白介绍信。确有特殊情况的，需报请领导审批，并请用信者在存根栏写明用途等相关内容。

（7）秘书开完介绍信交给需用人后，应填写《用信登记表》。（参见表8-6）

表8-6　用信登记表

序号	用信日期	事由	持信人	签批人	介绍信编号	页数

（8）持信人不能将介绍信转借他人使用。秘书要及时向用信者了解介绍信的使用情况，如介绍信有剩余需及时收回。介绍信存根妥善保管，一般至少保存三年。要销毁介绍信存根，需经领导批准。

二、名片管理

名片是印有个人姓名、职务、所属单位或公司名称及各种联系方法的纸片。交换名片是彼此向对方介绍自己的一种快而有效的方法，也是提升自我形象、塑造和加强对外公关形象的一个重要工具。一个单位或企业，应注意和加强名片管理。

（一）名片的印制及管理

1. 为使组织名片统一规范，一般由行政部负责依据组织形象统一设计并印制名片，个人未经批准不得私自印制。

2. 组织在职成员因工作需要使用名片，应事先填写《名片印制申请单》（参见表8-7），提交部门负责人及行政、人事部门审批后方可由秘书为申请人安排印制名片。秘书要严格检查名片职务、职称是否相符，名片英文使用是否符合国际惯例和规范要求等，确认无误后，留底存档，再送印。

表8-7　名片印制申请单

部门		姓名		职务	
申请事由				申请盒数	

续　表

	职务	
	联系方式	
打印内容	电子邮箱	
	联系地址	
	特殊要求	

部门主管审核		行政主管复核		采购管理部接单确认	

3. 因工作需要确实需要对名片内容作特殊处理的职员,必须在申请单中的"特殊要求"栏中写明特殊要求及原因,并经领导审核签字后,方可印制。

4. 名片印制完成后,秘书应及时通知领用人领取并予以登记,领用人要在《名片领用登记表》(参见表8-8)上签字后方可领取并使用。

表 8-8　名片领用登记表

日期	部门	数量	领用人签名	金额

5. 职员因职位或手机号码等联系方式发生变更时,应按新情况申请更换新名片,旧版名片交由行政部回收处理。

(二) 名片的使用

1. 名片只能用于与工作相关的场合,不可滥用。

2. 使用名片要注意礼仪。

例如:名片要保持清洁、平整,不可放在裤兜里;下级、访问方或先被介绍方先递名片;递名片时,应说些"请多关照"、"请多指教"之类的寒暄语;接收名片时应起身、双手接过,并看一遍对方姓名、职务等等。

3. 职员在工作过程中收到的公务、客户名片应资源共享,不得据为己有。

4. 职员离任、离岗或离职时,应全数交回未使用完的名片,交回的名片由行政部统一回收、登记和销毁。

第四节 车辆管理

一、车辆的调度

单位车辆应由办公室集中管理,统一调度,办公室应根据公务的轻重缓急妥善派车,优先保障重要公务、接待任务和重要会议等活动用车,协调用车人员并安排司机,保障单位公务的顺利执行,避免或减少因用车冲突产生矛盾。

二、车辆的购置与标准

单位的公车编制和配备标准要符合国家要求。因工作需要和本地实际情况,各地各级单位有相应的公车编制,购车不能超出规定数量,同时,公车的排量和价格、购车途径等都有严格的规定,办公室应明确上述标准严格购车。车辆超过使用年限需要更新时,应制订年度车辆更新计划,报财政部门统筹安排经费购买。不能因领导提职、调任等原因提前更新。

三、车辆管理制度的制定

办公室应根据本单位实际情况,按照安全、合理、严密的原则制订车辆管理制度,要详细、可操作性强,兼顾各方面的利益和职责。总的来说,制订车辆管理制度应包括以下几个方面。

(一) 总则

阐述制订车辆管理制度的目的和适用对象及范围。

(二) 岗位职责

1. 派车规定

(1)规定负责人。办公室负责统一调度车辆,每辆车固定驾驶员,特殊情况由办公室及时调整。

(2)规定哪些情况可以申请派车,如公务、紧急情况、集体活动等,如有非公务用车,则须向相关负责人申请并规定用车费用。

(3)规定申请派车流程。一般由申请人提前半天申请,并填写"用车申请表",报相关负责人批准,返程后上交收据、发票等。

2. 档案管理

设专人负责保管档案,包括驾驶员资料、车辆资料、事故档案、保险及各种常用表格等。

3. 车辆停放

规定车辆停放地点,设专人负责看护和监督。

4. 驾驶员职责

驾驶员必须遵守《中华人民共和国道路交通管理条例》及有关交通安全管理的规章规则,安全驾车。可从以下几个方面制订驾驶员职责:行车前必须对车辆进行安全检查,出车时一定保证证件齐全、有效;不得疲劳驾驶,严禁酒后驾车;驾驶员对管理人员的工作安排,应无条件服从,不准借故拖延或拒不出车;上班时间内驾驶员未被派出车的,应随时在司机室等候出车,出车外出回来,应立即到管理人员处报到;不得公车私用,不得将车辆交给无关人员或无驾驶证人员使用等。

(三)车辆的维修和保养

1. 规定车辆维修流程和定点维修。

2. 规定车辆清洁、保养频率,如每周清洁一次、每半年一次保养等。

3. 针对用欺骗、隐瞒、偷窃等非法手段将非本单位车辆纳入维修、加油、报账的,对本单位车辆维修等费用开支弄虚作假等情况,制订相应的惩罚措施。

(四)安全管理

1. 保险

办公室必须对本单位所有车辆进行保险。车辆的保险最好集中投保、统一险种、统一保额,这样集中统一管理,可以避免由于自行其是所造成的漏保、保额不足或过度投保等弊端,且集中投保保险数额较大,易从保险公司获得较大的优惠和高质量的服务。

2. 事故处理

如在公务中发生车祸,除向警察机关报案外,驾驶员须即刻与办公室联络,办公室安排相关负责人赶往出事地点,并通知保险公司办理赔偿手续。

(五)绩效管理

办公室每月负责对驾驶员进行考核,将考核等级作为每月发放绩效奖励的依据。对于工作勤奋、遵守制度、表现突出的,可视具体情况给予嘉奖、记功、晋级等奖励;对工作怠慢、违反制度、发生事故者,视具体情节给予警告、记过、降级直至除名处理。

四、常用车辆管理表格(参见表 8-9、8-10、8-11)····························

表 8-9　派车单

年　月　日

申请单位				
需车类型		需车时间	自　月　日　时至　月　日　时	
需车事由	地点	载物品及规格		

续　表

					守卫盖章
		出入时间	月　日　时　分出厂		
			月　日　时　分入厂		

主管：

表 8 - 10　车辆使用状况月表（×月）

类别及车号	驾驶人	行驶里程	汽油费	保养修理	事故次数

审核：　　　　　　　　　填表：

表 8 - 11　车辆费用报销单

申请人		单位		车号	
报支时间				车型	
项目	张数	金额			
			（单据粘贴处）		
小计					

主管：　　　　　　领款人：　　　　　　填表日期：

【思考题】

1. 接打电话应遵循什么原则？

2. 公文收文程序是什么？

3. 公文发文程序是什么？

4. 印章的管理和使用应遵循哪些要求？

5. 介绍信的使用和管理需要注意哪些问题？

【案例分析】

请认真阅读以下案例，完成后面的问题。

1. 应届大学毕业生小郁近日在明达公司实习，经理助理小刘让小郁先主要负责电话的接待工作。

　　这天小郁正闲思畅想，忽然铃声响起，吓了一跳，立即拿起电话："您好，明达公司，请讲。"

　　"你们王总在吗？我有事找他。"电话里传来对方焦急的声音。

　　小郁一看，王总正在办公室里看文件，立即说："王总在，你稍等。"

　　然后随手放下话筒，走到王总身边，"王总，你的电话。"

　　"谁打的电话？"王总问。

　　"不知道，好像挺着急的。"小郁答道。

　　只见王总一皱眉，拿起了话筒。不一会儿，小郁听到王总在电话里和对方吵了起来。王总挂了电话后，生气地对小郁说，以后有找我的电话先问问清楚。小郁脸红了，但一副茫然的样子。

　　这时，电话铃又响了，小郁拿起电话，没精打采地说："你好，明达公司，请讲。"

　　"我是周涛，请转告刘助理，我明天九点下飞机，叫她派车来接，同时带上编号 TG5193 的那份合同，我有急用。千万别忘了。"这个电话的声音有些含糊不清，显然是用手机从远距离打来的。

　　另一部电话仍然在响。小郁拿起电话："喂？"

　　"光达公司吗？我找李主任。"

　　"什么光达公司？你打错了！"说完把电话重重一挂。

　　没想到，接电话这么烦，小郁刚想喘一口气，这时刘助理走过来问。

　　"小郁，周副总有没有来过电话？"

　　"是叫周涛吗？刚来过。"小郁想起了要通知刘助理的那个电话。

　　"他说了些什么？"刘助理问。

　　"他说要你接机，好像还要带份文件。"

　　"哪个航班，几点，哪份文件？"刘助理问道。

　　"这个，我记不清了。"小郁红着脸低下了头。

　　要求：请分析小郁在接电话方面的表现有哪些不专业的地方。

　　2. 张丽应聘到一家公司当秘书。上午 9 点，邮递员送来三个邮件：一个是发给刘总经理的函件，封面上有"急件"字样；第二个是朱经理的包裹；第三个是税务局寄来的函件。因刚才在写一份材料正写到关键处，张丽在投递单上签收后，就将三个邮件放在一边，继续写材料；之后又处理其他事情，直到快中午时，才突然想起这三个邮件。张丽打开税务局的函件，是一份关于税务新管理办法的文件，又打开急件，是一封客户请求确认并要立即给予回复的商函，看后急忙送交刘总经理阅办。回来后，还没有坐稳，办公室钱主任走了进来，叫张丽去银行一趟，张丽于是把包裹放在办公桌上，给朱经理打了个电话，让他过来自行取走，然后放下电话出去了。

　　要求：分析张丽对邮件的处理存在什么问题，正确的处理方法应该是怎样的。

3. 张云是某公司总经理秘书,李梅是同一公司的会计。两人同住一个小区,平时同来同往,关系密切。李梅找到一个兼职机会,但兼职要求上明确规定要具有本科学历或副高级以上职称。李梅是大专毕业,这本科学历显然不符合要求。副高级职称,李梅也还没到评聘时限。怎么办?机会难得。于是,她找到张云,希望她从公司开一张证明信,证明她的副高级职称。并许诺事成之后一定重谢。

要求:分析张云该怎么做才既不违反规定,又不会太伤害李梅的感情。

【实践活动】

情境(一)

下午快下班时,销售部马经理宣布:办公室的人员明天上午直接到公司的各个销售点去检查销售情况,下午三点回到办公室交流。秘书任影在办公室值班,有事情电话联系。

上午九点,任秘书正在录入一个销售方案,电话铃响起,是内线电话:公关部小张找王强,询问上次恒祥公司的事情处理到什么程度了。

电话铃又响,这次是外线电话。

对方:"你好! 我是仁达公司,有个事情要麻烦你。"

任秘书:……

对方:"我们公司想购买你们公司的电脑,请报一下价格。"

任秘书公司的电脑有很多种型号,价格也不一样,且公司有规定,买的数量多,有优惠,任秘书问对方需要哪一种型号的,要买多少台。

对方:"如果质量好,价位合适的话,打算买 20 台左右。"

任秘书想:要不要给经理打电话告诉他这件事? 正想着,电话铃又响:一个客户询问电脑超过保修期后的维修费用。任秘书把维修部的电话告诉对方。

过一会儿,内线电话响起;几乎同时,外线电话也响了。内线电话是总经理办公室张秘书打来的,问马经理的手机号,因为她正在修改通讯录。外线电话是从杭州打来的,咨询笔记本电脑的相关问题。

活动目的:通过实训,使学生熟练掌握接打电话的程序和技巧。

具体要求:

1. 请按以上情境提示适当补充情节,演练秘书的接打电话工作。

2. 学生分组分角色演练,鼓励有所创新。

3. 注意礼仪和细节。

情境(二)

石市创新实业有限公司办公室秘书小钟这天收到八份文件,履行了收文程序,经办公室曹主任和公司王总经理拟办、批办后,相关科室应对收到的文件,做好下列工作:

(1) 针对《石市统计局关于开展 2013 年度全市统计执法检查通知》、《石市工商联合会关于开展非公有经济发展情况调研工作的函》和《石市工商联合会转发石市政协常委会关于协助做好非公有经济普查工作的通知》、《石市档案局关于开展企业档案达标评估验收工作的通知》,办公室需要拟写以下三份文件:

① 《公司关于迎接 2013 年度全市统计执法检查开展自查工作的通知》;

② 《公司关于迎接非公有制经济发展情况调研和经济普查工作的通知》;

③ 《公司关于石市档案局开展企业档案达标自查评估工作的通知》。

(2) 针对《石市财政局关于财政人员参加 2013 年度业务培训的通知》,财务部需要拟写《关于财务人员参加石市财政局 2013 年度业务培训的请示》。

(3) 针对《石市质量技术监督局关于填报工业企业质量指标统计报表的通知》,质检部应整理数据并填写《公司工业企业质量指标统计报表》。

(4) 针对《石市质量技术监督局关于开展 2013 年河北省政府质量奖申报工作的通知》,产品研发部和质检部应做好申报 2013 年河北省政府质量奖的准备工作。

针对当天收到的文件,曹主任和几位副总分头进行了工作部署:

(1) 曹主任根据《收文处理单》的拟办、批办意见,布置小于、小唐、小林分别拟写案例中的①②③项所示文件。

(2) 小于先将《收文处理单》贴于收到文件的下半部分,再将八份文件用文件夹夹好,一并呈送李华、陈军、张凯三位副总经理传阅并批办,三位副总分别在有关文件上签写了批办意见。

(3) 三位副总经理分别布置了相应的发文办理工作。

(4) 承办人员接受工作任务并认真办理后,将文件清退回办公室。

活动目的:通过模拟演练,使学生熟练掌握收发文处理程序和相关知识技能。

具体要求:

1. 学生分成小组,根据以上情境提示认真设计情节,分别撰写情景演示脚本。注意职业场景、人物对话、工作流程、礼仪规范等。

2. 情景演示应包括以下内容:

秘书小钟对八份文件进行收文处理的工作过程与情景;

曹主任分别布置拟定三份文件的工作过程与情景;

小于、小唐、小林分别接受文件撰写任务的工作过程与情景;

小于、小唐、小林分别完成公文发文处理的工作过程与情景；

3. 在实训演练之前，各小组根据各自脚本熟悉过程，使实训演练顺利完成。

——选自：《秘书岗位综合实训》，第 293 页

第九章　办公室接待工作

本章由三节组成,分别为接待工作的任务和方法、客户投诉接待及办公室外事接待。通过本章的学习,了解办公室接待工作的基本任务,掌握接待工作的基本程序和方法;了解处理客户投诉的意义,掌握客户投诉的处理程序及方法;了解外事接待的原则,掌握外事接待的方法及注意事项。

【职场小故事】

迎来送往各路人马　方法技巧应对自如

新天地公司行政办公室的小王刚上班,就来了一位自称是总经理大学同学的张斌,小王将其引到招待室,端上茶水:"张先生,请您稍等,先看下××报纸关于王总的专访!"小王打电话告知王总,刚安排王总到招待室会客,办公室来了位怒气冲冲的女士:"你们怎么搞的,说好送激光笔,到了却是耳机!投诉!"小王忙说:"女士,您别着急,先请坐,我是行政办公室的小王,您喝杯水,慢慢说,我记一下。"小王拿出投诉记录单,原来这位孙女士购买公司产品时说好赠品是激光笔,送货时赠的却是耳机。小王打电话到销售部,因为激光笔赠完,就换成耳机了。不过激光笔明天到货。小王连忙解释说:"大姐,确实是我们工作未做到位,赠品没了不及时说,送货时换成别的也没事先通知您,真不好意思。"孙女士已经平静多了:"这不是出尔反尔吗?""是是,大姐,您留下地址,激光笔到货我给您快递一支,您看怎样?"孙女士连连称谢,满意离去。看看表,30分钟过去了,小王敲敲招待室的门,得到允许,刚进去,就看见王总的左手握成了拳头,小手指又从握拳状伸出来,看到暗号,小王忙说:"老同学见面,真有说不完的话!可是王总,您和李总的约见时间到了,李总已经在等您了,您看?""哦,差点忘了。张斌,我这有点重要事,事先定好的。咱俩改天再好好聚聚!"送走张斌,王总说:"老同学叙旧是幌子,实则推销金融产品,幸好你帮我解了围!"

办公室承担着组织或部门的接待工作,迎来送往,接洽招待已成为社会组织对外交流和沟通的重要手段之一,规范得体的接待工作可以起到融洽组织与外界关系的作用,同时接待工作往往和其他事务性工作有着紧密联系,办公室通过迎送、安排吃住行、组织宴会、安排参观游览等具体的接待服务,为到访、办事的来宾(团组)提供必要的工作和生活条件,提高工作效率。恰当的接待客户投诉,可以解决问题,消除误会和争端;专业的外事接待,可以彰显组织的良好形象,也利于积累丰富的人际关系资源,促进组织发展。

第一节　接待工作的任务和方法

一、办公室接待工作的基本要素

了解接待工作的基本要素是做好接待工作的前提,接待工作的基本要素包括:

(一) 来访者

来访者即接待活动的对象。接待工作从了解来访者的基本情况开始。来访者的基本情况包括:姓名、职务、性别、年龄,具体人数、专业背景,来宾的民族、国别、宗教信仰等。对来访者了解得越深入、具体,接待准备工作就越有针对性,才可以做到有的放矢、有备无患。

(二) 来访意图

来访意图是来宾希望通过来访而达到的目的。不同的来宾有着不同的来访意图,从而决定了接待方针、接待规格、接待内容的不同。

(三) 接待者

接待者是接待活动的主体,指代表组织出面接待来宾的人员。接待者因接待规格和来访对象的不同而有所差别,可能是组织领导人、专职接待人员或业务部门的人员等,办公室工作人员往往为第一接待者。

(四) 接待任务

接待任务是接待工作的重要依据,指根据来宾身份及其来访意图和组织相关接待指示而确定的接待方针、接待内容。

(五) 接待方式

接待方式是接待工作最重要的环节,指根据接待任务而确定的接待规格、程序和形式,接待任务不同,接待方式也不同,接待方式直接导致其所进行事务的成败。

二、办公室接待工作的任务和类型

(一) 办公室接待工作任务

1. 负责大量的事务性咨询或联络性来访的接待。

2. 获知来宾意图后,指引来宾找到相应的接待者。

3. 提供接待服务,如联络预约、迎送客人、接待物资准备、来访者各项安排等。

（二）办公室接待工作的类型

根据不同的标准，接待工作可以分为不同的类型，主要有：

1. 个人来访接待和团体来访接待

按来访的规模、人数，接待可以分为个人来访接待和团体来访接待。个人来访接待是个别客人来访时的接待工作，来客可能是一个到数个人。个人来访接待准备工作简单，接待事项少，来访时间和接待时间都不长，但是突发性强，容易打乱事先的工作计划和安排，而且个人来访有时会对组织产生很重要的影响。

团体来访接待是指对为了某一共同目的以团队形式来访的客人的接待。团体接待持续时间长、接待规格高，需要事先做好大量准备工作。组织经常出现的团体来访如工作会谈、业务考察、检查工作、参观、调研等活动。

2. 有约来访接待和无约来访接待

按照接待的准备程度来划分，可分为有约来访接待和无约来访接待。有约来访接待是事先约定好的来访，已列入组织相关人员的工作日程，并进行了相应准备，一般不会导致与其他工作发生冲突；无约来访接待是指没有经过事先约定，临时出现的造访所形成的接待。无约来访因为事先没有做出时间安排，时常会打乱相关人员的工作计划，如咨询、推销、求助、客户投诉、记者采访以及其他各种不速之客等等。这种接待往往具有突然性和随意性，要随机应变，灵活处理，既要维护单位的利益和形象，又要热情真挚，如果确是因为某种原因而不便接待，应婉言拒绝，切不可伤及对方尊严。

3. 上级来访接待、平级来访接待、下级来访接待和公众来访接待

按相互关系可分为上级来访接待、平级来访接待、下级来访接待和公众来访接待。上级来访接待是指包括本组织的上级主管部门、间接上级领导机关等业务来访的接待工作；平级来访接待是指同级组织或其他非领导性、业务指导性来访的接待；下级来访接待是指组织所属下级单位业务来访的接待工作；公众来访接待是指来自公众的事务性来访接待工作，如公众开放日的参观活动。

4. 外宾接待和内宾接待

按接待对象的来源，可分为外宾接待和内宾接待。接待外宾不仅牵涉到单位利益，有时还会关系到国体国格，所以尤其要注意接待礼仪。事先应预订计划，并报上级主管部门批准。有些礼仪要比接待内宾的礼仪更为隆重、得体、讲求实效。可以适当增加一些次要内容，如参观、游览。生活安排一定要顾及来宾的民族或地区的风俗和饮食习惯。

5. 办公室接待、领导接待和专门部门接待

按来访接待者的不同，接待可分为办公室接待、领导接待和专门部门接待。办公室接待是指

由办公室负责接待的来访接待工作,大多为有关事务咨询及一般业务联络等;领导接待是指上级部门领导、平级领导以及重要客户来访,必须由领导出面的接待;专门部门接待是指由其他部门接待的来访,往往涉及具体业务问题。

此外,按照来宾的来访意图可以分为公务接待、会议接待、视察与检查接待、参观接待、经营活动接待、技术考察接待和其他接待。

三、办公室接待工作的方法

虽然办公室接待工作类型各异,来客量多事杂,每次接待的客人不同,接待时花费的时间和精力也不同,但接待工作的方法还是有规律可循的,大致可以分为迎客、待客、送客三个基本环节。

(一) 迎接客人

迎接客人时要注意给对方良好的第一印象。看到客人踏入办公室,工作人员应立即起身相迎,表示对客人的礼貌和尊重;如果手头正忙于其他事务或正在与人交谈,也应即刻放下手上的工作,先暂停一下交谈,与来宾打招呼,表示欢迎。如果手头正在处理紧急事情,可以先告诉对方:"对不起,我手头有紧急事情必须马上处理,请稍候。"以免对方觉得受到冷遇。

视自己与来宾的熟悉程度采取不同的言语来表达自己欢迎来宾到来的诚意。对于陌生的来客,办公室工作人员可先作自我介绍:"您好,这里是××公司行政办公室。"待对方自报姓名、单位、职务后,再表示欢迎:"欢迎您的到来!"对于熟悉的来客,可以这样打招呼:"您好!×先生,欢迎您!"对于熟悉的、相别甚久的客人还可以用"您好吗?很久未见了,真想您呀!"之类的用语。和客人打招呼的称呼语中,要包括对方的姓和职衔或职称,如赵经理、张主任等,以使对方感到亲切。对于似曾相识,却一下子想不起对方名字的客人,可以用试探性的口气打招呼:"您好:是×
××吧?"或者问"您是?……"待得到证实或更正后,再热情地表示欢迎。

在迎接客人的步骤中,因时间短暂,话语不需太多,只要礼貌得体,恰如其分,既不给人冷漠的感觉,又不让客人觉得过分亲热有奉迎之嫌,能够获得来宾的信任即可。

(二) 招待客人

招待客人要礼貌周到,热情细致,能够运用礼貌的表情、眼神、动作、姿态和言语,还要热情周到地对待来访者,心细如发,面面俱到,有条不紊,使其产生如春风拂面的温暖、愉快的感觉。

1. 有约来访的招待方法

有约来访的客人,事先已经做好约定,列入组织相关人员的工作日程,办公室工作人员只需热情款待,按照约定安排,引导其会见接待者即可。有约来访也会出现一些意外,需要办公室人员妥善处理。

（1）提前到访的处理

如果来宾比约定时间来得早，而预约的接待者又无法提前接待来宾，办公室人员要妥当安置来宾，一般是邀请其落座稍候，送上茶水、饮料，递送书报以供其排遣时间，或与其轻松交谈，不要使来宾觉得受冷落。到预定时间的前5—10分钟时，再通知接待者。

（2）延迟约见的处理

如果来宾如约而至，可是预定接待者因为某些情况不能按时接待，办公室人员更需要做出礼貌妥善的安排。如果只是需要来宾稍作等候，应向来宾致歉，以诚恳的态度解释理由，在取得谅解后，将来宾引至合适的地方等候，也要为其送上茶水、饮料，递送书报以供其排遣时间。如果来宾有谈话的意向，办公室人员不宜拒绝。在陪同来宾的同时，应关注预定接待者的工作进展，必要时提醒预定接待者。按照惯例，不应让来宾久候，一般不超过20分钟。如果超出20分钟，可请示预定接待者是否另约时间或授权他人代为接待，也要征求来宾的意见，看其是否愿意继续等候，综合宾主双方情况，做好善后工作。

（3）因故取消约见的处理

有时预定的接待人员会因为遇到突发性的事情，需要取消事先已定好的约会。这时，办公室人员首先要向接待者征询处理办法；其次，尽量及时同来访者取得联系，说明原因并道歉，以便对方及时更改出行计划；再次，如果来访者已经抵达，应真诚地向来访者道歉并解释，以取得谅解，同时征询来访者意见，商定下次来访的日期，也可根据来访者的意愿安排活动。态度要诚恳，避免引起来访者的不满。

（4）上司授权接待

上司可能因为外出或其他原因，授权办公室人员代替自己接待来访者。这种情况办公室人员要注意：首先，要了解相关情况，特别是授权范围。在接受上司委托时，一定要非常清楚"5W2H"即Why（为什么委托）、What（委托事项是什么）、Where（在哪里）、When（何时）、Who（涉及谁）、How（如何处理）、How much（处理到什么程度），也就是要清楚所托何事，以及被授权的权力范围，对来访者提出的问题，怎样解决。其次，要详细了解来访者的意图，妥善处理来访者的要求。代替上司接待来访者，一定要弄清楚来访者的来访意图，再根据授权范围对来访者的要求进行及时处理，处理时注意不要超出自己的权力范围。最后，事后及时向上司汇报，要将接待过程、接待结果及时告知上司。

2．无约来访的招待方法

对于未预约的来宾，办公室人员首先要弄清来访者的身份及来访的真正意图。来访者的意图直接影响接待者的接待意愿，即便是熟人，来访意图不符合接待者的心意时，接待者也有可能不愿接待。当来访者不愿透露身份或来访意图时，办公室人员可以说："先生/女士，希望我能够帮助您,但是您得告诉我您想要解决什么问题。"办公室人员要保持耐心、平和的态度,对于一些言辞激烈或情绪躁动的来访者,要冷静处理,避免事态恶化。

问清来意之后,接下来的接待工作就是解答、解决问题,给予来宾适当的接待与分流。对于办公室人员权限范围内可以自行处理的无约来访者,如果来宾是来询问某种事项或办事渠道的,办公室人员耐心解答清楚即可;如果来宾提出的问题相关部门即可解决,则要事先通告相关部门,征得其同意,并说服来宾去相关部门办理。办公室人员要指明该部门的名称、位置、路线,如有必要,还需引领来宾前往。对于确实需要上司接待的来宾,要先通报,得到上司同意后方可将其引见。如果上司愿意会面,但今天没有时间,必须另行安排,要委婉告诉来宾,并请其留下联系方式,以便另约时间。如果上司不愿意接待,要借口婉拒,可以说"抱歉,上司刚刚出去办事了,不在办公室,您的意图我会转告的"或"上司正在开会,会议很重要,还没开完,没法与您见面"等。在未得到上司肯定答复之前,不可向来宾做出可以安排接待的承诺。

(三) 送别客人

送别时,办公室人员要以将"再次见面"的心情来恭送来宾,"出迎三步,身送七步"是迎送宾客的最基本礼仪。通常,会见结束,客人起身告辞,办公室人员要马上站起来相送,主动为来宾拿取衣帽等物,帮助来宾确认并拿取所携带的物品,必要时帮助来宾小心提送。与客人握手道别时,可以边握手边说"慢走"、"欢迎下次再来"等话语。一般的来宾送到楼梯口或电梯口即可,要为来宾按电梯按钮,在电梯门关上前道别。重要的来宾则应送到办公楼门口,等来宾的车辆启动后,面带微笑,挥手告别,目送车子离开后才能离开。

四、办公室接待工作的技巧 ··

(一) 先来后到,平等相待

接待中以来访者到来的先后次序为准,切勿以身份地位将来访者分出尊卑,并以此打破先来后到的接待次序;一视同仁,平等相待来访者,尤其是业务员、推销员、投诉者,还有快递员、送外卖人员、保洁人员等等,进门是客,都应给予尊重和礼遇。

(二) 制定特殊人员接待表

上司办公室并不是对所有人都关闭的,一些特殊身份的人,如上司的上级、公司合伙人、上级重要的朋友、上司的家人,甚至某些单位内部的员工都有随时进入上司办公室的权力,除非上司正在开会或接见其他客人。办公室人员可以事先向上司了解哪些人是不需要提前预约甚至提前通报的,可以和上司约定一份不需要提前预约、提前通报的来访者的名单,以便灵活地接待这些特殊来访者。

（三）掌握终止接待的技巧

办公室人员要关注上司接待活动的进程，以及上司的情绪与意愿。为了维护上司形象，避免上司陷入尴尬境地，办公室人员有时要替上司解围。出于礼貌，上司在很多时候不方便终止与来访者的谈话，这时就需要办公室人员出面帮上司解围，如可以这样讲："×××会议已经开始，是否让他们等您一下？""很抱歉，打断你们的谈话，总经理，您的下一个约会时间到了。真对不起，×××（来宾），请您多包涵！""×××公司的胡总已经在等您了，您看该怎么安排？""××刚才打电话说有紧急事情想和您谈谈，您看什么时间比较方便？"当然，秘书也可以和上司提前约定一些暗号，当上司做出某些动作或姿势时，办公室人员就知道结束接待的时间到了。

第二节　客户投诉接待

一、客户投诉的原因

客户是指通过购买产品或服务满足其某种需求的群体，也就是指跟个人或企业有直接的经济关系的个人或企业。客户在购买某种产品或服务之前，往往会基于一些因素而对组织的产品或服务形成一定的期望。当客户购买、消费组织的产品后，会有实际的体验。如果实际体验与期望相匹配，客户就会满意；低于期望，客户就会不满意；超过期望，客户就会高度满意。事实上，由于种种原因，企业提供的产品或服务会不可避免地低于客户期望，造成客户不满意。不满意的客户会终止购买企业的产品或服务，而转向企业的竞争对手。不满意的客户还会向他人诉说自己的不满，给企业带来非常不利的口碑传播。但是，如果企业能够鼓励客户在产生不满时向企业投诉，就会减少客户向他人诉说的机会。同时，客户的投诉如果得到有效解决，则更容易达到满意，再次购买企业产品或服务的可能性会更高。

客户投诉是企业非常重要的潜在财富，如果客户在投诉过程中遇到的困扰超过了客户打算投诉的内容本身，或者客户觉得与其投诉还不如直接更换供应商更有利于解决问题，客户就会放弃对这个企业的希望，从而放弃投诉，同时也放弃了继续使用该企业提供的产品或服务。有客户投诉就说明有差距或不足，以此为方向，企业可以改进产品，提高技术，加强管理，完善服务，使之更适合客户需要，提高企业竞争力和效益。因此，如何处理好客户投诉，处理好这些客户以及由此产生的潜在客户，是每一个企业都应重视的问题。当今企业会鼓励客户投诉，正如一句广告语所说："请把您的满意告诉大家，请把您的不满意告诉我们。"客户投诉常常由办公室人员来负责接待，因此，如何有效地处理各种客户投诉是办公室接待工作的重点。

二、接待客户投诉的目的和意义··

有研究表明,不满意的客户中,只有5％会向企业投诉,其他95％的客户则会停止购买,转向其他供应商。如果不满意的客户向企业投诉,则给企业提供了一个重新赢得客户的机会。企业对客户投诉的反应,会影响到客户的满意度与顾客重复购买企业产品或服务的可能性。有调查显示:如果54％—70％的投诉客户的投诉得到解决,客户还会再次同这家公司来往;如果客户感到投诉得到很快解决,数字会上升到惊人的95％。对客户投诉做出快速反应,并采取有效解决客户问题的措施,是接待客户投诉的关键。

妥善的接待和处理客户投诉,首先有助于消除客户的不满情绪,恢复企业信誉,重拾客户对企业的信赖。其次挽回影响,避免引起更大的纠纷和恶性事件。一般来说,当客户觉得问题比较严重时,才会向企业投诉,并且投诉时大多带着一定的需求期待而来,如果处理不好,达不到客户的期待目的或者与其期待值差距太大,就容易使客户产生一种仇视心理,会让期待值加码,从而使事件恶化,如媒体曝光、冲突、恶意扰乱企业场所等;客户投诉信息是一种十分有价值的市场信息。再次可以获得许多有助于组织改进和提高的信息。如果客户的投诉问题集中在某一个方面,则说明企业的产品或服务在设计或其他方面存在缺陷,对这些问题的改进,将有助于企业整体服务客户能力的提高,避免企业今后再犯类似错误,提高客户满意度。最后培养忠实客户。从消费者心理来说,客户投诉是因为客户对企业仍有信心和抱有期望,希望企业提高质量,改进服务,相信企业对他们的不满意能够通过一定方式予以解决,减少客户的经济损失和精神损失,如果处理得当的话,不仅能挽留客户,而且还会因为该客户的传播带来新的客户(满意顾客会将满意告诉其他2—5人)。

三、接待客户投诉的流程··

(一)热情款待并表明自己的身份

投诉本是来发泄不满的,所以,投诉者的态度一般不会很友善,有甚者可能会骂骂咧咧、怒气冲天。但不管客户态度如何,作为接待人员都应该热情周到,以礼相待:请其落座,奉上茶水。无论受到怎样的责难或批评,都应虚心受教,绝不能与客户争辩。要学会换位思考,站在客户的立场,真诚理解客户的不良情绪。同时及时向客户表明自己的身份,说明自己可以接待其投诉,处理其问题。这样做可以体现企业对投诉客户高度重视,贯彻"顾客是上帝"的原则,也可以舒缓客户的愤怒情绪,减少双方的对立态度。表明身份的目的是为了使对方产生一种信任感、信赖感,愿意并相信你能把问题处理好。

(二)认真倾听并做好记录

面对客户投诉,接待人员要以谦卑的态度认真倾听,并详实记录。对客户要和颜悦色,无论客户说得对与错、多或少,甚至言辞激烈难听,都不要责难、诘问,客户言谈间更不要插话,要让客户把想说的一口气说出,客户把想说的说出了,内心的火气也就消了一半。倾听时,注意千万不能跟客户争吵,也不能打断客户的口述,不要急于指出和纠正客户的错误。要面带微笑地注视客人,一边保持与客人的目光接触,一边认真记录,倾听与记录的态度可以让客户觉得企业很关注他的投诉,能很快满足客户获得被尊重的心理需求,令客户对企业产生信赖感,便于下一步具体问题的解决。

(三)真诚向客户表示歉意

听完顾客的倾诉,要真诚地向客户道歉。这一流程可以起到非常关键的作用,但是道歉要恰当合适,要在保持企业尊严的基础上,而不是无原则的道歉。道歉只是表明一种尊重客户的态度,与事实本身关系并不大。先道歉能够表明企业的大度,并为事情的处理赢得主动。事实上,很多客户最终也不谅解企业,经常性的一个原因就是没有听到真诚的道歉语。在调查事实真相之前的道歉可以很泛泛,不必太具体,以免使自己陷入被动。可以说"对您使用本产品(服务)带来的不便,我代表公司向您表示歉意",或者"大热天让您从大老远跑来实在不好意思",也可以用"对不起,我首先代表公司表示歉意,我们会立即调查事情的原委"等语言,其目的是初步消除客户的不满,表明企业解决问题的诚意。

(四)分析客户投诉原因,调查了解情况

根据客户口述分析客户投诉原因。客户投诉的原因大致有:一是对产品质量或性能有疑义;二是对工作人员的服务态度不满意;三是认为价格、收费或结算方式不合理;四是对相关配套服务或设施以及售后服务不满意;五是发生意想不到的异常事件而引发的投诉(如在享受产品或服务过程中突然丢失财物、遇到危险或伤害、突然停水停电等)。弄清客户投诉的原因后,要及时调查了解相关情况,查明具体问题属于哪个部门,客户投诉的问题是否属实。还要从客户口述中分析客户投诉要求,并分析其要求是否合理,在解决投诉前是否有必要跟归口部门沟通或者向有关上层请示。

(五)快速处理投诉,力争达成与客户的共识

如果分析客户投诉原因,调查了解情况后发现只是由于客户存在误解,如客户对产品或服务的不理解和理解错误,或是企业与客户间的沟通渠道出现了障碍,接待人员要耐心委婉地向客户解释清楚,让客户知道事情的本来面目,疏通企业与客户的沟通渠道。注意不要太直接,不要让客户产生好像在说他是个"笨蛋"一样的心理感受。对于客户的误解,接待人员也应向客户诚意致歉,可以说:"是我们沟通工作不到位,使您产生歧义的理解,非常抱歉!"

如果企业确实有过错,要立即评估对客人造成的损失和心理影响,以及这件事可能对企业造成的负面影响,并诚挚向客户道歉,致歉时一句"对不起,是我们的错/是我们的责任"不如"我能理解给您带来的麻烦和不便,你看我们能为您做些什么"更温暖亲切。接待人员要勇于承认错误,敢于担当责任,针对客户渴求补偿的心理,在维护企业应有正当利益的前提下,迅速采取措施予以补偿,根据不同情况,做出恰当处理:

1. 因产品质量或性能投诉

因这种原因投诉的客户占了所有投诉客户中的大多数。尽管客户能够理解产品不可能完美无缺,也不可能满足每一个人的需求,但还是会因此表示不满。对于因质量问题或性能确实给客户造成影响的,接待人员应立刻真诚向客户道歉,为其提供维修或更换新产品的服务,不适宜维修或更换的可以给予一定的经济补偿。

2. 对工作人员的服务态度不满意

服务工作是一项很艰苦的工作,有时服务人员会因为过度疲劳而不能坚守服务准则,导致客户不满。接待人员应立即代其向客户致歉,情节严重的应联系工作人员本人,对其进行教育、批评,并亲自向客户致歉,再向客户解释相关原因,务必求得客户谅解。

3. 认为价格、收费或结算方式不合理,以及对相关配套服务、设施或售后服务不满意

明显属于企业有过错的,应马上道歉,根据客户意见,兼顾企业利益及实际情况,做出适当的补偿决定;如果是因介绍不清导致的投诉,首先要弄清楚客户的真正需求,然后向客户解释清楚产品或服务的相关收费、使用和售后服务,以便客户正确理解。

4. 发生意想不到的异常事件而引发的投诉

处理异常事件投诉,要清楚过失的责任方,如果是企业过失,要诚挚向客户致歉,并耐心细致向客户解释,求得客户谅解,可以适度给予一定的补偿。对一些复杂问题,无法判定为企业过失的,应先平息客户的情绪,然后与相关机构或专业部门共同处理。

此外,对于不合理的投诉,接待人员要做到有礼、有理、有节,讲清道理,说服客户,不失客户面子,做出恰如其分的处理;对一时处理不了的投诉,要告知客户最快能够解决问题的时间,并随时告知客户事情的进展情况;对纠缠不清,拒不合作的客户,可以请自己的上司出面,并明确告知其身份。处理投诉的过程是一个微妙的心理过程,前去解决问题的接待者身份越高,越能让客户感到受重视,从而越能满足客户求尊重、求重视的心理,进而促进问题的解决。

最后,要感谢客户的投诉。客户的投诉是在指出产品的缺陷或服务的薄弱环节,是在帮助企业发现问题,只有在不断改进的过程中企业才能完善自己的产品或服务,具备更强的市场竞争力。所以要鼓励客户一切善意投诉,诚意感谢客户投诉,可以说:"非常感谢您对××问题的发现和批评。"

(六) 落实、监督、检查补偿客户的具体措施,改进工作

接待人员要负责落实、监督、检查已经采取的纠正措施。首先,要监督向客户补偿措施的落

实情况,尽可能做到及时到位;其次,要主动联系投诉客户,可用电话询问等形式跟踪客户的态度,主动联系投诉客户会让客户从心理上对企业产生信赖,同时也可以和客户沟通修正措施的进展情况,让客户产生受重视的感受,提高客户满意度;最后,及时上报。不管投诉情况、处理情况如何,都应该及时予以上报。上报的内容不仅包括客户投诉的内容及其处理情况,还要把在客户投诉中所获得的产品或服务的缺陷与不足整理出来,上报给上级主管,以便对确实存在的问题,及时进行整改。

四、接待客户投诉的技巧……………………………………………………………………………

客户投诉时的心理主要有三种:一是通过投诉发泄心中不满。客户在使用产品、接受服务时,遇到挫折,通常会把怒气和抱怨发泄出来,从而释放或缓解忧郁或不快的心情,维持心理的平衡;二是通过投诉求得未能得到的尊重与重视。由于服务态度不好而造成的投诉,多是因为受尊重的需求没能得到满足,投诉就是为了找回这种心理。三是希望得到相应的补偿。客户投诉的目的是为了得到物质和精神的双重补偿。

针对客户投诉的心理特征,接待客户投诉时可以适度运用接待技巧:

(一) 让客户宣泄

客户投诉接待要学会换位思考,客户使用产品或接受服务时产生不快,有怨气在所难免;客户言辞激烈,举止失态,要包容理解,同时不能被客户的情绪所左右,如处理发怒客户投诉时一定要保持冷静,态度要沉着、诚恳,语调要略低,要和蔼、亲切。要让客户宣泄,待客户平静下来以后,再给予其一定的安慰和适当补偿,容易令客户接受。

(二) 让客户感到受到重视

客户的感受很重要,让客户感到受重视,被尊重,可以很快消除客户的不满情绪,从而解决问题。要让客户感到受重视,可以在客户投诉时,带有反馈式的倾听,即在倾听对方的倾诉时要主动并且注意给予反馈。根据沟通心理学规律,让自己的表情、语言、动作与对方说话内容保持高度一致,即是沟通投机的表现。

接待人员在记录时切忌仅仅是面无表情地倾听,而应该或惊讶或严肃专注或点头微笑,并伴随着相应的语言,如"什么?""竟然有这样的事!""请再重复一下刚才说的是……"等等,让对方知道"我在认真听",感受到自己被理解和被重视。

(三) 转移客户注意力

转移客户注意力不是否定、躲避和拖延客户投诉,而是在与客户沟通中,将客户的谈话内容及思想加以整理后,再用自己的语言反馈给对方,如:"为了使我理解准确,我和您再确认一下。您刚才的意思有以下七点,第一点是……第二点是……您认为我理解得对吗?还有什么,您接着说。"如此重复,可以让其感到备受重视。对方也一定会反过来专心听你重复的话,寻找错误或遗漏之处,如此转移注意力,不仅可以令客户快速冷静下来,理清思路,将思维转移到思考如何解决问题上来,同时也容易让客户客观地看到问题的现实性,理解产品或服务的某些不足,接受企业关于客户赔偿的某些规定和做法。

(四)转换场地

在接待客户投诉时,要注意将客户请到远离人群的地方,以免影响到其他客户。如果客户情绪难以转向平稳,则可以考虑请对方换一个场所谈话。可以说"这里房间小,凳子也很不舒服,请您到另一间办公室吧,那里沙发坐着舒服,我再给你泡杯茶"等等。到了新的场地之后,客户会不由自主地分散精力辨析新场地,高亢的情绪能快速缓和。

(五)快速有效处理客户投诉

有效的客户投诉处理应当按照以上的流程进行。值得一提的是,该流程的处理应当非常迅速,没有及时解决问题会增加投诉客户的不满。接待客户投诉应第一时间赶到现场,如果能立即回复客户的要求,就不要耽搁,把问题解决在现场一线;如果不能立即解决,要给客户可以接受的等待期限,并提供一些相关的服务保证。

投诉给了企业最好的扭转局面、弥补错误的机会,接待客户投诉要采用正确的应对流程和技巧,也要注意接待过程中的一些细节,如接待人员不能中途不告知就离开,让客户等候;对再次光临的提出过投诉的客户,应该予以更好的招待;如果是多位客户投诉的群诉,处理的过程中,必须要分清不同客户的性格特点,采取分离的方法,抓住主要问题的主要矛盾,针对主要客户寻找解决问题的办法;谨慎使用各种应对语,避免再次触怒客户。

处理投诉禁语:"这是常有的事"、"这种问题连小孩子都会"、"你要知道,一分钱,一分货"、"绝对不可能发生这种事"、"你要去××部,这不是我们的事"、"我不知道,不清楚"、"公司的规定就是这样的"、"你看不懂说明书吗"、"改天再和你联络(通知你)"、"这种问题我们见得多了"、"我绝对没说过这句话",等等。

第三节　办公室外事接待

全球化的时代,走出去、请进来也成家常便饭,各个组织中的外事接待由此产生。外事接待工作是企业联系内外的纽带和桥梁,通过外事接待工作,企业可以展示实力,树立形象,吸引投资,扩大合作,推动企业快速发展。外事接待由于被接待对象的国家、民族、政治、宗教信仰、价值观、生活习惯等方面的差异,而使接待工作呈现出特殊性、复杂性和灵活性。因此,外事接待工作的成败,不仅关系到个人、企业的形象,还会影响到公司的利益甚至国家民族的尊严。因此,做好外事接待工作非常重要。

一、外事接待工作的基本程序···

外事接待工作通常分为三个阶段,即筹备阶段、接待实施阶段、送别阶段。这三个阶段相辅相成,缺一不可。任何阶段出现纰漏都将导致下一阶段无法圆满完成,进而影响整个外事接待工作。

具体的工作程序为:收集来访外宾的资料——拟定接待计划(确定接待方针——确定接待规格——拟定接待日程——安排接待人员——安排后勤保障)——做好迎接准备——迎接来访外宾——安排宴请——安排会见、会谈——组织参观、游览观光和文化娱乐活动——馈赠礼品——送别——接待总结。

(一) 筹备阶段工作

筹备工作是外事接待工作的关键性环节,准备工作不充分就可能出现忙乱、被动的局面,影响整个接待工作的质量和效果,办公室人员要切实做好接待准备工作,使接待工作有序进行。

1. 收集来访外宾的资料

(1) 收集来访外宾基本情况的资料

弄清来访外宾的基本情况是做好外事接待工作的前提。收集来宾资料主要包括:来宾的国别或地区,来宾代表的机构或组织,来宾的姓名、性别、人数、年龄、身份、职务、民族、宗教信仰、生活习惯、健康状况、禁忌,抵达的时间、地点,离开的时间、地点,乘坐的交通工具和行程安排,来宾来访的意图和目的等。

(2) 其他必要资料的准备

其他必要资料包括:第一是背景资料。收集来访外宾所在国家的政治、经济、地理、历史、风土人情、对外政策等背景材料;收集来访外宾的个人背景资料,这里是指来访外宾的性格、处事方式、工作业绩、家庭状况、对我们国家的态度等。背景资料可以帮助接待人员在了解对方的基础上制订接待计划,也能更有针对性地做好接待服务,使外宾来访期间倍觉舒心温暖。准备好的背景资料应及时送给负责接待工作的上司及有关陪同人员参阅。第二是准备上司所需要的讲话稿,如欢迎词、答谢词等。第三是准备外宾需要的或赠送外宾的资料,如己方组织的宣传材料、有关产品的介绍材料、明信片、导游图、风景名胜的介绍材料等。

2. 拟订接待计划

接待计划是整个外事接待工作的依据,在制订接待计划时要尽量具体、详细,并富有可操作性,起到指导性和工具性作用。接待计划的内容具体包括:

(1) 确定接待方针

接待方针是外事接待工作的总的指导思想和要求,应根据外宾来访的目的及宾主双方关系

来制订。在接待不同身份的来宾时,侧重点会有所区别。通常可以用简短的词语概括表达出来,如"热烈"、"高档"等

(2)确定接待规格

接待规格是外事接待工作的具体标准,指的是接待方在接待来访者时提供的接待条件和接待方主要陪同人员身份高低的状况。为表示对来访外宾的尊重与友好,主要陪同人的身份应与来访外宾相当。依据主要陪同人的身份,接待规格分为高规格接待、对等接待、低规格接待三种。高规格接待指主要陪同人员比来访外宾的职位要高的接待形式。高规格接待体现的是对来访外宾的尊敬和重视,来访外宾的身份和来访目的非常重要时应安排高规格接待;对等接待指主要陪同人员与来访外宾的职位大致相等的接待形式,对等接待是最常见的接待规格;低规格接待是指主要陪同人员比来访外宾的职位要低的接待形式,来宾参观旅游时的接待会成为低规格接待。

在接待的准备工作中,核心环节就是确定接待规格,接待规格反映出主方对来访外宾的重视程度和欢迎的热烈程度,决定着礼仪活动的多少、规模大小、隆重程度、哪些人员前往迎接、陪同等。接待规格往往依据主要来访外宾的身份、实际需要以及上司的意图来确定,如果职位较高的上级临时不能参加接待活动转由职务低的上级作为主要陪同人员,就由高规格接待变成了低规格接待,这时一定要向来访外宾表示歉意并说明解释清楚,避免双方发生误会而产生不良影响。已经来访过的来访外宾应按照以往的接待规格接待,不可随便更改。

(3)拟定接待日程

接待日程是指接待期间各项工作和活动的具体时间安排,主要包括接待的具体时间、接待活动的内容安排、接待活动实施的地点、接待陪同人员的工作安排等。外事接待活动的内容包括迎接、宴请、会见会谈、观光娱乐、送别等项目。日程安排草拟完成后,可先将主要内容告知对方,以便听取对方的意见,并使对方有所准备。待来访外宾抵达后,再与其确认日程安排。要根据来访外宾的生活习俗、生活习惯安排日程活动,尽可能满足来访外宾的活动要求。与来访外宾敲定的日程安排,应该翻译成外宾所在国使用的文字,交给来访外宾,以便对方掌握时间和活动进程。

接待工作一般以表格的方式进行日程安排。一种是整个接待过程的工作安排,可以按天概括性地说明。(参见表9-1)

表9-1 外事接待日程安排表

负责人:×× 职务:×× 日期:××××年××月××日至 ××月××日	
日 期	具体事宜
第一天(××月××日)	
第二天(××月××日)	

续　表

日　期	具体事宜
第三天(××月××日)	
第四天(××月××日)	
第五天(××月××日)	

一种是每天的具体日程安排,办公室接待人员要详实、详尽的填写清楚。(参见表9-2)

表9-2　××××年×月×日外事接待活动日程安排表

时间安排		内容安排	地点	陪同人员
上午	××:××—××:××			
	××:××—××:××			
中午	××:××—××:××			
	××:××—××:××			
下午	××:××—××:××			
	××:××—××:××			
晚上	××:××—××:××			

(4) 安排接待人员

这里所说的接待人员主要包括陪同人员和组织工作人员,陪同人员包括主要陪同的上司(即主要陪同人)、相关职能部门主管和技术人员等;工作人员是指办公室负责接待工作的人员和翻译人员。陪同人员的安排要坚持"少而精"的原则,要注意保证本单位日常工作的正常进行。

(5) 安排后勤保障

后勤保障首先是生活安排。生活安排包括食宿安排、交通工具安排。根据来访外宾身份和具体要求,充分考虑来宾人数、性别、民族、宗教信仰等因素,尽可能满足来访外宾要求。外宾抵达前在宾馆酒店预定好房间。如果来访外宾不止一人,可以先行分配房间;也可以把住房平面图准备好,等外宾抵达时,交于对方,由其自行安排。根据来访外宾的具体情况,必要时还应在同一宾馆多准备一间房间,作为陪同间,供接待人员、翻译等住宿,以便及时为来访外宾服务。注意住地的安全保卫状况,确保安全有保障。

接待期间的餐饮一般选择在住宿宾馆,或离宾馆较近的用餐地点,食物干净、卫生,环境整洁、肃静,既体现中国特色,又充分尊重来访外宾的宗教信仰、所在国文化、生活习惯、心理好恶,如伊斯兰教徒忌猪肉,印度教徒忌猪肉、牛肉,有的来访外宾不吃海鲜、带皮带骨的肉类,西方人士忌吃动物内脏、动物头、狗肉、无鳞鱼等,日本人不吃皮蛋等,还有完全的素食主义者。食宿安排是整个外事接待工作的重要细节,不能有丝毫闪失,否则就会前功尽弃。

根据实际工作需要和来访外宾需要,安排好整个接待期间的工作用车,要确保交通工具状况良好,司机要经过正规训练,人品端正,遵守交通规范,最好可以与外宾进行简单沟通,个性积极主动,乐于助人;熟悉路况信息,交通路线要选择宽敞与路况良好的路段,不应将车辆频繁开至城市闹市区或偏僻的街道,以保证交通安全。

其次是安全保卫。要注意来访外宾住地的防灾、防盗、人身安全,还要保证饮食安全,对安全保卫工作要提高警惕,不可疏忽大意。

最后是新闻报道。如果来访外宾身份重要或活动具有重要意义,办公室接待人员应事先联系新闻媒体进行采访报道,要对新闻稿件进行审核、把关,并注意保存相关文件、资料和图片。

有的外宾来访时间较长,还应特别注意为其准备单独的办公室,确保工作环境舒适、典雅,配备基本的办公设施与生活设施,除常规的办公设备,如电脑、电话、复印机、打印机和文具外,还要特别注意开通互联网业务、国际长途电话业务或提供手机等通讯联络工具,以便来访外宾与其本国人员或我方人员进行沟通与联系。

(二)接待实施阶段

1. 做好迎接准备

为了确保接待工作的顺利进行,办公室接待人员应在来访外宾到来之前,做好迎接准备。首先确定接待工作所需的文件、资料等均已齐备;接待室干净整洁,电源及照明、空调等设施运行良好。其次确定迎接地点,因外宾身份、职务、对环境的熟悉情况等因素决定迎接地点会有所不同,重要的外宾需要到车站、码头、机场迎接,有的来访外宾在单位门口迎接即可。再次确定迎接人员。迎接人员包括主要迎接人员(一般为单位主管)、陪同人员(一般为部门主管)、翻译和办公室接待人员。对相关的迎接人员应及时提醒,保持联系,做好充分的准备,迎接客人的到来。最后确定迎接来访外宾的交通工具,根据来访外宾的身份和人数准备好合适的交通工具。此外,准备迎接工具,如隆重的迎接需要准备鲜花,第一次见面的外宾接站时需要准备写有外宾姓名的接站牌等。

2. 迎接来访外宾

核实来访外宾乘坐的飞机、车、船抵达的具体时间、地点,如果需要到车站、码头、机场迎接的,要准备好车辆,至少提前30分钟到达相应的地点。当来访外宾下飞机或车、船时,接待人员应主动上前问候,做好引导、介绍等服务工作。可指派专人协助来访外宾办理入境手续,提取行李,引领外宾前往乘车地点,陪同外宾抵达预订住处。外宾入住宾馆或酒店后,一般不要马上安排活动,向其交代好日程安排,再明确下一项活动的时间地点后即可离开,以方便来访外宾休息。

3. 组织会见、会谈

根据外宾的工作任务安排好会见、会谈。办公室接待人员要做好充分的准备工作,如信息资料的收集、会客室的布置、安排会见会谈所需的媒体设备、提供相关办公用品等,在会见会谈中,要注意做好记录。

外宾到访,完成既定的任务和目标是第一位的,如果外宾还对其他活动或项目感兴趣,在时间许可的情况下,可适当安排访谈,千万不可一头热,进行外宾勉为其难的活动。

4. 安排宴请

宴请是国际交往中最常见的交际活动之一。涉外宴请要讲究礼仪,周密安排。可根据外宾的情况和本单位的相关规定来确定宴请的规格,特别要注意兼顾外宾的饮食习惯和宗教禁忌,并适度适量,切忌铺张浪费。宴请时,接待人员应事先通知外宾宴请的时间、地点、所乘交通工具以及陪同人员;在宴请时,接待人员要注意宴请菜肴的选择、宴请座次安排、宴请场所的布置、宴请程序等细节问题。主宾双方参加宴会的人数一般以对等为宜,除正式陪同人员及翻译参加外,接待人员、司机等另外安排工作餐,不能出席正式宴会。

5. 组织参观游览和文化娱乐活动

外事接待安排参观活动时,要与来访外宾的来访目的相一致,如可以安排参观工厂、车间、实验室或相关设备等。要注意提前通知有关负责人,将参观访问的目的、内容、时间等详情告知,使之做好相应准备,切忌仓促上阵,突然到访。

组织游览观光和文化娱乐活动有利于加深宾主双方的了解,增进友谊。可根据来访外宾的意愿,安排到本地或附近风景区或名胜古迹游览观光。也可为来访外宾安排一些文化娱乐活动,如欣赏歌舞剧、音乐会、话剧、京剧,组办舞会、卡拉OK,举办书画活动等。组织观光游览和文化娱乐活动要结合外宾的兴趣爱好和当地的实际状况,要了解外宾的身体、年龄、兴趣等相关情况,有针对性地选择游览项目,最好选取我方人员熟悉的地点,并安排好导游、翻译。活动期间接待人员要事先预定好票务,安排好交通工具和陪同人员,并向参加人员交代清楚行程安排,做好安全保障。

(三) 送别阶段

1. 馈赠礼品

馈赠礼品是对外交往中不可或缺的社交活动。馈赠外宾礼品的选择可根据外宾的风俗习惯来确定,可馈赠来宾具有本单位、本地区特色的物品,经济价值不需很高但要具有一定的纪念意义或有民族特色、地域特点,或是受礼人喜爱的礼物,诸如景泰蓝、玉佩、绣品、水墨字画、瓷器、茶具、手工艺品、书籍、花册、食品等。赠送礼品的选择要根据对象因人而异,要清楚外宾的年龄、性格、民族、爱好,投其所好,馈赠有意义的礼品。馈赠礼品要注意避开不同民族、不同国家、不同宗教的禁忌,如阿拉伯国家,酒不能作为礼品赠送;法国人不欣赏别人送菊花;日本人不喜欢带有狐狸图案的物品;美国人喜欢具有实用性和奇特性的礼品;德国人注重礼品的包装,但不能用白色、黑色或棕色的包装纸或丝带扎包。礼品数目也要注意,俄罗斯人以奇数表示吉利,西方国家忌讳"13",日本人忌讳"4"和"9"等。

礼品馈赠的场合和时机也很重要。日本人通常第一次见面就送出礼品,其他国家和地区一般都遵循初次见面不送礼的习惯,法国人希望下次重逢时馈赠礼品,英国人多在晚宴或文化活动结束后(如看完戏)乘兴赠送礼品,我国则以离别前赠送礼品比较自然。另外赠送的礼品要登记在册,以免下次重复。

2. 送别

在确定来访外宾离开的时间后,需核实其是否需要预定返程票。在来访外宾离去时应组织相关人员送行,可以到外宾住地送行,重要的来访外宾需送至车站、机场或码头;当外宾抵离国境时,要派专人协助外宾办理出境手续。要在目送来访外宾乘坐的交通工具启动后,送行人员才可离开。送别是接待工作的最后环节,接待人员要善始善终,一以贯之地提供良好的服务,为来访外宾留下美好的接待印象。

3. 接待总结

接待工作结束后,要及时处理好善后事宜,结算接待经费,落实相关决议,将相关资料信息收集齐全,整理、核实、归档,做好接待工作总结。看看哪些方面是外宾满意的,哪些方面还存在问题或不足,好的方面要继续发扬,不足之处应怎样改进,通过总结不断提高接待工作的质量和效率,使今后的接待工作做得更好。接待总结最好书面备案,以便日后工作查阅和参考利用。

二、外事接待工作的基本原则······························

(一) 遵时守约

遵时守约是外事接待工作中最基本的礼节。接待方中间换人或改换接待时间都是不礼貌的。另外,参加外事活动的人每一个环节都要遵守约定时间,不能迟到。

(二) 尊妇敬老

尊重老人和妇女,"女士优先"是基本的国际礼仪。在外事接待中,要主动照料同行的老人、女士,上下楼梯时让老人、女士先行,应在征得其同意的前提下帮助提拿较重物品,进出大门主动帮助老人、女士开门、关门,帮助穿脱大衣外套,同桌用餐,帮助老人、女士入座,就餐,离席等。

(三) 入乡随俗

由于文化传承、宗教信仰和生活习惯的不同,各国、各地区、各民族都有异于他人的特别礼仪。国际上通行的做法是,到了哪个地方,就要遵守当地的习俗礼仪,即"入乡随俗"。在外事接待中,应以我国的礼节为主,但接待人员也要充分了解来访外宾的风俗习惯,并无条件地加以尊重,不可少见多怪、妄加非议,这是外事接待中的"主随客便",如宴请时用中餐招待外宾,餐具为筷子,但考虑到外宾可能不会使用筷子,餐桌上应摆放西餐餐具。

需要注意的是,在国际交往中,右侧是尊贵的位置。商务活动中,凡有必要确定并排列主次尊卑时,以右为上、以左为下。为表示对来宾的尊重,通常将主宾的位置安排在主人的右侧,客方的旗帜在主方的右侧。这与我国传统的左为上的做法不同。

(四) 注重个人礼仪

在外事接待中,接待人员要举止端庄,注意言行,讲究礼仪。态度要热情友好,不卑不亢,谦虚谨慎,落落大方。服装整洁得体,没有多余的装饰物品。不要用手指指人,不喧哗,不放声大笑,不在远距离大声喊人;走路不要搭肩膀,脚步要轻,遇急事可加快步伐,不可慌张奔跑;无论站立或坐下,姿势都要端正,不要蹲在地上等车、等人;站立时,身子不要歪在墙上或柱子上,不要坐在椅子、沙发扶手上;坐下时腿不要乱跷、摇晃,更不要把腿搭到椅子扶手上或把裤管撩起,手不要搭到邻座的椅背上。

在与外宾交谈时,注意不可提及以下禁忌话题:外宾的年龄、收入、家庭和婚姻状况,以往的病史、身体缺陷,外宾的宗教信仰、政治立场、民族习俗等。

(五) 注重礼宾次序

在外事接待中,特别是在大型的商务会议、活动中,不同国家、团体、单位的各方来宾往往会在同一时间内到来,这要求接待方要处理好礼宾次序,以恰当的礼遇来做好各方来宾的接待工作。

礼宾次序是指外事接待中对出席活动的国家、团体、各国人士的位次按某些规则和惯例进行排列的先后次序。礼宾次序的实质是优先权的次序,礼宾次序安排不当或不符合国际惯例,则会引起不必要的争执、交涉和不满。安排礼宾次序要同时兼顾尊卑有序和平等待人的基本礼仪原则。外事活动中常见的排列方法主要有以下三种:

1. 按来访外宾的身份与职务的高低排列

以来访外宾提供的正式名单或正式通知来确定来访者的职务高低,如果是组团前来,则按照团长的具体地位来排列先后。正规的政务活动、商务活动、学术活动乃至军务均采用这种方法。

2. 按字母顺序排列

多边活动中的礼宾次序有时按参加国国名字母顺序排列,一般以英文字母排列居多,少数情况也有按其他语种的字母顺序排列。每次只能选一种语种的字母顺序排列,不能在中间穿插其他语种的字母顺序。第一个字母相同时,则依第二个字母的先后顺序排列,当第二个字母相同时,则依第三个字母的先后顺序,以此类推。

3. 按来宾抵达的时间早晚排列

在非正式的涉外活动中,以来访外宾到场具体时间的早晚来排定其礼宾次序,邀请来访外宾参加非公务性的文化娱乐活动时可以采用此种排列方法。

在实际工作中,遇到的情况往往是复杂的。所以礼宾次序的排列常常不能按一种排列方法,而是几种方法的交叉,并考虑其他的因素。其他因素包括国家之间的关系,所在地区、活动的性质、内容和对于活动的贡献大小,以及参加活动人的威望、资历等。诸如,常把同一国家集团的、同一地区的、同一宗教信仰的,或关系特殊的国家的代表团排在前面或排在一起。对同一级别的人员,常把威望高、资历深、年龄大者排在前面。有时还考虑业务性质、相互关系、语言交流等因素。如在观礼、观看演出、比赛,特别是在大型宴请时,在考虑身份、职务的前提下,将业务性质对口的、语言相通的、宗教信仰一致的、风俗习惯相近的安排在一起。

【思考题】

1. 办公室接待工作的基本要素及类型有哪些?

2. 办公室接待客户投诉的流程是什么?

3. 外事接待工作应遵循的基本原则是什么?

4. 办公室来了一位没有预约、素不相识的客人,却指名道姓要见某位上司,作为办公室工作人员,应该如何接待这位不速之客?

5. ××公司销售张经理如约来到新天地科技公司王总经理办公室,再有 10 分钟王总应该会见张经理。可是王总的上一个约见已经持续了一个小时,因为事情比较复杂所以还未结束,作为总经理办公室人员要如何做好对张经理的接待工作?

【案例分析】

一个周末的下午××电器卖场的客户服务办公室外面,一阵吵闹声由远及近、由小及大而来。"你们店长呢,我找你们店长。哪有这样的事,这么热的天修了两次都没修好,还要我等什么配件一个月,不行,我就是要换货,还要投诉你们。"顾客声音高亢,愤愤不平。话音未落,办公室小王随着两位怒气冲冲的顾客一同走进办公室。"这位是我们的客服办公室张总监。"小王介绍说,张总监站了起来伸出右手迎接顾客。可是,顾客愣是任由张总监的手悬在半空中,兀自坐下。"你就是客服总监啊,你们的服务怎么回事? 我们家刚买的空调就不制冷,修了两次都没修好,你们的师傅竟然说什么要我们等一个月的配件。当时,就是太相信你们××了,没想到会这样。真气人……"小王赶紧解释说:"这是工厂的产品质量问题,我们会马上跟工厂联系,催他们要配件。""什么时候,什么时候,你别推啊。我不管,我是在你们××买的,要么明天前给我修好,要么退货。"顾客刚刚有点平静的情绪突然又爆发了出来。"麻烦你们理解一下,根据三包规定你们的情况不属于退换货的条件;我马上打电话催工厂尽快把配件寄过来,第一时间上门给您维修。"小王恳切地说。"给谁维修,你们不要推责任。我们要退货。"顾客情绪激烈地说。张总监向小王摆手示意其走出办公室,自己站起身说:"我是客服办公室总监,这是我的名片。"分别拿出两张名片,准备递给他们。可是,手举了很久,顾客愣是不接。"是这样。我如果是你的话,也会非常生气。××空调的质量是很好的,只有2%的故障率,谁想到恰恰摊到了您头上。"张总监充满同情和惋惜地说。"你是干什么的,能作主吗?"顾客边接名片边说。"我负责客户服务工作,这是我的名片,如果你们对我的处理不满意,可以给我们总部打电话投诉我。我们是投诉即下岗。"张总监边说边指着名片给他们看。"那好吧,你说怎么办?"那位女士说。"大姐,希望您给我三天的时间,我保证把你们家所需要的配件催过来。并安排最优秀的维修师傅上门把你们家空调一次性修好。如果做不到,我保证给你们退货,你们也可以打电话到我们总部投诉我。你们看,好吗?""那好,看在你的面子上,给你们一个机会。"顾客起身欲走。"请稍等一下,喝点水吧,天这么热,有空调用不了,真难为你们了。小王你过来。"张总监把顾客安顿下来,转身走出办公室告诉小王:"到楼下冰箱调一箱可乐过来,给顾客拿走。"回到办公室张总监对顾客说:"××空调是名牌,我们空调销售12年领军全国,你们眼光真好,只不过运气不佳,但是也许是好事多磨呀,这台空调和你们家有缘,怕受到忽视,所以故意闹点小脾气!"顾客听了禁不住笑出声来。小王把可乐调了过来,张总监递给顾客说:"先生,实在不好意思,还是给你们添麻烦了,这是一点小意思,不算什么,请您收下。""不用,不用,找你们办事还……"顾客忙不迭地推辞。"哎呀,是我们工作没做好,希望你们下次买电器还到我们××来,支持我们生意。谢谢!"张总监把可乐硬塞到男客户的手里。顾客走后,张总监让小王把顾客资料调出来,记录了手机号码。又打电话给维修部主管,要求他立即和工厂落实配件问题,不行就从仓库同型号坏机上拆,总之要在三天内指派最好的维修师傅上门为客户维修。第三天上午张总监打了个电话给客户询问他们家的空调有没有修好,对维修师傅的服务技术的态度是否满意,回答是:非常感谢,你们××电器卖场的服务值得信赖!

请认真阅读案例,完成以下问题:

1. 在处理客户投诉接待时,办公室小王有哪些不当之处?

2. 结合办公室接待客户投诉的流程,评价张总监的客户投诉处理工作。

3. 结合案例情景说明接待客户投诉的目的和意义。

【实践活动】

新天地科技有限公司组织了一次为期 5 天的面向国际大客户的新技术参观访问活动。旨在向国际大客户展示新天地科技有限公司良好的新技术研发能力,并开展进一步的交流与合作。公司上层非常重视此次活动,邀请了来自俄罗斯、日本、韩国、新加坡、美国、法国、英国、德国、墨西哥、比利时、不丹、越南、泰国等十余个国家的大客户代表团参加。总经理要求办公室拟定一份接待计划。

活动目的:训练学生外事接待计划的拟写能力。

具体要求:

1. 本次实践活动要求在实训室内进行,配备电脑、网络;

2. 学生以组为单位,每组不超过 5 人,成立接待工作组,选出接待组长,分工负责接待事务,并拟订接待计划;

3. 接待计划要求内容完整,表述清晰,接待事务分工明确,责任落实到人。

第十章　办公室会议安排

本章由三节组成,分别为办公室会议类别、办公室会议组织和会议室及会议费管理。通过本章的学习,了解办公室会议的种类,掌握办公室会议组织的基本方法,熟悉会议室及会议费管理的基本内容。

【职场小故事】

事无巨细　大会小会中会　细心安排　会前会中会后

办公室工作人员小王工作认真、作风严谨。尤其是对待办公室的会务工作,无论是一年一度全体员工参加的大型年会,还是每周召开的工作例会,甚至总经理临时召集的小会,他都一丝不苟地完成会议的筹划和组织工作,出色地完成工作任务,深得总经理的赞赏。这天,他应总经理的要求安排次日上午九点开一个公司内部会议。小王首先向总经理了解会议的性质,沟通会议的议题,确认会议的地点、会议的主持人以及需要出席的与会人员。然后根据所了解的会议情况确定会前、会中和会后的各项会议任务,一对一地落实相关责任人,经当事人确认后,形成书面备忘录,确定会议预案。具体来说包括起草会议通知,发通知,落实到各与会人员,并确保在开会前再次提醒与会人员。然后确定会议地点,测试会场相关设备,准备相关会议资料,安排会议过程中的会议记录事宜,以及会议开始前、结束后的会议文件收发、与会人员报到、离场事宜。

会议是现代机关和企事业单位实施领导、制定决策、交流信息、协调矛盾的常见组织形式。会务工作是办公室事务中的一项基础工作,办理会议是办公室人员的重要职责之一。做好会议前的准备工作,是开好会议的先决条件。会议前期的筹备工作要做到精心策划、做好预案、各方协调、落实责任、细致周到。会议召开期间,办公室人员要掌握会议动态,做到认真负责、善抓细节、临变不惊,通过协调和调度掌控会场秩序,同时精心组织和良好服务,使会议的既定目标得以实现。会议结束之后,办公室人员要高质高效地做好会议善后与资料整理工作。会务工作做得好坏,是影响会议质量和会议效果的重要因素。

第一节　办公室会议类别

一、会议含义··

会议是有组织、有目的地召集人们商议事情、沟通信息、表达意愿的行为过程。任何机构组织，都离不开会议这种活动形式。会务工作是办公室事务中的一项基础工作，办理会议是办公室人员的重要职责之一。

二、会议要素··

（一）主持人

主持人是会议过程中的主持者和引导者，是负责控制和推进会议进程的人员，往往也是会议的组织者和召集者，对会议的正常开展和取得预期效果起着领导和保证作用。通常由有经验、有能力的内行人，或是有相当地位、威望的人担任。办公室工作人员常常也会主持一些座谈会、招待会、新闻发布会等。

（二）参加者

即参加会议的对象，包括正式成员、列席成员、特邀成员、旁听成员。与会人员的数量决定会议的规模。

（三）工作人员

指会议的组织者和会议的服务人员等，通常是来自主办单位担当会务工作的办公室人员，或是来自专业会议机构的技术人员和经营管理人员。主要负责会议的筹备工作、材料工作和其他事务性工作。

（四）会议名称

会议名称要求能概括并能显示会议内容、性质、参加对象、主办单位、时间、届次、地点或地区、范围、规模等。一般由三部分组成：会议主办单位名称、会议主题、会议类型。

（五）会议议题

会议议题是会议所要讨论的题目，所要研究的课题，或是所要解决的问题。议题必须具有必要性和重要性，又必须具有明确性和可行性。每次会议的议题应该尽可能集中，不宜过多，不宜太分散，要准确、具体地体现会议目标。还要引导和规范会议发言，尤其是不宜把许多互不相干的问题放在同一会议上讨论，使与会者的注意力分散，不利于解决问题。

会议议题可以由上级部门或上司根据需要指定，也可以是来自下级部门提交的，需要以会议的形式研究和决定的问题，或者是本层次的管理活动中需要研究和决定的事项。

（六）会议时间

会议的时间包含会议的召开时间,整个会议所需要的时间、天数,每次会议的时间限度。会议的召开时间指的是会议开始和结束的时间节点。

（七）会议地点

会议地点,又称"会址"。既指会议召开的举办地,也可指举行会议活动的具体会场。为了使会议取得预期效果,应根据会议的性质和规模,综合考虑会场设施、交通条件、安全保卫、气候与环境条件等因素来选择最佳会址。

（八）会议方式

会议方式是指为了提高会议效率,实现会议目标而采取的相关形式或手段,如现场办公会、座谈会、观摩会、报告会、调查会、电话会等。随着互联网等技术的广泛应用,还出现了视频会议等新媒体形式会议。

（九）会议结果

会议结果是指会议结束时实现目标的情况。会议如果不能达到会前预设的目标也应有一个初步的决议或达成初步协议,通常可以以会议决议、合同、条约、协定、声明等文件的形式记录下来。

三、办公室会议类别 ··

（一）规定性会议

按相关法律、法规和惯例召开,有一定的程序性和规范性。如党代会、人代会、职代会、妇代会、股东大会、监事会、董事会等。现代办公室常见的规定性会议主要有:

1. 股东会或股东大会

按照公司法规定,股东会是股份制企业的最高权力组织,它可以制定和通过公司组成的章程,批准经营方针和计划,决定公司扩大、撤并、改组,选举董事会、监事会成员,任命公司重要人事,以及公司的资产、资金、技术、人员等重大问题的处理。凡是持有该企业股权(股份)的人均为股东,股东会的召集人和主持者为持股最多的股东,一般限制股份额少的股东参加会。有些特大型企业或企业集团公司,股东众多,可以按照股东数的比例推选出代表,召开股东代表大会。

2. 董事会、监事会

董事会是指由股东会选举或推荐的董事、执行董事、董事长或董事局主席参加的会议,执行股东会的决定、决议和各项决策,并定期向股东会报告执行情况,听取股东意见与建议;监事会是指股东会选举或推荐的监事、监事会主任或主席组织参加的会议,监督董事会、总经理或总裁的工作情况,是否有违背或不执行股东会决定、决议的行为,以及董事会成员、总裁、总经理及其他高层管理人员的贪污受贿、工作渎职等问题,并负责报告股东会。

3. 员工大会或员工代表大会

员工大会或员工代表大会是员工参与企业管理的一种民主形式。会议内容是要向员工报告一段时期的企业经营状况,告知企业今后的发展方向,传达董事会的重要决定和决议,广泛听取员工对企业的意见、建议和要求,对先进单位、先进员工和模范进行表彰和奖励等。大会由公司总经理主持,董事长、董事、监事会主任、监事都参加,一般一年召开一次。

（二）管理性会议

指各级管理人员参加的定期或不定期的会议,旨在研究处理组织各项管理业务。如动员大会、工作布置会、经验交流会、现场办公会、总结会等。现代办公室常见的管理性会议主要有:

1. 总经理(或总裁)办公会

参加者一般为副总经理(或副总裁)、总经理助理和办公室主任,有时根据会议内容需要,请董事长或执行董事参加,亦可请总工程师、总经济师、总会计师列席会议。会议内容主要是研究近期经营计划、企业管理、人事任免、招商引资、新品开发,企业的重大活动,以及生产经营中的资金、技术、策略等带有全局性的问题。

2. 高层管理人员会议

高层管理人员会议有三种:一种为公司中层干部会议,包括分公司经理、部门经理、部和室的主任等,统称高管人员;一种为公司直属的部(有的叫科或处)、室主任会议;一种为分公司经理、部门经理、生产企业等负责人的会议。会议内容主要传达贯彻董事会、总经理办公会的工作部署和重要决策,讨论研究解决生产经营上的具体问题,以及其他需要高管会议研究解决的问题。

3. 特种会议

是指没有法规规定,也不是例行会议,在会议的时间、规模、议程上也不受限制的会议。在现代企业多是以经济、贸易、技术为内容的多边主体的会议形式。主要有以下几种:

（1）见面会,或叫会见会

见面会是在正式会议开始之前,双方或多方约会见面,相互介绍认识。同时,商定会议的时间、地点、议程、议题、参加人员等。这种会议时间较短,是正式开会前的一种预备性质的会。

（2）谈判会

多为商务谈判会,通过谈判讨论解决实质性问题的会议。会议内容是双方或多方就共同关心的问题互相磋商,交换意见,寻求解决的途径和达成协议的过程。

（3）洽谈会

洽谈会也是谈判会的一种,不过没有谈判会正规、严肃,谈话比较自由、宽松。议题也可以根据需要随时增加、减少或调整。洽谈中,双方或各方都以诚恳的态度进行协商。对于一时谈不拢的问题,可以暂时放下,另找时机再谈;有时出现对峙或僵局的态势,可临时休会,调整好心态再复会。

（4）庆典型会议

有关庆祝和纪念活动一类的会议,统称为庆典型会议。现代企业庆典型会议,主要包括开业纪念、开业典礼、周年纪念、传统节日、名人纪念（诞辰、忌日）、各种节日（如风筝节、服装节、茶叶节、龙虾节等）庆典活动,其主要目的是借此提高企业的知名度,提高产品品牌的声誉,开展促销活动。

（三）专业会议

是指组织或单位内部经营、生产、管理等过程中解决实际问题的会议。没有固定模式、规定时间、参加人数,而是依据各单位的情况决定。通常有安全生产会议、保卫工作会议、质量检验会议、技术研究会议、财务分析会议、市场开发会议、新品研发会议、宣传公关会议、防治污染会议、环境卫生会议、营销策划会议、后勤保障会议、仓储运输管理会议、交通工具管理会议、员工生活管理会议,等等。

四、会议成本

会议作为工作手段的一种,也和其他行为方式一样有它的成本。会议成本是指与会人员及服务工作人员花费在会议期间的时间量价值,相当于工作量价值及其经费开支的总和,即时间成本、效率损失成本和直接会议成本。直接会议成本也可以称为会议经费,包括与会者会议期间的住宿费、交通费、会场租金、相关文件资料的印刷费等,比较直观、清晰,也比较容易预估和统计;时间成本由与会者的会议准备时间、到达会场的旅行时间以及会议工作人员的时间和与会者的人数等几个相关因素组成,有时这种时间成本可能由于各种原因难以统计和计算（比如与会人员的准备时间太长且零碎）,可以把它转化为金钱成本,金钱成本由与会者人数和与会者的平均工资构成;损失成本是由于与会者参加会议,离开原来工作岗位造成的生产、管理、市场反应的滞后等产生的损失,这个成本比较隐蔽,很多时候会被忽略掉。

会议成本计算方法为:会议成本＝会议工时成本＋效益损失成本＋会议直接成本。

五、如何提高会议效率

据一项调查结果显示:美国上班族每周平均参加十个会议,约占每周工作时间一到一天半,经理人每周有一半以上时间在开会,员工普遍认为平均一半的会议效率低下,造成极大的时间和经济浪费。为了提高会议效率,日本企业界曾掀起一股"会议革命"风。在我国,"文山会海"常被用来形容办公状态。可见"会议泛滥"已被视为一个世界性的问题,究其根本原因不是会议的数量太多,而是不少会议的质量、效率太低,在会议活动中存在很多的不合理、不科学因素。因此,作为办公室工作人员,要努力做到在会务组织工作中增强科学性,减少盲目性、随意性,遵循会议活动的一些最基本的原则,实现对会议的科学管理,从而真正做到提高会议效能、精简会议。具体来说有以下几点技巧:

（一）精心准备

"凡事预则立,不预则废。"许多会议由于会前没有经过充分准备,导致在会上扯来扯去不能集中主题,无法形成共识,最终解决不了实际问题。因此,不开没有准备的会应当成为一条基本准则。除了事务性工作准备以外,关键是做好参会人员思想和意见上的准备。如汇报工作的会议,要先把各种材料、数据和各部门的意见准备好;讨论方案、规划、制度的会议,会前应将讨论稿或提纲发给有关单位和个人,使与会者能预先思考,决策在前;决定问题的会议,也要事先打招呼,让与会者提前斟酌。

（二）精心选人

召开什么样的会,要求什么样的人参加,一定要仔细考虑。力求该来的一个不能少,无关人员一个也不要。

（三）准时开会

如果会议没有准时召开,就会有人抱怨,如果会议延迟5分钟,等的人就开始不耐烦,如果会议延迟10分钟以上,会议的效果就会大打折扣。

（四）议题明确

就是要求会议解决的问题一定要明确,决不能含含糊糊,只有议题明确,与会人员才好发表意见,提出观点,讨论才能进行。组织会议,首先要对议题进行收集、加工、整理,做到清晰明了,切实可行,没有明确议题的会坚决不能开。一般来说,一次会议有多个议题,效果不会很好。但纯属于布置任务一类的会议,可以把几个内容合并到一个会上讲,然后分别去贯彻落实,这样可以减少开会,提高工作效率。

（五）抓住中心

会议要解决什么问题,一定要牢牢抓住。会议的一切活动都要围绕这个中心来进行,不能搞与议题无关的活动。抓住会议中心,会议主持人要注意首先要不断通过各种明示或暗示告诉与会人员会议的目标或导论的主题。当有人偏离会议主题,应及时予以制止,对于那些喋喋不休的参会者,应该礼貌但坚决地打断他的谈话,然后将更多说话的机会让给其他主题明确的参会者,保证"人人开口"。其次,保证与会人员在发言时不会受到其他参会人员的攻击。当与会者相互攻击时,应加以制止。并再次声明会议的目标是解决问题,而非争论,大家坐在一起是为了寻求双赢方案,而不是被动接受非赢即输的结果。最后,主持人保持中立。应选取与本次讨论没有利益关系的人员担任会议主持人,通常从其他部门或外部聘请人员。即使如此,主持人在会前要向大会宣布自己的中立立场,同时在会议过程中始终牢记自己的中立身份,不掺杂任何意见到具体讨论中,也不表现出对某些人的偏好,建立与会者对自身的信任。

(六)言简意赅

要长话短说,汇报工作、发表意见、交流经验、作报告等都要言之有物,简明扼要,有话则长,无话则短,尤忌废话、空话、套话。在可能的情况下,最好能限定时间,发言时尽量不重复别人讲过的话。

(七)议而必决

应该在会上决定的事,不要拖到会后;应该这次会上决定的,不要等到下次会议。一议再议,议而不决,就是劳而无功,会议的效益就等于零。对于需要继续调查和研究的问题,以及条件不成熟、还需要继续做工作的问题,应待时机成熟之后再召开相关会议。

第二节　办公室会议组织

会议要取得预期效果,必须有会前的充分准备,会中必要的支持、服务和会后的整理、总结工作。这些准备、支持、服务、组织工作,统称为会务工作,简称"办会"。会务工作做得好坏,是影响会议质量和会议效果的重要因素。办会是办公室日常工作的重要内容之一,会务工作大致包括会前准备工作、会中服务工作和会后整理工作。

一、会前准备工作

做好会前的准备工作,是开好会议的先决条件。要保证会议的质量,就必须在会议前期的筹备工作中做到以下20字要求,即:精心策划,做好预案,协调各方,落实责任,细致周到。会议前期筹备工作的基本内容有:

(一)拟定会议预案

会议预案就是会议的筹备方案,预案拟定得是否合理可行,是否细致周到,直接决定会议能否取得预期效果,特别需要精心策划。会议预案相当于将会议组织的整个流程整理出来,将工作任务分解分工,所以每项任务必须有具体要求和具体负责人,落实责任,团结协作。

1. 确定会议基本要素

根据会议所要达到的目的和目标要求,会议预案要明确会议名称、议题、时间、地点、会期、与会人员、会议方式等诸要素。

2. 会务工作分工

为保证会议顺利进行，特别是大中型或重要的会议，需要组建会议筹备机构，再分工作小组，互相协调，共同完成办会任务。一般大型会议设专门的会议工作办公室来负责会议的组织和协调工作，下设的工作小组为：

（1）总务组：负责会场布置、接待签到、住宿、交通、卫生、文娱活动等会议的组织、协调工作，以及车辆调度、设备保障、用品发放与管理，经费预算及筹措，财务管理等工作。

（2）秘书组：负责拟写会议预案，准备各种会议文件和资料，做好会议记录、会议简报、档案等文字性工作。

（3）宣传组：负责制订会议公关计划，组织、安排记者采访，提供新闻稿、承办记者招待会，录制会议音像资料等。

（4）保卫组：负责防火、防盗、人身和财务安全以及大会保密工作。

还可根据会务需要，设置其他类型的小组。

3. 制订会议预算

举行任何会议都要消耗一定的人力、财力、物力，特别是大中型会议的投入，应本着勤俭办会的原则对会议的经费及各项支出作出预算，预算应尽量降低会议成本，但同时又要有一定弹性，注意要留有余地。会议经费一般包括会议场地费用、交通费用、住宿餐饮费用、劳务费等。

4. 会议议程、会议程序和会议日程的确定

会议活动中有一类是议题性活动，即围绕议题展开的讲演、辩论、商讨、审议和表决等活动。会议议程是对议题性会议活动的程序化，即把会议议题按照主次、轻重及其内在联系有机地排列起来，安排好顺序，印制成文件。会议议程起着维持会议秩序的作用，关系着会议能否顺利进行。一般用序号清晰地表达出会议的各项议题，制成议程表，经领导审定后，会前发给与会者。

会议活动有时是非议题性的，如选举、颁奖、揭幕等以事为主的会议活动，一般只制订会议程序。会议程序是指在一次具体的会议中按照时间先后排列的详细的活动步骤。会议程序表明一次具体会议活动的内容及时间顺序，可繁可简，一般由主持会议的人员掌握即可。

会议日程是把一天中会议议程规定的各项活动按单位时间具体落实，不仅包括会议议题的全部活动，还包括会议过程中其他的辅助活动，如聚餐、参观、考察、娱乐等。会议日程是对完成会议各项议程所需时间的预测和必要的限制，可以表明会议发展的进程，也有助于提高会议效率。会议日程要精心编排，按日具体到时刻。

（二）会议通知的制发

制发会议通知是会前准备工作的一项重要内容，正式、重要会议的会议通知往往是书面形式的。内部会议是指全部由本单位人员参加的会议。如经理例会、员工例会、总经理办公会等。内部会议一般都事先印好统一的通知格式，办公室人员只要将参加人的姓名、会议内容、时间、地点等栏目填写好，就可发送，并请对方签收。

1. 内部会议通知（常用的格式有便函式、卡片式以及表格式）

(1) 便函式会议通知（参见表 10-1、参见表 10-2）

表 10-1 外企的便函式会议通知

会议通知
致：公司总经理、副总经理、各部门负责人 由：总经理办公室 时间：2013 年 10 月 6 日 　据公司董事会的精神，拟定于 10 月 8 日（星期二）上午 9：30 在公司会议室召开会议，讨论明年公司的发展规划。 　如您无法出席，请于 10 月 7 日前电话告知白秘书。 电话：3393399

表 10-2 国内企业的便函式会议通知

会议通知
各部门经理： 　兹定于 2013 年 10 月 8 日（星期二）上午 9：30 在公司会议室召开部门经理会议，讨论明年的工作，请准时出席。 　　　　　　　　　　　　　　　　总经理办公室 　　　　　　　　　　　　　　　　2013 年 10 月 6 日

(2) 卡片式会议通知（参见表 10-3、参见表 10-4）

表 10-3 外企的卡片式会议通知（一）

会议通知 2013 年 10 月 6 日
议题：讨论 2014 年公司的发展规划 出席者：各副总经理、各部门经理 主持：总经理 地点：公司会议室 时间：2013 年 10 月 8 日上午 9：30

表 10－4　外企的卡片式会议通知（二）

部门经理会议
议题：讨论 2014 年公司发展规划 时间：2013 年 10 月 8 日（星期二）上午 9：30 地点：公司会议室 如您无法出席，请于 10 月 7 日前电话告知办公室白秘书。 电话：3393399

（3）表格式会议安排（参见表 10－5）

表 10－5　一周会议安排

一周会议安排 2013 年 9 月 9 日—9 月 13 日						
日期	星期	时间	地点	内容	主持人	与会人员
9	一					
10	二					
11	三					
12	四					
13	五					

2. 外部会议通知

对外部单位与会者要注意提前邮寄通知。有些会议需要提前发预备性通知，等收到回执后再发正式通知，对重要的邀请对象可用发送邀请函或请柬，再加电话征询、确定的双重方式。还有些会议以发送电子邮件或手机短信的方式通知，一定要写清收文者的单位、姓名、邮箱地址，核实手机号码，并应以电子邮件回复、手机短信回复的方式确认会议通知是否到位。

在发出会议通知时，一般还应夹入一张明信片，上面注明本公司地址、邮编、电话、发信人姓名，以便对方收到会议通知后，能就是否赴会等问题迅速答复。

办公室工作人员据此作为预定会议室、客房、餐饮的依据，并将参会人员的个人资料以及各项费用的支付情况打印在卡片上，以便结账核算。

（三）会议证件的制发

会议证件是表明与会议有直接关系的有关人员身份权利和义务的凭证。会议证件分为两类：一类是会议正式证件，发给与会者，方便其进入会场和会议驻地，如代表证、主席团证、出席证、列席证、签到证、入场证等；另一类是工作证件，发给为会议服务的工作人员，如记者证、工作人员证、车辆通行证等。各种证件的内容大致包括会议名称、使用者单位、姓名、性别、职务、发证日期、证件号码等。证件制作要主题鲜明、美观大方、经济适用,证件种类名称醒目,便于携带和识别。会议正式证件一般在与会者报到时发放。

会议证件的样式可根据实际需要来进行选择,目前国内各种会议场合应用最多的是系带式证件卡片,取戴方便,经济适用,但会晃来晃去。第二种是可以黏贴在衣服上的黏性标签,经济方便,但可能会在衣服上留下痕迹。第三种是夹子式证件卡片,可以随意夹在衣服的不同部位,成本略高但因能更换塑料封里的标签而可以重复使用。

(四) 会场布置

根据会议的形式和目的,会场布置要在整体气氛和色调上与会议目标相称。首先根据会议的性质营造适宜的会场氛围,庆祝大会应喜庆热烈,代表大会要庄严隆重,座谈会要和谐融洽,纪念性会议要隆重典雅,日常工作会议要简单实用。会议气氛可通过会议场所的大小、色彩、旗帜、饰物、花卉、灯光、音乐等烘托出来,会场布置要注意从以上这些方面营造与会议内容相适应的气氛。其次会场中桌椅的摆放可依据会场大小、形状、会议的需要、与会人数的多少等因素来设置,20 人左右的小型会议通常摆放呈圆形、方形。圆形可以让与会者互相看得见,与会人员无拘无束自由沟通;"口"字形外围可以放置多层桌椅,适合出席人数稍多的会议;"U"字形适合需要使用黑板的学习会议;"V"字形适合使用幻灯片或放映设备的会议。几十人至几百人的会议通常布置成而字形、倒山字形、半圆形。

在布置会场时,还可以根据会议的不同内容和要求,恰当地配置不同的色调,可以对与会人员心理产生积极的影响,从而提高会议效率和质量,如红色、橙色、黄色等暖色给人以热烈、辉煌、兴奋的感觉,比较适合庆典性会议;蓝色、紫色、青色等冷色给人以清爽、沉静的感觉,绿色、灰色等中性色,使人有心旷神怡、赏心悦目的感觉,比较适合于严肃的工作会议。

(五) 会议材料、物品准备

会议材料准备是会议筹备工作的重要内容,包括明确会议的指导思想和主题、提出会议目标和任务的会议指导性文件,如领导讲话稿、代表发言材料、经验介绍材料、开闭幕讲话、主题报告、专题报告、专门文件等;会议的审议表决性文件,如工作报告、选举结果、正式决议等;会议程序文件,即议程文书、日程安排、选举程序、表决程序等;会议参考文件,如技术资料、统计报表、代表提案、公务书信、群众来信、调查报告等;会议管理文件,即会议通知、开会须知、议事规则、证件、保密制度、作息时间、生活管理等。其中开幕词、工作报告、领导讲话稿、会议程序性文件、会议参考文件、会议管理文件必须在会前准备妥当,以备在会议召开之前按规定范围分发给与会相关人员。办公室应准备足够的文件袋,至少保证每位与会人员每人一个,在文件袋上注明"会议文件"等字样,将所有会议材料系统整理,制作成文件资料目录,连同会议材料统一放在文件袋中。办公室人员要对材料的印刷、装订把好关,应逐页核对是否齐全,注意满足主持人、讲话人对材料的纸张、字号大小等的特殊要求。一些重要文件一般在文件首页左上角标明编号,字体字号要有别于文件正文;一些征求意见稿或保密性文件,需要在会后退回的,应附上一份文件清退目录或清退要求的说明。

会议所需物品包括常用文具,如纸、笔、小刀等;会场装饰用品,如花卉、旗帜、会标、会徽、宣传画、标语口号等;印刷设备,如打印机、扫描仪、复印机等;会场基本设施,如桌椅、照明电器、通风设备、卫生用具、安全通道、消防设施等;视听器材,如麦克风、幻灯机、投影仪、黑(白)板、电子书写板、摄像机、数码相机、录音机、软盘、光盘、移动硬盘、同声译系统等;通信设施,如传真机、电话机、电视机、计算机、交换机、网线及相应的通信网络设施等;交通工具,如小轿车、大巴士等接送与会者的车辆;生活用品,如茶水、茶杯、纸巾等;特殊用品,如颁奖证书、奖品、选票、投票箱、剪彩用的彩带剪刀、产品介绍会议用的充气模型或巨型屏幕、会议纪念品等。会议物品准备应本着实用节约的原则,详细理出清单,并落实专人负责相应设备的采购、准备、安装、调试和使用,不能有半点差错!

(六) 会前检查

会前检查是落实预案、保证开好会议的重要步骤。会前检查应在会议正式开始前 2 小时完成,如是隔天上午举行的会议应在前一天下午完成。会前检查工作主要包括会议文件准备情况检查,对文件起草、校对、印刷、分装等进行严格检查;物品准备情况检查,确保有足够的纸、笔、纪念品、日程表等文件的备份;会场检查,会场设施的正常操作和运行是会议顺利进行的基本物质保证,检查内容包括电力通信设备、影像设备、茶点供应、警卫部署、票证、人员定岗定位等,特别要保证会议室的音响、照明、通风、空调、投影仪、放映机等设施的正常运行,办公室人员应与相关专业技术人员合作,提前对这些设备进行调试、维护,还应配备备用设施,以应对意外事件。对于检查中发现的未完成的任务以及不完善的地方,应明确专人限时完成,确保各项工作落实到位,保证会议按时顺利召开。

二、会中服务工作..

会议召开期间的中心工作任务是掌握会议动态,办公室人员要认真负责,善抓细节,临变不惊,通过协调和调度掌控会议秩序,同时配合精心的组织和良好的服务,使会议既定的目标得以实现。会中服务工作的基本内容为:

(一) 会议报到

报到指与会者在到达会议所在地时所进行的登记注册手续。会议工作人员首先要查验证件,如会议通知、介绍信、身份证等,以确认与会者的参会资格。然后请与会者在登记表上填写个人姓名、性别、年龄、单位、职务、联系地址、电话、电子邮箱等有关信息,从而便于统计与会者人数,也便于做好各项会议服务工作,又可据此编制通讯录。同时统一接收与会者携带的需要在会议上分发的材料,经审查后再统一分发。在会前准备好的会议文件、证件、文件袋等会议资料、会议用品,要提前装订、分装好,在与会者报到时一并分发。如果分发的会议材料、会议用品并不是完全一样的,可能按与会者身份的不同有所区别,要细心区分,切忌出错,也可以根据情况设置不同的接待处。需要收取会务费、住宿费、资料费的会议,在报到现场要安排有关人员收取,并当场开具收据。然后根据与会者的身份和要求安排住宿,并在会议登记表上表明相应的房间号码,以便会议期间联系。

(二) 会议签到

会议签到可统计会议实到的人数,准确反映缺席情况,以便采取弥补措施。有些会期较短、无需集中接待的会议,一般只办理签到手续。而一些具体活动较多、内容较重要的会议,与会者除了办理报到手续之外,在参加每一场会议活动时还需签到,以示出席了会议。对于表决和选举性的会议,确切掌握出席人数是非常重要的。有些庆典性、纪念性会议的签到簿可留作纪念。

会议签到的方式有以下几种:一是会议工作人员代为签到。对于日常工作会议或单位内部会议,可由办公室人员在预先拟好的与会人员名单上画上特定记号来完成签到。二是与会者自行签到,与会者在事先准备好的签到簿上签名报到,以示到会。亲自签名富有纪念意义,有时一些邀请性会议,可以准备签名用笔。人数较多时,也可事先多准备些签到单,会后再装订成册。三是电子签到,与会者进入会场时,将特制的记载有与会者姓名、性别、单位、代表性质、组别、代表证编号等信息的签到卡插入或靠近电子签到机,与此相连的电脑就会自动记录和显示与会者的相关信息,在签到结束后立即统计出出席人数和缺席人数,签到卡通常与代表证组合起来,一般大中型会议常常采用电子签到。

会议工作人员应根据签到情况掌握到会人数,并及时联系未到会人员,查明迟到或缺席的原因,将有关情况报告会议主持人或相关领导。

(三) 会场服务工作

会场服务工作包括引导与会者入席、退席;茶水供应;指引与会者使用会场的生活设施,照顾与会人员会间休息,保持会场内秩序;关注和维护会场内各种设备的使用;协助上司安排会议发言顺序,掌握会议动态,控制会议进程;根据会议时间长短、与会人员数量多少安排车辆调度;注意会场内的安全保卫工作,防止与会无关人员随便进入会场,排查安全隐患,防止意外事故发生,保证与会人员的安全和健康,满足与会人员的临时需要;如果是组织内部会议,会场服务工作还包括接听会场外打来的电话、接待来访的客人,要尽可能排除对会议造成干扰的场外因素。

会场服务工作一定要注意保证茶水供应,大型会议应有专门的服务人员负责沏茶倒水,小型会议由办公室人员负责,倒水时不要将茶杯装得过满,以免泼溅,续水时要讲究时机,既不能过于频繁,影响会议正常进行,也不能间隔时间太长。

会场服务还要做好会议保密工作。首先是会场保密,秘密会议和内部会议,必须正确选择会址。要经过充分的调查,了解和掌握会场内部和外部周围的环境、情况,要注意发现各种可能造成泄密的情况。其次是文件保密,会议文件的保密工作,是会议保密的重点,应该会同会议文件起草人员,采取有效的保密措施,达到不外传、不丢失的要求。为此,应制发会议文件严格的保密制度。必要时,会务组织管理机构应将会议文件保密制度印发给全体与会人员,使之人人皆知,严格遵守。为了确保会议文件机密的安全,所有会场散会之后,会务工作人员都要进行彻底的检查,以便及时发现可能丢失的会议文件。再次是宣传报道保密,涉及重大秘密的会议,一般不安排新闻记者参加,新闻稿由会议秘书部门起草。有报道任务的秘密会议,要严格挑选参加会议新闻报道的记者,要对新闻记者进行保密教育,提出保密要求。要指定专人对所有宣传报道文稿进行统一审查把关,统一宣传报道口径,严防新闻报道的失密。凡属于领导同志的内部讲话和未公开的会议文件内容,未经批准,不得公开发表和宣传。最后是要严禁拍摄会议文件和进行录音报道。此外,要做好技术设备保密,秘密会议禁止使用无线话筒。对会议使用的电脑和通信设备,要严加管理,防止信道泄密。保密会议如需使用一些必要的器材,应当是保密会议专用器材,使用前还必须经过严格的安全检查,使用后要清除所有记录信息。保密会议的器材应当由可靠的专人使用和管理。

(四) 会议记录

会议进行过程中,会议工作人员要把会议的组织情况和具体内容如实地记录下来,形成会议记录。会议记录要严格遵守实事求是、客观真实、完整准确、清楚规范的原则。一般有略记和详记之别,略记是记会议上的重要、主要或结论性言论。详记则要求记录项目完备,记录的言论必须详细完整,包括发言中的插话等,记录时也不能变更原意,要逐字逐句详细记录。会议记录可以使用摄影、录音设备,但最终往往还要将录下的内容还原成文字。会议记录应包括的项目有:会议名称、时间(开始和结束的时间)、会议地点、会议议题、主持人、主席,出席、列席和缺席情况,记录人姓名,会议的经过情形及结论,相关的资料,下次会议预定日期。每一记录要素都宜单独成行。发言记录应以一个发言者为一个记录单元换行分隔。有时会场的笑声、掌声、与会人员迟到、早退情况也应记录在案。

三、会后整理工作

会议结束之后,还有一系列会议后期的整理工作需要会议工作人员继续完成,工作人员应保持工作状态(甚至更为紧张),保质保量高效率地做好会议后期的整理善后工作,切忌虎头蛇尾,令与会者有人走茶凉之感。会议后期的整理工作包括:

（一）安排与会人员离会

会议即将结束时，应安排时间欢送与会者，可以到与会者的驻地走访告别，也可以在会议结束后于会场门口告别，并提前安排车辆和人员，根据与会者离去时间组织送站，要根据车辆的承载量安排合适的车辆，对于所需车辆的数量，要提前预算清楚，还要及时调度，尽可能保证所有与会者方便乘车。在欢送与会者离会时，应提醒并帮助其携带好个人物品，以免与会者丢失或回头寻找，又可省去保管遗落物品甚至送递和邮寄的麻烦。对于身份较高的与会者应由上司或专人送行至机场或车站。

（二）会场的善后工作

会议结束后，要注意清理会场，撤去布置的会议装饰宣传品，把会议中使用的视听音像器材收拾、整理清楚，桌椅归回原位，洗刷烟灰缸、茶具，并放置妥当。收回所有应该收回的会议资料，对会场所有纸张进行整理、清点、归类，注意会议文件的保密。检查会场、与会人员驻地及所乘车辆有无物品遗漏，如发现有遗失物品要妥善保管，并及时与失主联系。

（三）整理会议文件

会议结束，要及时做好会议文件的整理立卷和归档工作。首先需对现场会议记录进行整理，保证会议记录真实、准确、完整、语言规范。再根据会议主题、议题及会议记录形成会议决议、简报或纪要，并发送至相关部门和人员。一般会议文件的立卷归档是将会议的所有文件，包括会议通知、与会人员名单、通讯录、会议形成的文件、会议发言材料、领导讲话、会议简报、会议纪要、会议总结、重要照片、录音录像等都收集起来，按照先后顺序装订成册、分类归档，以备查考。

（四）会议信息反馈工作

除了少数秘密会议外，大多数会议内容、会议精神都需要会后进行传达，会议传达必须确定传达的内容、程度、范围、层次、时间、方式等。会议上的议定事项是需要下级单位贯彻执行的，为了督促下级单位及时贯彻执行，避免将应当及时办理的事情拖延或遗忘，办公室人员需要协助领导会后对议定事项进行催办、查办等会议信息反馈工作。

（五）会务工作总结

会议结束后，为了进一步提高会议组织服务工作的质量，应该对会务工作进行总结和评价。通过总结，发现问题，分析原因，总结经验，为以后的会务工作积累经验教训。没有深入的总结，就不会有真正的提高。每一次会议总会有个别疏漏的地方，及时总结疏漏的环节，查找疏漏的原因，避免下次会议出现，可以起到事半功倍的作用。

会务工作总结要及时、全面、公正、客观、准确，总结的主要内容有：会议计划的拟定完成状况，住宿安排情况，会议费用的使用情况，预订、调度工作完成情况，会场布置等；会议工作人员方面包括是否精通业务、胜任工作岗位，是否具有良好的礼仪修养、行为得体、语言规范，是否工作积极、与同事合作协调、融洽,能否自觉维护组织形象、善于处理危机问题等。

第三节　会议室及会议费管理

一、会议室……………………………………………………………………………

会议室是一个单位进行集体决策、讨论问题、调查研究、总结表彰等工作的重要场所。一般的组织都会设置一个到几个大小不等的会议室,方便召开各种类型的会议。可以说会议室是组织召开会议的主要活动场所,会议室条件的好坏、舒适的程度,会直接影响到与会人员的心理,并影响到会议的效果。

(一) 会议室分类

1. 根据会议室面积大小和座位数多少,可以把会议室分为:

(1) 小型会议室

使用面积在 15～30 平方米之间,座位数在 20 座以下的会议室。

(2) 中型会议室

使用面积在 30～80 平方米之间,座位数在 20～60 座之间的会议室。

(3) 大型会议室

使用面积在 100 平方米以上,座位数在 100 座以上的会议室。

2. 根据会议室的功能,可以把会议室分为:

(1) 接待室

可以用于召开小型会议,也可以用于日常接待的小型会议室。

(2) 多功能会议室

配备有电脑、音响、视频等多媒体设备,既可以召开会议,也可以举行舞会、宴会的中型会议室。

(3) 报告厅

配备有主席台等设施,专门用于召开大型会议或进行大型工作报告的大型会议室。

(二) 会议场所(室)的优劣

会议不一定全部在会议室召开,在领导办公室、职员办公室、异地办公室以及培训中心等场所都可以召开会议。但场地大小要合乎会议比例,位置要方便与会者,应有良好的照明、调温以及通风设备,此外,场地应该配备适当的开会设备,能够避免外界干扰,租借成本必须合理。

因此,办公室人员应该了解各种类型会议场所的优劣(参见表 10-6),以便在恰当的场所召开会议,达到预期效果。

表 10 - 6　各种类型会议场所的优劣

会议场所	优	劣
领导办公室	方便领导翻阅参考资料；领导的权威性得到强化	电话或人的干扰；气氛不热烈；人数多会拥挤
职员办公室	提高职员地位和士气；与会者能够畅所欲言	若狭小，会使与会者感到不适
单位会议室	避免由于使用个人办公室而引起的公司等级问题	外人可能同与会者接触而打扰会议
租赁会议室	没有任何一方占地主优势；会议保密性很强	租借成本可能昂贵；与会者可能不熟悉
会议中心	配备适当的大会设备；提供技术支持和安全保卫	缺少非正式的小规模聚会机会
培训中心	提供学习氛围；完善的会议设施设备	租借成本昂贵
异地办公室	适合来自各地的与会者；在某种场合增加几分魅力	旅途、时间、食宿花费很高

二、会议室管理··

会议室一般由办公室人员负责管理，会议室管理可以分为会议室环境管理、会议室物品管理和会议室使用制度管理。

（一）会议室环境管理

环境是指对工作绩效起着潜在影响的外部力量，会议室环境管理是指对会议室环境进行科学合理地设计、布置，使其满足会议工作的需要，提高会议的效率与质量。会议室环境包括室内空气、光线、颜色、会议设备及会议室的布置等外在客观条件。会议室环境管理总体要求是：简洁、明亮、安静、温湿度适宜，并保证空气流通。

会议室布置要注意会议桌、椅子、文件柜等大件物品摆放合理，墙上可以适度装饰宣传图片等。会议室应适当绿化，摆放绿色植物不仅美化环境，还能净化空气，最好选择常绿植物，如龙血树、金钱树、万年青、叶兰、龟背竹等，如果会议室空间较小，可以采用垂吊类植物，如吊兰、常春藤等。办公室人员要注意打理绿植，按时浇水，清除杂草和枯叶，保持绿植的生机和外形的美观。空气环境包括空气的温度、湿度、流通与味道四个因素，在会议召开前，应将会议室温度控制在21℃—28℃，室内的相对湿度保持在40％—60％；会议室要注意通风和空气调节，在会议召开前开窗透气，保持空气清新，也可适度喷洒气味淡雅大方的空气清新剂，空气环境的好坏，对人的行为和心理都有影响，对提高会议效率也十分重要。光线环境，会议室要有适当的照明，应以自然光源为主、人造光源为辅。声音环境，会议室要保持肃静、安宁，具备一定的隔音设施，没有噪音污染。

(二) 会议室物品管理

会议室应配备相应的家具,如会议用桌椅;还应配有空调、台布、桌签、电源、插板、文具、茶具、烟灰缸、纸巾等;试听设备,如电脑、录音笔、音响、话筒、投影仪、白板等。会议室配备的桌椅应摆放整齐,台布、茶具、烟灰缸等干净卫生,随时可用。试听设备及空调等应定期维护,确保正常使用,对会议使用的电脑等试听设备,要严加管理,防止泄密事件发生。

(三) 会议室使用制度管理

在会议室的日常管理中,对于不同类型会议室的使用范围应该作出清晰明确的规定。如:由组织决策层主持的会议原则上安排在哪些会议室;由部门领导主持的会议原则上安排在哪些会议室;接待客人原则上安排在哪些会议室;什么类型的会议可以申请使用会议室,什么类型的会议不能申请使用会议室。

1. 会议室预约制度

如需申请使用会议室,应由承办部门在会议前1—2日办理会议室使用预约手续,填写《会议室预约申请单》(参见表10-7),由办公室根据会议性质、会议室功能或者上司意见统筹安排。

表 10-7　会议室预约申请单

年　　月　　日

使用部门		使用时间	月　日　时　至 月　日　时
会议类别		会议室名称	
会议名称			
主持人		参加人数	
所需设备、物品			
借用人签字		部门负责人签字	
借用人电话		部门负责人电话	
备注			

使用会议室时,未经办公室同意,不得改变会议室设备、家具的位置;不得将会议室物品携出室外。如需调整桌椅座位、使用设备及其他要求,应填写在《会议室预约申请单》中,征得办公室同意后,在办公室工作人员指导下进行。

2. 会议室使用制度

会议期间使用者请自觉保持室内清洁,禁止吸烟,禁止大声喧哗,不准乱扔纸屑等杂物,会后应及时清扫会场卫生。会议室使用者要爱护会议室设施,如造成室内设施、物品损坏或丢失,一律按价赔偿。会后及时清除在会议室悬挂、张贴的标语条幅,并擦除白板上的字迹,以保持墙面、白板整洁;按要求将桌椅家具等放回原位,关好门窗、空调等一切设备,并通知办公室人员验收锁门。会议室使用完毕后应填写《会议室使用情况登记表》(参见表10-8),说明会议室相关设备的使用情况。

表10-8　会议室使用情况登记表

年　　月　　日

使用部门		使用时间	月　日　时至　月　日　时
会议类别		会议室名称	
会议名称		参加人数	
会议所用设备、物品			
会议所用设备、物品使用情况			
借用人签字		部门负责人签字	
备注			

3. 会议室使用次序

会议室使用应遵循先登记先使用、先紧急后一般、先上级后下级、先全局后部门的原则。具体来说要注意:内宾让外宾,如果外事部门和业务部门因接待需要同时申请使用同一个会议室,则优先安排给外事部门使用;中层让高层,如果决策层领导主持的会议方和执行层领导主持的会议方同时申请使用同一个会议室,则优先安排给决策层领导一方使用;临时让预约,如果提前预约使用某一会议室的部门和临时申请使用某一会议室的部门之间发生冲突,则优先安排提前预约的部门使用。

如遇多个部门同时申请使用同一个会议室,办公室应有权要求申请部门更换使用时间或地点。申请部门在预约时间内使用会议室,如有变更或需延长使用,应及时通知办公室,以便进行相应安排。

三、会议经费管理··

2013年9月23日,财政部、国家机关事务管理局、中共中央直属机关事务管理局联合对外发布修订后的《中央和国家机关会议费管理办法》。新办法于2014年1月1日起施行,旨在贯彻落实中央八项规定,推进厉行节约、改进会风,倡导节俭办会,加强会议费管理。降低会议费用是近年来会务工作最主要的办会宗旨。一般来说应遵循"精简会议、缩短会期、控制人员、节约经费、提高效率"的务实原则安排会议经费,并应在会议预案中详细说明会议经费的使用项目和具体数目,可以制作费用明细表,并报请上级审批。

(一) 会议经费的使用内容

一般包括以下方面:

1. 会议室租金

主要包括会议场地租金、会议设备租赁费用、会议布置费用等。

2. 交通费

包括与会人员往返出发地至会务地的交通费,会议期间住宿地至会场的交通费,会场至餐饮地点的交通费,会场到商务活动场地的交通费,商务考察交通费以及与会人员可能使用的预定交通费,等等。

3. 住宿餐饮费用

住宿费往往是会议的主要支出。餐饮费用包括三餐及会场茶歇、联谊酒会等费用。

4. 广告宣传费用

包括制作或提供会议纪念品、会场礼仪、代表证、广告牌、文件包等所需的费用。

5. 劳务费

包括服务人员劳务费,专家劳务费即请专家、学者讲演或发言的酬金等。

6. 旅游费用

会议主办方在会议期间或结束之后,安排相关人员参加具有当地特色的旅游活动所花费的费用。

7. 其他费用

根据会议策划需要的其他费用,包括运输与仓储、娱乐保健、媒介、公共关系、通讯联系、印刷等费用。

8. 不可预见费用

会议过程中一些临时性安排产生的费用。

(二) 会议经费的使用原则

会议经费的使用应遵循"从严、从紧,合理、节约,专款专用、超支不补、计划管理"的原则。具体说来,应精简节约,少于15人的内部会议原则上应在单位内召开,不得发生会议场地租金等费用;召开会议应当改进会议形式,充分运用电视电话、网络视频等现代信息技术手段,降低会议成本,提高会议效率;禁止无故到风景名胜区召开会议;参会人员在50人以内且无外地代表的会议,原则上在单位内部会议室召开,不安排住宿;严禁借会议之名组织会餐或安排宴请;严禁套取会议费设立"小金库";严禁在会议费中超支接待费;严格执行会议用房标准,不得安排高档套房;会议用餐严格控制菜品种类和数量,一般安排自助餐,严禁提供高档菜肴,不安排宴请,不上烟酒;不得使用会议费为个人购置电脑、复印机、打印机、传真机等固定资产等。

【思考题】

1. 会议活动的基本要素有哪些?
2. 按会议的内容和性质划分,办公室会议主要有哪些类别?
3. 会议经费一般包括哪些内容,其使用原则是什么?
4. 盛发工程有限公司总经理秘书王丽,让行政办公室工作人员李新向公司的各部门主管发送一次临时会议通知,请各部门主管于 11 月 18 日(星期四)下午两点到公司会议室开会,讨论公司工作规章制定和招聘新员工的问题。会议很重要,请相关人员务必准时参加。如果不能参加,须于 11 月 16 日(星期二)打电话告知总经理秘书王丽。李新以为是公司内部会议,于是只在公司布告栏上贴了张通知。结果有两位部门主管因为一直在工程现场,未能及时看到通知,没能准时到会。会议即将开始了,王丽和李新才发现,急忙联系两位主管。结果导致会议最终也无法顺利进行,而总经理和两位主管都非常不满。

　　要求:根据案例进行分析,在会议准备时应注意哪些问题?

5. 利新饮料有限公司的新产品发布会即将结束,办公室小张赶紧安排来宾去车站、机场所要乘坐的车辆,等来宾陆续被送走之后,小张松了一口气。可是就在这时,有一位来宾临时改变行程,需要紧急赶往火车站,而公司安排去火车站的车已经出发了,小张见状赶忙把会场清理工作交待给其他工作人员,自己拦了一辆出租车亲自送来宾到火车站,急急忙忙终于赶上了来宾要乘坐的列车。火车离站后,小张搭公司的车返回。本以为发布会终于结束,可以放松一下了,正在这时手机响了,是刚才那位来宾打来的,他在电话里非常焦急。原来匆忙之中他的一个公文包不见了,里面有几份重要的商务资料,不知是遗落在会场还是落在出租车里了,要小张赶紧帮他找到,明天到达目的地就要用的。清理会场的工作人员核实没有捡到公文包,最大可能是落在了出租车上。小张一听,懵了。因为着急赶火车,他当时也没在意出租车的相关信息,一时之间,无从下手。

　　要求:请替小张总结此次会议善后工作的不足之处。

【案例分析】

　　利新饮料有限公司下属的果树种植基地向公司领导汇报工作,汇报会的进程首先是安排公司领导来基地考察旅游资源综合开发的情况,然后回住地听取基地负责人汇报工作。就在公司领导一行按预定计划考察了农家乐山庄,即将乘车返回之际,公司领导颇有意犹未尽之意,随行的办公室工作人员李佳等人也觉得现场参观内容不够丰富,于是临时调来一辆小巴,想让领导再去看看基地开发的果品采摘园的状况,众人赶紧把公司领导请上车,其他的陪同人员和工作人员也一同上车。可是车子开出去不久,就发现通往果品采摘园的路上有很多游客,路两旁也停满了游客的车,致使行驶非常缓慢。原来此次考察本没有安排果品采摘园接待领导,又由于天气的原因,果品比往年提前成熟进入采摘期,于是采摘园的负责人就提前开园接待游客了。等李佳等人联系到采摘园负责人了解到情况时,车子已经堵在半路,进退不得,不仅多看的目的没有达到,就连回程都困难。一行人挤在车里,走走停停,非常令人扫兴。原定的工作汇报也不得不推迟进行了。

请认真阅读案例,完成以下问题:

1. 办公室工作人员李佳在会议进行中的服务工作出现了哪些问题?

2. 会议组织者在会议进行中的中心工作任务是什么?

3. 结合案例情景,说明应如何处理会议预案计划之外的突发事件。

【实践活动】

背景材料

利新饮料有限公司建立于1984年,初期仅以生产利新果汁饮料为主。今年根据市场需求开发了新品,大力推出了"健康果汁"系列的百分百纯果汁。公司定于2013年6月20日上午九时在本公司的朝霞大厦召开新品介绍和订货会议,参加的有本单位、外单位的人员,特别邀请省市食品公司、食品批发部门的相关负责人,以及本市中高档饭店的经理们参加。总经理要求会上要放映相关视频资料,还要安排客人品尝新产品,最后赠送各位客人新品果汁一箱。总之是要全力介绍、推出"健康果汁"系列饮品。

活动(1):办公室负责人张文接到任务后,立即成立会议筹备小组,组织相关工作人员讨论此次会务工作,明确会议主题为宣传新产品,洽谈新业务。围绕主题拟定会议预案,确定会议名称、时间、地点、会期、与会人员、会议日程、会议经费,将会场布置、会议资料准备与记录、会前检查以及会议服务等各项工作任务分配给具体人员。

活动目的:训练学生会议预案的拟写能力。

具体要求:

1. 本次实践活动要求在实训室内进行,配备电脑、网络。

2. 学生以组为单位，每组不超过 8 人，成立会议工作组，选出接待组长，分工负责会议工作事务，并拟定会议预案。会议预案要求内容完整、表述清晰，会务事项分工明确，责任落实到人。

3. 落实会议预案。小组成员分角色演示此次新产品发布及订货会议。

活动（2）：会议预案经总经理审批后，张文即时组织实施。由于公司的放映设备正在维修中，张文联系顺达租赁公司，因为已经租用过一次了，张文就只是和对方电话联系，并在电话里反复要求务必在 6 月 20 日上午八时二十分前送到朝霞大厦的会议厅。可是 20 日上午八点，大家都在忙碌地做着会议召开的最后准备工作，可放映设备却迟迟不到。这时部分贵宾已经来到会议现场了……，总算会议顺利进行了。介绍完新品果汁后，众人开始品尝新品果汁，有的对葡萄和苹果汁赞不绝口，有的对香橙和橘子果汁情有所钟，有的则看好健康的番茄和猕猴桃果汁，更有客人全都喜欢。总之新品果汁获得大家的一致好评，纷纷表示订货意向。会议即将结束，刚刚从车间出产的新品果汁也已经调配完毕，整整齐齐地码放在会场出口，等待赠送给每位来宾一箱。一切准备就绪，张文却又发现了问题……

活动目的：训练学生会议工作中突发事件的处理能力。

具体要求：

1. 学生以组为单位，每组不超过 8 人，讨论此次会议工作中突发事件的处理办法。

2. 小组成员分角色演示此次新产品发布及订货会议工作中突发事件的处理过程。

第十一章　办公室安全管理

本章由三节组成,分别为办公室安全工作、值班工作和保密工作。通过本章的学习,旨在了解办公室安全工作重点,辨识办公室存在的安全隐患,掌握值班工作要领,熟悉突发事件处理流程,熟悉办公室保密工作特点,严把失密、泄密、窃密的渠道。

【职场小故事】

聊QQ泄露公司机密　织"围脖"引发舆论风波

秘书谢颖是典型的"围脖控",工作之余偷空织"围脖",写写心情,爆爆靓照,常常引发众多的"粉丝"围观。这日公司酝酿新的人事变动,讨论新的绩效方案,董事长钦点谢颖为会议记录员。公司高管各抒己见,有建议末位淘汰制的,有倡导业绩优先、兼顾公平的,有提出总量控制、二级管理的,气氛热烈,最后意见趋于统一,形成决议。谢颖第一次参加如此高级别的会议,看到这么多平日如雷贯耳却难得一见的公司大佬们兴奋异常,但仍坚守自己职责,"手指尖"啪啪地敲动键盘一丝不苟地记录着每一位高管的发言。

意犹未尽的谢颖打开电脑,在编写会议纪要的同时,也不忘登录QQ和同事群里聊天,织"围脖"谈参会感悟,其中不乏公司大佬的性格脾气、体态仪表等等,甚至在不知不觉中在别人的引导下放松了戒备,泄露出公司的人事变动和考核方案,虽然她只是在人们议论时发送不同的QQ表情,其结果呢⋯⋯你猜!

安全是人类的本能欲望,安全是永恒的主题。"高高兴兴上班来,平平安安回家去"是我们共同的希望。办公室是组织员工的办公场所,环境良好是办公的保障。然而,有没有想过,随意一推,玻璃门瞬间裂成碎片;有没有意识到,鼠标轻轻一点,公司内幕被竞争对手轻易获取?办公室存在着诸多的安全隐患,需要加强防范,树立安全意识,制定安全规范,做好办公室安全管理。

第一节　办公室安全工作

一、办公室安全工作的涵义

安全,顾名思义,没有危险即"安",没有缺陷则"全"。安全是一种状态,需要一定的措施和机构来维护。

办公室安全工作就是为保护工作人员的人身健康和人身安全,防止出现盗窃、火灾、泄密等现象而采取的一系列措施和手段。

二、办公室安全工作的特点

(一) 鲜明的政治性

办公室处于组织网络的核心地位,是组织的政治风向标。办公室是"生产"文件的场所,依据的是国家政策和法令,一旦出现严重错误,往往会造成灾难性后果,影响各方面关系的协调,破坏良好的政治气氛,相关单位和人员都会受到严肃处理。

(二) 广泛的群众性

安全工作通过群体这个环境因素,促进安全管理,并通过群体进行有效的协调,进而提高群体向心力,建立标准的群体规范,形成良好的人际关系。办公室工作人员作为一个安全因素,既是防护对象,又是被管理对象,更是安全工作的推动者,这就决定了安全工作必须有广泛的群众性。

(三) 时空的区分性

安全工作无论何时、何地都非常重要,不可有丝毫懈怠,但在进行安全工作时,也要根据时空的差别进行必要的区分。就时间而言,防火的重点季节是在冬春,盗窃的时间一般发生在周末、节假日,泄密事件往往发生在机密解密之前的那个时段。就空间来讲,火灾易发生在设备操作区域,盗窃的主要目标集中在现金、贵重仪器和高档耐用消费品上。

(四) "状态"的可控性

安全事故的发生、发展具有一定因果关系,就如多米诺骨牌,一旦一枚骨牌被碰倒,其余骨牌就会相继被碰倒。如果移去中间一枚骨牌,则连锁被破坏,事故过程被中止。因此安全工作的中心就是防止人的不安全行为,消除机械的或物质的不安全状态,中断事故连锁的进程,从而控制事态发展,避免事故发生。

(五) 运行的阶梯性

安全工作是一个从计划、实施、检查到评价的动态运行过程。在这个过程中,"计划"是明确目标、制订方案的过程,它是整个循环的起点和基础;"实施"是循环中的主体,是整个循环成败的关键;"检查"对整个循环起着控制和把关的作用;"评价"则是一个总结与改进的环节,是使循环得以自我完善的重要阶段。

每循环一次都能总结成绩、纠正缺点、再制定新的目标,通过共同努力,使安全工作迈向更高水平。

二、办公室安全隐患与日常防范………………………………………………………………

(一)细节小处藏隐患

地板被水淋湿或者刚刚打蜡,水泥地板、瓷砖地板由于湿度高而"出汗"或者落满尘土,一不小心都容易打滑摔倒。因此要及时擦干、清扫,保持整洁,大厅正门、水池等用水处铺设脚踏。在溢泄物周围放置提醒标志,并尽快清除。雨天在房门外准备伞架,不要把湿伞带进办公场所。掉落在地上的签字笔、铅笔也应及时捡拾。

拖在地上的长软电线、拉出的抽屉、地毯的接缝边角、临时放着的皮包等,都有可能使人绊倒进而造成伤害。因此电线要用胶带固定,条件允许的话,在地板下布线,或者从地毯下通过,也可以把设备挪到插座附近,避免用接线板一个一个地连接。要及时关闭拉开的抽屉,压实地毯的接缝边角,拿走临时放置的物品,使脚下保持安全状态。

文件柜顶上的文件、工具,抽拉文件柜的上层抽屉,都有可能导致物品坠落伤人。因此,使用文件柜时,一次只开一个抽屉,轻开轻关,如果抽屉卡住,不要用过大的力量推搡。文件柜里物品要由下而上放置,经常用到的放在好取的位置,重的、脆的放在较低位置。柜子顶上不应放置文件、工具,不得不放时要将物品放入底面比柜顶窄、结实的盒子里,再将盒子放在柜顶,绝对不能将物品杂乱地堆放在柜顶。文件柜底下的抽屉里放东西作为配重,以免柜子头重脚轻失去平衡。此外要经常检查档块,以免拉出过猛导致抽屉掉落。

锋利或尖锐的物体存在很大的危险性,使用时要多加小心。切边刀、裁纸刀使用时要全神贯注,精力集中,用完即收起,以免割伤。纸边,特别是复印纸边更能轻易将人的手指割伤,如果工作量较大,事先在手易被割伤的部位贴上透明胶带或橡皮膏。图钉、钉书钉、大头针、曲别针应统一装在文具桶中,使用完毕不要随意撒落在桌面上,削过的铅笔或未盖帽的圆珠笔尖头应朝下放置,避免手意外按上被扎伤。

看似舒适的办公椅也隐藏着危险。确认椅腿落地,脚轮齐备,方可落座。不能压倾椅背做悠闲态,以免失去平衡摔倒受伤。不要把椅子当梯子使用,容易踩翻。

使用楼梯和过道时要小心,上下楼梯时穿着拖鞋或高跟鞋、奔跑、看文件、玩手机、与同事聊天、搬东西影响视线都容易摔倒。上下楼梯时,一次一个台阶,即使有急事,也不要跨越好几个台阶。上下楼梯、走路时,要避免视线被物体挡住。走廊拐角,安装曲面镜,行走时,拐角处尽可能绕大弯,以防止迎头碰上。在接近门时要靠离铰链远的一侧,避免有人突然开门造成伤害。另外要保持楼梯和过道清洁,无碎物、瓦砾,及时清理临时储存物。

办公室花草能提高空气质量,降低污染和噪音,有助于缓解头疼、紧张等症状。当植物花期来临,缤纷的色彩更会为整个室内空间增添光彩,从而起到美化空间的作用。但专家提醒,绿植惹人爱,警惕有危害,在养花栽草时,不能只重其美丽而轻其毒性,以免造成不必要的伤害。

（二）久坐不动易致病

随着办公自动化进程加快,电脑已成办公室员工的标配,许多人都习惯于长期坐在电脑前工作或者娱乐,这样的生活和工作习惯,给人体健康带来了损害。久坐不动,不论坐得歪斜或笔直,长久下来都会腰酸背痛,造成重复性机械运动损伤。常用键盘鼠标,每天无数次敲击键盘或移动鼠标,会手指僵硬,失去灵活性。多受电磁辐射,会失眠。会出现鼠标手、颈椎病、近视眼、干眼症、失写症等。

保持正确的坐姿。上半身应该垂直如一条直线,手臂不向外延展自然下垂,借助扶手成 80—100 度角,腰背贴近有承托点的椅背,勿留虚位。座椅软硬度要适中,与靠背成 100—110 度角,脚底板平放,不悬空。大腿接近水平放置,微高过椅,以便血液流通。文件与电脑屏幕并排,眼睛与屏幕相距 50—70 cm（如图 11-1）。

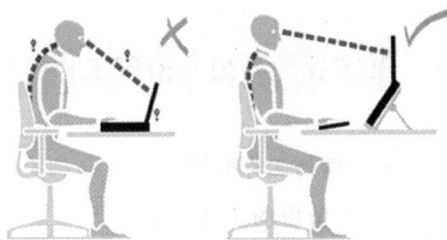

图 11-1 坐姿正误比照图

养成锻炼的习惯。少乘电梯多爬楼梯,利用工余时间快走和慢跑,借着发传真、复印文件的机会走动;每隔 2 小时应进行一次约 10 分钟的活动,活动颈、腰、腿部,避免常见疾病的发生。

适当注重饮食。长期从事电脑操作者,应多吃一些新鲜的蔬菜和水果,每天喝点绿茶。

（三）用电防火保平安

办公室的办公设备多且复杂,电脑长时间工作,空调长期开放,容易生成用电负荷超载或机内电路故障、元件过热、UPS 电源短路等等,甚至不排除任意乱接临时电线的现象。办公室中纸张、档案、资料、桌椅、装修材料等可燃物相对比较集中。办公室人、财、物高度集中,一旦发生火灾损失惨重。

办公室电器多用插座供电,使用时切忌插用电器过多,以免造成插座、插头啮合不良发热失火。

各种办公电器与电源的连线应避免交织缠绕,以防误插、误接毁坏电器,酿成事故。

不能只使用最方便顺手的某些墙体插座而限制其他墙体插座,造成该插座电线加速老化,甚至因电流过载导致不测。

便携式电器一般体积较小,散热性差,容易产生自燃事故,使用时应远离桌面、台布等可燃物体,并随时查看其工作温度。

智能电器的电源管理设成省电模式,不用时自动"休眠"降低功耗,避免产生火灾隐患。不要让电器长时间待机,否则容易造成电器损坏或诱发火灾。

下班勿忘关闭电器开关,最好每个办公室设置一个双连开关,下班时随手切断室内电源。

取暖电器上,严禁搭放毛巾,无论干湿都会引发危险。

办公区域禁止吸烟,保证自身及他人健康的同时,也避免烟头引燃纸张等物品造成火灾,带来不必要的伤害和损失。

禁止堆放杂物,库房物品分类摆放,易燃易爆物品严格按照储存说明存放,常查看有效期,过期物品及时妥善处理。

办公室环境中大部分是易燃品,应配备灭火器,以防不测。

第二节 办公室值班工作

一、值班工作概述………………………………………………………………………………

(一)值班的含义

值班工作是保证组织及时获取信息,进行正确决策,以及出于安全、消防、假日防火、防盗或为处理突发事件、紧急公务处理,安排本组织有关人员在夜间、公休日、法定休假日等非工作时间内轮流进行的经常性工作。

值班工作的原则是有情必报、运转高效、反应迅速、安全保密。

(二)值班的特点

1. 规范性

值班工作头绪多,包括应急值守、内外联络、信息报送,以及会议活动安排、突发事件处置等各方面,每项工作的时间要求都很紧,责任都很重大,稍有疏忽,都可能出现差错。因此每项工作都应有相应的制度、完善的程序、规范的管理,以确保值班系统联系畅通,运转协调,反应迅速。

2. 持续性

值班工作是"白＋黑",是"5＋2"。值班的职责范围可能有差异,值班人员可以轮流上岗,但值班工作却从不间断,保障24小时工作领导值班制。

3. 应急性

值班时,值班人员事先并不知晓工作的具体内容,可能是接收、传达上级重要文件,可能是召开紧急会议,也可能是处置突发事件,缺乏计划性,并且工作具体,事务繁杂,看似"鸡毛蒜皮"的"小事",却件件都是至关重要的大事,误其一文一会一事,便有可能给整个组织带来不可估量的损失。值班人员需要进行有效应急反应,以保证渠道畅通,人员出动迅捷,处置规范有序。

值班作为一个组织不可或缺的基础性工作,它颇能反映出一个单位的管理水准、组织能力、工作效率、督促催办和处置突发问题的水平。

（三）值班的形式

1. 办公室值班

普通机关和企事业大多采用这种形式,主要用于节假日的值班工作。值班地点通常在原办公室,备有办公设备、通讯设施、床铺等,每日 8 小时工作之后,留下来夜间值班,直至第二天上班。节假日也安排人员值班,以维护组织不间断运行。秘书和其他行政人员轮流承担值班工作。

2. 值班机构

值班机构负责本机关或本企事业单位的全部值班工作,值班人员属于专职人员,值班工作已然成为办公室工作的一个重要组成部分,室内备有办公设备、通讯设施外,还放有床铺等,以供每日 24 小时不间断工作使用。值班机构有值班室和总值班室之称。

值班室一般是指中级机关和大中型企业设立的值班机构,人员、任务都由秘书长或办公室主任领导安排。

总值班室实际上是独立的事务工作机构,往往设立在高级机关和某些要害部门,权限更大,任务更为繁重。通常由机关、单位的副职负责,专事联络、通讯、接待和领导临时交办事务,从无间断之时。

3. 首长电话值班室

各地各级政府机关开通专线电话,比如为广大民众熟知的 12345 市长热线,由秘书值班接听、记录汇报并处理,其目的是转变机关工作作风,加强领导与群众之间的联系,通过电话直接接受群众的申诉、意见、建议、批评、举报等。秘书人员根据群众反映的具体问题,或呈领导,或转有关部门,或由秘书负责处理。事实证明,首长值班电话已经取得一定的成效,获得社会的认可和群众的称赞。

（四）值班室建设

1. 值班队伍的配备

值班人员要求具备良好的政治素质,具有较高的政治敏感性和政治鉴别力;要有谦虚谨慎、雷厉风行的敬业精神和强烈的责任感;熟悉本单位、本部门情况;掌握突发事故、事件的处理程序和要领;具有一定的组织协调能力;要会收集、传递值班信息,会使用配备的通讯工具。值班队伍呈现合理的结构、明显的梯次,进而保证值班工作的连续性、值班队伍的流动性。

2. 值班机制的规范

值班工作具有明显的岗位责任性质,必须建立健全各项规章制度,以确保值班工作的规范和高效运行。

（1）岗位责任制度　规定值班人员 24 小时值守,无论发生什么事情,也不能擅离职守。禁止值班人员对电话进行呼叫转移或设置为自动应答模式,确保值班不缺位、工作不脱节和值班电话有人接、值班传真有人收。

(2)信息处理制度　包括对各种渠道传递过来的信息的基本处理程序,对各种值班时来电、来文、来访都要认真记录,并知晓哪一类信息应报送哪一级领导等。

(3)交接班制度　规定了连续工作岗位的值班人员实施规范的交接班要求。由于值班工作是由秘书和其他行政人员轮流进行,有些事情很难在一个班次妥善处理,需要移交给日间上班的部门处理。为保证工作的连续性,对于值班期间来访的客人、打进的电话、收受的文件电报,以及突发的事件,值班人员都要将内容、情况、处理的方法详尽准确地记录在案,需要下个班次做的事情或注意的问题也应写明。接班人员要提前20分钟左右到达,双方进行认真的交接,查明实物与记录是否吻合,确认后交班人员方可离开。

交接内容:来客登记表、电话记录、文件及登记册,原有的设备、器材、资料以及钥匙等。

交接方式:一种是集体交接,即值班机构的工作人员一起交接班,一般在高级党政机关或者召开大型会议时使用,也称交班会。交班人员汇报值班时间内发生的事情、领导有何批示、办理的程度、接班人员需要做的工作等。一种是单独交接,即相接的值班人员单独交接,接班人员知道接班之后必须做的工作,就达到了交接班的目的。

(4)请假制度　值班工作多安排在夜间和节假日,人员安排也紧缩到最低限度,值班人员必须严格履行请假制度,当值人员如果有病、有事,应提前向主管请假,以便安排替代,防止值班缺位。接班人员迟到,上个班次的值班人员要坚守岗位,并电话请示主管,不得擅自离岗。

(5)保密制度　值班人员要严格执行安全保密制度。值班工作常会接触到机密性文件和事项,要遵守相关规定,关闭其他办公室,遵循不同密级信息材料的传递途径和方式,不外传值班室电话号码表,不带家属进入值班室,不接受私人来访,不随意透露信息,妥善保管资料,更不能在值班期间打牌、喝酒、上网玩游戏。值班时应集中精力,时刻保持警惕,与安全保卫人员一起,共同负责整个机关、单位的安全、保卫工作。

此外还可以建立领导带班制和干部值班制,以确保紧急事务有人处理;建立双岗制和收文责任制、跟踪督办制等,以确保紧急事务在第一时间上传下达得到及时解决。

3. 值班设施的完善

值班工作环境既要整洁又要舒适,尽量设置专门的值班室,把值班人员办公室和值班休息室分开。配齐基本的办公设施,如电话机、传真机、复印机、电脑等。

比如某市《值班室建设参考标准(试行)》中对硬件配置作了如下要求:

值班电话值守系统　至少配备连选电话2部、直线电话2部、IP电话1部、传真机1台。要求该系统能够实现代答、多方会议、转接、强插等调度功能,并保证 24 小时畅通。

数字录音系统　配备数字录音系统,要求录音数据存储时间不少于 30 天。

多路传真系统　配备多路传真系统,要求并发线路不少于 4 条。

办公系统　台式电脑至少 3 台,打印机至少 2 台,复印机至少 1 台,其中 1 台电脑内装短信群发系统,连接外网,用以查阅相关网络信息;另 2 台电脑连接政府内网,负责处理值班信息和综合文字信息。

无线调度系统　对讲机不少于 5 台。

视频监控系统　配置不少于 3 块视频监控显示屏,要求全区视频监控资源接入率达 60％以上。

二、值班工作的基本职责和要求··

(一)值班工作的基本职责

1. 保持通讯联络

这是值班工作的一项基本任务,值班期间,接听并记录来电,接受并登记紧急公文,使上情下达,把下情上达。值班室配备计算机、电话、传真机、复印机和网络设备,以保证信息沟通畅通无阻。值班室备有各部门领导人和交通、公安、消防、急救等常用电话号码,以备不时之需。此外,值班人员还要掌握单位负责人的活动和去向,以保证在紧急情况下和他们取得联系。

2. 负责来访接待

对于来访人员,无论是民众来访还是公务来访,都要热情、诚恳、耐心,讲究礼仪。对于民众来访,值班室要视具体情况酌情处理,或按照政策法规予以答复,或转相关职能部门接待处理,或请示领导再行定夺,需要领导直接出面的,则应做好会见的具体安排。外地公务来访还需安排食宿,通知相关部门做好接待事宜,为完成此项工作,值班室要配备司机、车辆,招待所、食堂也要安排相关人员值班。

3. 加强安全保卫

值班的安全保卫有别于机关单位的保安人员的安全保卫。保安负责整个组织里里外外的防火、防盗,而值班室主要负责夜间和节假日机关内部机密文件和器材等的保护,这两方面的人员和任务密不可分。值班人员要有坚强的保密观念,不能把亲戚、朋友带到值班室留宿,不能泄漏机关秘密,对于机密文件、他人信函,不得擅自拆阅。

4. 承担印信管理

公章、领导签名章、介绍信一般放在办公室的值班岗位,利于工作的开展。印信管理必须有严格的制度规定,必须有主管领导和分管领导同意。情况紧急而领导又不在的特殊情况下使用印章时,需主动与领导取得联系,征得同意后先盖章,后补办手续,或经办公室主任批准盖章,严防因"人情章"给组织带来重大损失。

(二)值班工作要求

1. 坚守值班岗位

值班人员在规定的值班时间内,必须做到人不离岗、人不离机(电话机),始终保持通信联络畅通。值班室要接纳来自四面八方的函电信息,必须有人接收、传送和处理。特别是在高级首脑机关或要害部门值班,随时都可能有突发性的事件报到值班室,有许多紧急事件无规律可循,必须随时准备应付复杂情况和处理突发性事件。因此,值班室人员必须坚守岗位,有事要提前请假,如无临时接班人,不得离开岗位。

2. 认真处理事务

值班室工作庞杂、琐碎,无规律性,处理起来有时比较麻烦,但值班人员不得有丝毫大意和马虎,如果出现差错或处理不当,轻则耽误工作,重则造成严重后果。因此,值班人员必须要以认真负责的态度处理好每一件事情。如认真接转电话,认真做好记录,认真接待来访人员等,真正起到问事员、联络员、收发员的作用。

3. 热情接待来访

因事来值班室联系接洽的人很多,值班室对各种来人要根据不同情况做出恰当的处理。对于来洽谈工作的人,要查验身份,问清意图,协助并指引其办理有关事务,对于一般问题者,只要不涉及机密,应尽可能地给予帮助。

4. 加强安全保卫

值班人员的职责之一就是做好机关的安全保卫工作,值班人员一定要处理好热情接待来访和严格管理制度的关系。既要热情接待,又要严守制度,严防坏人混入作案。如遇到紧急情况和可疑人员,应及时向领导和公安、保卫部门报告。

5. 做好值班记录

值班记录是对值班工作遇到情况如实的反映,值班记录以天为单位,记录值班中遇到的情况和工作经历,有利于下一班次的值班人员了解情况,保持工作的连续性;有利于领导了解、检查、监督、考核值班工作,为编写情况汇报、工作简报、大事记提供参考。

凡在值班期间的来访、来电、来函、领导批示、交办事项、重要活动、检查巡视、交接班情况都要择要而记。值班记录样式较多,其具体格式由办公室依据自身需求编写,经和有关部门协商后报领导审定执行,以固定格式的本册形式呈现。(参见表 11 - 1)

表 11 - 1　值班日志

值班时间		年　月　日　时　分至　年　月　日　时　分		星期（　）
带班领导		值班人员		
记事	来电			
	来访			
	来函			
待办事项				
承办事项				
领导批示				
处理结果				
交接班	交班人		时间	
	接班人		时间	

三、突发事件的处理··

（一）突发事件的种类

突发事件，是指突然发生，造成或者可能造成严重社会危害，需要采取应急处置措施予以应对的自然灾害、事故灾难、公共卫生事件和社会安全事件。

自然灾害主要包括水旱灾害、气象灾害、地震灾害、地质灾害、海洋灾害、生物灾害和森林草原火灾等。

事故灾难主要包括工矿商贸等企业的各类安全事故、交通运输事故、公共设施和设备事故、环境污染和生态破坏事件等。

公共卫生事件主要包括传染病疫情、群体性不明原因疾病、食品安全和职业危害、动物疫情以及其他严重影响公众健康和生命安全的事件。

社会安全事件主要包括恐怖袭击事件、经济安全事件、涉外突发事件等。

（二）突发事件的级别

按照各类突发公共事件的性质、严重程度、可控性和影响范围等因素，总体预案将突发公共事件分为四级，即Ⅰ级（特别重大）、Ⅱ级（重大）、Ⅲ级（较大）和Ⅳ级（一般），用颜色来表示，分别为，红、橙、黄、蓝；按照严重程度要报告的上级机构分别为：国务院、国务院及省级政府、省级政府、地市及县级政府。

（三）突发事件的处理

1. 充分的准备

值班人员对于突发事件要有必要的精神准备、物质准备和行为准备，一旦出现大到自然或人为灾害,小到系统网络中断的突发事件,才能沉着应对果断处理。突发事件虽然不是经常发生,但对处理突发事件的应急预案却要了然于胸,如各级领导、公安、消防、交通、医疗等部门的电话、地址,只有如此,面对发生的事件才能沉着、冷静、机智的加以处理。

2. 问清详细情况

值班人员应详细了解事件发生的时间、地点、经过、人员伤亡情况和损失情况。比如火灾,应问清火灾的地点、火情、扑救情况等;如是食物中毒,应问明中毒地点、人数、病情等。

3. 及时汇报、请示

我国规定,有人员伤亡的公共卫生突发事件、重大事故和疫情,必须在 12 小时内上报卫生部及有关部门,包括事件发生的时间、地点、伤亡情况、发生原因以及组织救护的领导、人员、救治能力、采取措施和需要解决的问题等。

4. 采取应急措施

在非常紧急的情况下,要采取正确的应急措施。在报告领导的同时,就近组织人力抢救抢险,或依靠临近机关、企事业单位、部队,或保护事故现场,或紧急疏散民众,或紧急转移机要文件和贵重物资等,并根据领导指示进一步做好善后工作。

刑事案件,及时拨打 110,并把事件移交公安、司法部门;重大疫情及中毒事故在组织救治的同时,如属蓄意破坏,应及时报告当地公安部门;计算机等高科技领域的突发事件,需要公安机关执行安全检查工作。

第三节　办公室保密工作

一、秘密与保密

(一) 秘密

1. 秘密

隐蔽不为人知的事情或事物,大到国家、组织,小至家庭个人,在一定时间和范围内,为了保护自身利益,需要加以隐蔽、保护、限制、不让外界知悉的事项总称。

(1) 国家秘密

我国的《保密法》中明确规定,国家秘密是关系国家的安全和利益,依照法定程序确定,在一定时间内只限一定人员知悉的事项。国家秘密具有利益性、法定性、时空性、等级性、标志性等特征。

(2) 商业秘密

按照中国《反不正当竞争法》的规定,是指不为公众所知悉、能为权利人带来经济利益,具有实用性并经权利人采取保密措施的技术信息和经营信息。商业秘密具有非公开性、非排他性、利益性、管理性等特征。

（3）个人隐私

指公民个人生活中不愿为他人公开或知悉的秘密。个人隐私具有私密性、排他性、无关公共利益等特征。

国家秘密处于核心地位，因为直接关系到国家政权的稳定和国家安全利益。

2. 秘级

国家秘密的密级分为绝密、机密、秘密三级。

根据 1988 年通过的、1989 年 5 月 1 日实施的《中华人民共和国保守国家秘密法》的规定，绝密是最重要的国家秘密，泄漏会使国家的安全和利益遭受特别严重的损害；机密是重要的国家秘密，泄漏会使国家的安全和利益遭受严重的损害；秘密是一般的国家秘密，泄漏会使国家的安全和利益遭受损害。

要做好保密工作要避免两个误区，一是密级越高越好，二是保密范围越宽越好。国家秘密的密级确定应当按照法定程序，不能人为提高其密级，否则不仅造成管理上的混乱，还会因密级程度的提高，加重保密工作负担，增加不必要的浪费。保密范围的确定应按照《保密法》规定，不能人为扩大保密范围，把不属于国家秘密的事项纳入国家秘密之中，否则既造成人力、物力和财力的浪费，也妨碍信息的交流。

3. 秘密载体

秘密载体分为密件和密品两大类。

密件指以文字、数据、符号、图形、图像、声音等方式记载秘密信息的纸介质、磁介质、光盘等各类物品，可以直接看到或听到秘密信息。磁介质载体包括计算机硬盘、软盘和录音带、录像带等。

密品指直接含有国家秘密信息的设备、产品、物品等，这类载体有的可以从外观上直接反映秘密的属性，但大部分要经过技术测试、分析才能获得秘密信息。如国防尖端武器、密码机、密钥等。

此外涉密人员本身也是秘密的载体，随着市场经济的发展，劳动者自由流动成为一种不可避免的趋势，如何既不阻碍人的自由流动，又能有效地防止秘密的流失，成为保密工作一项重要的研究课题。

（二）保密

1. 保密

是从国家的安全和利益出发，将国家秘密控制在一定的范围和时间内，防止被非法泄露和利用,使其自身价值得到充分有效地实现所采取的一切必要的手段和措施。宪法规定:保守国家秘密,是每个公民应尽的义务。严守党和国家的秘密,保守商业秘密,防止失密、泄密、窃密,这是国家工作人员的义务和职责,也是商业秘密拥有者的职业操守。

保密具有封闭性、排他性、利益性和相对性的特征。

2. 解密

秘密具有时间性,保密都是暂时的、相对的和有条件的,任何秘密到一定的期限,即可变更密级,也可解除秘密,故此,永久保密是不存在的。国家秘密的解密,除另有规定外,绝密级不超过三十年,机密级不超过二十年,秘密级不超过十年。

根据《保密法》规定:国家秘密事项的保密期限届满的自行解密;国家秘密事项在保密期限内不需要继续保密的,原确定密级和保密期限的机关、单位或者上级机关应当及时解密。及时做好解密工作,才能确保国家秘密,才能有利于工作。解密要遵循有关规定和程序,任何单位和个人不得擅自变更密级和解密。

3. 保密面临的新问题

2001 年 12 月 11 日开始,中国正式加入世界贸易组织(WTO),面对贸易自由化、经济全球化的形势和要求,保密面临新的问题。涉密人员流动性增强,涉密载体形式多样,涉密活动日趋频繁,窃密技术更先进、形式更隐蔽、手段更狡猾,泄密途径和隐患明显增多,保密工作的难度越来越大,这一切都需要重新审视国家秘密的范围和具体事项。按世贸组织公开透明和预见性原则,我们目前定密过宽,国内推行政务公开,也要求政府部门开放更多的信息。保密工作不仅要从安全的角度看问题,更需重新审视国家秘密的范围和事项,按照信息公开的要求将解密工作纳入议事日程,对信息共享和流动引起足够的重视,定密要准确,做到"该交流的能交流,该保密的要保住"。

(1) 防范人才携密外流风险

在参与国际竞争和合作中,人才外流中的保密工作必须引起重视。外企所青睐的"人才"有两种:一种是在政府重要部门工作的人,这些人被看中的并不是他们本身的价值,而是他们对国家秘密的知悉和他们手中的权力;一种是企业中掌握核心机密的人员,这些人被看重的是他们手中的机密或者是关键技术,人才在流动中带走企业商业秘密甚至国家秘密的情况越来越突出。如何做到既不影响正常和合理的人员流动,又能确保人走密留,难度相当大。

(2) 提高保密技术

随着现代科学技术的进步,电脑、传真机和其他先进的办公设备被广泛使用,传输的内容若涉及秘密,其辐射信号易被现代化手段截获,特别是面临网络共享和开放,从"信息高速公路"到"数字化地球",席卷全球的信息化浪潮以其突出的特点将信息安全保密问题凸现在世人面前,全球互联网的爆炸性增长和我国信息资源的开发与使用的相对滞后,将给我国网络信息安全保密带来更为严重的隐患和更多的问题。

（3）修订与调整立法和司法体制

加入世贸后,我国现行的《保密法》及有关法律、法规与入世后面临的新情况、新问题不相适应,那些与世贸组织的要求不完全一致的法律、法规和行政命令,要抓紧修订和调整;违背的,要取消;没有的,要抓紧填补空白。因此,保密工作同样存在依法行政、依法管理转变的问题。

二、失密、窃密、泄密

（一）失密

丢失秘密文件资料、产品、图纸、实物,无论其找到与否,是否造成危害,均称失密。

张教授将装有属国家核心机密文件的电脑和2.4万元现金装进密码箱,准备和几名学生一道乘飞机赶往西藏公干。

上午9点40分,张一行在南岸坐上一辆出租车赶往江北国际机场,顺手将密码箱放在出租车后排座上,一行人谈笑风生中很快到了机场。但张下车后赫然发现密码箱不在身边,仔细一想原来落在出租车上了。一想到国家机密文件不翼而飞,自己很可能面临严厉的处罚时,张当即吓出一身冷汗,随即放弃乘机,赶到市出管办报案。民警通宵排查了8000多辆出租车,24000名驾驶员,第二天终于将密码箱寻回。

经检查,箱子里的电脑没有被启动的痕迹,里面的机密文件也没有被泄露,张教授对民警找到失物感激不已。

（二）窃密

凡是采取非法手段窃取、搜集、刺探、收买党和国家秘密以及商业秘密的都称为窃密。不管是政治,还是其他方面,只要有竞争,就需要掌握信息,而且是比对手更先掌握信息,唯有如此,才能做出更好、更准确、更有效的行动,从而使自己取得先机,获得成功。在市场竞争越来越激烈的今天,窃密已成为一些商人生意成功、战胜对手的利器,窃密手段花样百出。

（三）泄密

凡是把秘密泄露给不应知道的人员称为泄密。窃密与保密是一对矛盾。窃密术,对情报工作是机会、是条件,对保密工作则是挑战、是漏洞。窃密与泄密密切相关,我们如何做,才能不泄密,或者说,"秘密"是从哪些渠道泄露出去的? 了解了这些渠道,就能加强防范,提高警惕,做到万无一失。

发生泄密情况后,应及时向保密工作部门和上级主管部门报告;切断泄密源头,控制泄密范围;确定泄密事件发生的原因,并及时对系统隐患进行修补;对系统的泄密隐患或风险进行重新评估,确认安全后,系统方能重新运行。

三、办公室保密工作

(一) 办公室秘密

办公室是大量秘密文件的制发地和集散地,尤其是领导机关制发的文件,大多涉及党和国家的重大决策,涉及国家政治、经济、军事等核心机密,是猎取的主要对象。办公室人员长期工作在领导身边,知密早、知密多、知密深,自然了解一些重要机密,也很容易接触秘密资料,稍有不慎,就可能造成失密、泄密现象,给国家带来危害,给企业造成损失。

办公室秘密的种类有两大类,一是国家秘密,二是工作秘密。

1. 国家秘密

国家秘密关乎国家的安全利益,《保密法》规定了国家秘密的基本范围:

(1) 国家事务重大决策中的秘密事项;

(2) 国防建设和武装力量活动中的秘密事项;

(3) 外交和外事活动中的秘密事项以及对外承担保密义务的秘密事项;

(4) 国民经济和社会发展中的秘密事项;

(5) 科学技术中的秘密事项;

(6) 维护国家安全活动和追查刑事犯罪中的秘密事项;

(7) 经国家保密行政管理部门确定的其他秘密事项。

政党的秘密事项中符合前款规定的,属于国家秘密。

2. 工作秘密

工作秘密指在公务活动中产生的,不属于国家秘密而又不宜对外公开的秘密事项。

(1) 商业秘密

商业秘密包括两部分:技术信息和经营信息。如管理方法、产销策略、客户名单、货源情报等经营信息;生产配方、工艺流程、技术诀窍、设计图纸等技术信息。

(2) 领导层内部不宜公开或暂时不宜公开的事项

正在酝酿而尚未确定的干部人事任免、领导人之间的意见分歧,这类事项一旦泄漏出去,往往会给领导的工作造成极大的被动。

(二) 办公室保密工作特点、内容与纪律

1. 办公室保密工作特点

"保密工作无小事,细小之处见成败",保密是办公室安全工作的重点。毛泽东同志说过:"保守秘密,慎之又慎。保密九分九不行,非十分不可。"办公室特殊的工作性质和特殊的工作环境,

决定了办公室保密工作具有以下特点：

（1）政治性

领导的主要责任是制定政策，巩固政权，为人民谋利益，具有很强的政治性。办公室人员的职责就是为领导服务，其保密工作同样是一项极强的政治性任务。

（2）封闭性

从情报学来讲，秘密就是情报，保密就是对秘密情况加以封锁，防止失密、泄密。在保密的期限和范围内，封闭越严密，越能表明保密工作的成效。

（3）利益性

保密就是保护自身的各种利益，使之不受或少受损害。

（4）相对性

办公室保密的事项有一定的时间、空间和范围的要求。再绝密的事项，也必须有一定的保密时限和知密范围，没有任何人知道的秘密是不存在的。

2．办公室保密工作内容

（1）文件保密

秘密文件的起草，从资料的过程稿、送审稿、讨论稿、修改稿、征求意见稿，都要严格按照秘密文件、资料保密管理规定妥善保管，不能随意丢弃。一旦定稿，应当严格履行定密程序，由承办人对照有关《国家秘密及其密级具体范围的规定》拟定密级、保密期限和知悉范围；再由定密审核人对承办人拟定的密级、保密期限和知悉范围进行审查；然后报机关、单位主管领导审批，整个过程可以结合办文流程处理。

秘密文件、资料的制作，应注明发放范围、制作数量和编排顺序号，承办人员及其他任何人都不能多制、私留涉密载体。需要委托印刷厂印制的，应送上级指定秘密载体定点复制单位印制。禁止将秘密文件、资料委托非定点单位印制。印制过程中产生的废页、废料、残页、残料、校对稿、胶片、胶版等，需要保存的，应当按照国家或机关、企业团体等秘密载体保密管理规定妥善保管；不需要保存的，应当按规定销毁，不能随意处置，不得作为废品出售给废旧物资回收单位和个人。使用磁、光、半导体等介质拷贝、刻录国家秘密信息，应当在本机关、单位内或定点单位进行，并在适当位置标明密级，不能托交其他社会单位或无关人员刻录、制作。

文件的传阅一般每次不得超过两天，急件阅后即退，不得任意积压与延长时间。传阅一律采取直传方式，经管文件的人员应逐件登记阅文人，阅后退回，要清点份数，阅文人之间不得横向传阅。传阅夹内的文件，不许随意抽取。若因工作需要，必须经收发人员同意，并办理借阅手续。不得擅自扩大文件的传阅范围。文件阅毕后，必须签注姓名（全称）及时间。

文件的销毁应经领导批准，有两人监销并履行登记、签名等手续。公开发表的稿件，有可能涉及机密内容时,应交保密部门审查,并由领导人审核签发。

（2）会议保密

召开秘密程度较高的重要会议,会前应与保卫、保密部门联系,共同采取安全保密措施,并对与会人员进行保密教育,规定保密纪律。选择具备安全保密条件的会场,严禁使用无线话筒传达密件和向室外扩音。控制与会人员,本人签到,凭证入场,做好点名工作,严禁无关人员进入会场,对需要列席会议的人员,应将名单呈报主管会议的领导同志审定。

凡传达秘密文件,一定要按文件规定和上级指示办理,不得擅自扩大传达范围。严禁复印会议秘密文件、资料,确因工作需要复制的,必须经过批准,并标明密级,到指定地点复制,统一编号,登记分发,不得遗失。秘书所做会议记录,应同保密文件一样严加保管。

凡规定不准记录的会议内容,与会人员不得记录,并不得携带录音机以及带有录音、录像功能的手机进入会场。与会人员不得以任何形式对外泄露会议秘密内容,新闻部门不得公开报道会议秘密事项。

会议结束后,要对会议场所进行保密检查,查看有无遗失的文件、资料、笔记本等。

（3）通讯保密

秘密文件、资料等不准通过普通邮政或非邮政渠道传递,应通过机要交通、机要通信或指派专人传递;不准使用明码或未经中央有关机关审查批准的密码传输国家秘密信息;不准在普通电话、普通传真、普通计算机网络等传输国家秘密信息;严禁密电明传、密电明复或明密电混用。

（4）计算机网络保密

现代化办公设备都要严格区分涉密和非涉密设备,并分类进行登记,严禁非涉密设备处理涉密信息,对处理、储存信息的设备要严格登记和检查。明确区分工作用和个人用的 U 盘及计算机,杜绝混用;在工作中接触的涉密电子文件,要及时清理,该归档的要及时归档,不能私自留存;上网信息的保密管理坚持"谁上网谁负责"的原则。向国际联网的网站提供和发布信息,必须经单位有关部门保密审批。属于国家秘密的政府信息确需公开的,应当先行解密或者对国家秘密内容采取删除、变更等方式进行非密技术处理。离岗前要对自己持有的涉密载体进行清理,有关部门应监督其登记、交接,不留隐患。

（5）涉外保密

涉外活动要注意内外有别,涉密单位不得擅自接待外国人参观访问;参加外事活动以及出国人员,未经批准不准携带秘密文件、资料、笔记本等;凡有外国常驻的单位,不得让外国人接触我方秘密文件或参加秘密会议,中方人员也不得在外方面前讨论秘密事项。

3. 办公室保密工作纪律

办公室人员处于组织核心层,能够接触领导、接触文件,掌握一些机密情况,所以对其有严格的纪律要求。办公室的主要纪律是"十个不"：

不该说的机密，绝对不说；

不该问的机密，绝对不问；

不该看的机密，绝对不看；

不该记录的机密，绝对不记录；

不在非专用记录本上记录机密；

不在私人通信中涉及机密；

不在公共场合和家庭、子女、亲友面前谈论机密；

不在不利于保密的地方存放机密文件、资料；

不在普通电话、明码电报、普通邮局传达机密事项；

不携带机密材料游览、参观、探亲、访友和出入公共场合。

随着时代的发展，必然会出现新的"不"，比如，不在著述中涉及机密事项或资料；不在新闻报道中涉及机密事项或资料；不在有非涉密人员在场的条件下翻阅机密文件或资料；不在出国访问、考察等外事活动中携带秘密文件、资料；不利用存储有秘密的计算机连接互联网，等等。

（三）办公室保密措施

1. 加强保密教育

各级机关办公室必须加强办公室人员的保密教育，把保密教育由软任务变成硬指标，使他们认识到保密工作对于国家安危、企业生存的重要性，针对保密工作中存在的错误认识和失泄密隐患，通过形势分析、案例通报、定时提醒等方式，使他们了解新时期保密工作的特点，遵守保密规定，学习保密知识，养成保密习惯。

2. 挑选机要人员

保密工作的好坏，保密制度的执行，在一定程度上与工作人员的责任心和业务水平相关。在选择机要人员时，一定坚持"先审后用"的原则，确保政治合格，业务过硬，作风优良，纪律严明。同时对他们也要加强管理，严格要求。

3. 建立保密制度

制度建设是一个没有终点的动态过程，没有"最好"，只有"更好"，科学的积极的制度建立，能有效降低"风险"，保密制度的具体内容应根据自身的具体情况而定，一般包括文件保密、会议保密、档案保密等等。此外还应建立健全涉密电子文档有关管理规定，有条件的设立涉密电子文档台账，明确涉密电子文档复制、删除管理规定；同时建立规章制度，加强对连接互联网计算机的管理，严格做到涉密计算机及移动存储介质与互联网的物理隔离。

本位责任制是制度的核心，据此方可形成"人人肩上有指标，保密重担人人挑"的态势，比如秘书岗位保密工作职责、文印岗位保密工作职责、机要收发岗位保密工作职责等等。

制度建立后要检查执行情况，以使制度不断完善，不流于形式，使保密工作经常化、持久化。

【思考题】

1. 办公室安全工作的特点是什么？
2. 办公室值班人员如何面对突发事件？
3. 在工作中，哪些方面的事项需要保密？
4. 新形势下保密工作面临哪些挑战？如何应对？

【案例分析】

涉密文件上网之前

李伟国

张教授是 A 市一所著名高校的知名教授。2008 年秋，该市某部门组织了一个课题，邀请张教授作为牵头人。张教授觉得这个课题与自己的专业十分契合，就承担了下来，并带领学校的几个年轻老师和该部门的同志们一起工作。经过一段时间的研究，课题形成了初步成果，该部门的李部长来到学校，听取了张教授等人的研究情况汇报。

"老张，课题进展情况很好啊。这个课题开展过程中还有没有什么困难，有困难尽管提。"李部长亲切地对张教授说。

"基本没有。只是国外这个领域的情况我比较熟悉，但国内的一些背景资料，尤其是上级部门对这项工作的具体要求，还有各地的实践情况，我手头资料还比较欠缺。"张教授答道。

"好的，我让办公室小刘协助你，有时间你可以到档案室看看文件，查查资料。"李部长立即把小刘叫了过来，要求他全力配合张教授到部里查阅资料，需要什么就提供什么。

"没问题，部长，您就放心吧。"小刘回答道，"张教授，您过来后和我联系，有什么需要尽管提。"

第二天，张教授就和小刘取得了联系，要求到该部门的档案室查阅资料。小刘很热情，虽然单位规定，档案室是保密要害部位，不能随意领人进入。小刘想，为课题查阅资料这件事是部长指示过的，应该不算违规吧，就把张教授带到档案室的涉密库房，毫无保留地把最近几年中央、省和市与课题有关的文件（部分涉密）搬出来，让张教授查阅。张教授随即拿出携带的笔记本电脑开始摘抄资料内容。摘抄过程中，张教授发现有一份标着"机密"的文件对课题涉及问题的表述十分全面,只是十几页的篇幅,抄录时间太长。张教授想,自己一个字一个字打实在太慢,如果能扫描一下岂不是事半功倍。于是,张教授把小刘叫了过来。"小刘,这份文件对我们的研究很有帮助,我来不及抄了,你看能不能帮我扫描一下?""没问题,我帮您扫描,稍等一会。"

小刘爽快地答应了,拿着文件去扫描。等回到办公室,小刘才发现张教授给的是一份机密级文件,按照规定是不允许随意复制的。但他又想起了李部长的交代:要全力配合张教授研究工作。怎么办呢? 想来想去,小刘觉得这个课题最终成果只是用一部分该文件中的东西,问题应该不大,再把密级标志删除掉,应该不会被发现。小刘扫描完文件,把文件电子稿刻入光盘,拿回到档案室。

"张教授,让您久等了,文件扫描好了。"小刘说,"不过,张教授,这份文件是机密级文件,按规定是不能随意扫描的。我怕您急着用,就给您扫描了。您一定不能把它放在连接互联网的计算机上,用完了赶紧删除掉。"

"哦,我知道了,谢谢你。"张教授说,"我这台计算机是上网的,回去后我把它放在不联网的计算机上用,你放心吧。"张教授回到学校后,并没有按照小刘的要求去做,而是为了方便,把文件存进了自己连接互联网的笔记本电脑中,并在自己的移动硬盘中留了一个备份。项目很快就结束了,时间一长,张教授就把自己的笔记本电脑和移动硬盘中存有涉密文件的事淡忘了。

2009年冬天,助教小徐对张教授说:"张老师,学校要求课程结束后,把有关课件放到网络课堂上给同学们学习用。您的研究生课程已经结束,您看什么时候方便就把资料挂到网上去。"

"我最近比较忙。这样吧,你把我的移动硬盘拿去,整理一下,把和课程相关、有用的东西挂到网上。"

"好的,张老师,要不我先整理,等整理完您再审核一下?"小徐很负责任。

"不用了,你弄完了直接挂到网上就可以了,我不看了。"张教授摆了摆手。于是,小徐把张教授的移动硬盘带回家中整理。整理过程中他发现,张教授从该市某部门扫描的那份涉密文件参考性很强,于是直接挂到了学校的网络课堂上。张教授的学生小赵看到学校网络课堂刊登的这份文件,觉得很有用,便将其下载后刊登在自己的博客上,导致文件被大规模传播。

事件发生后,张教授和小刘分别受到了党纪政纪的严肃处理。

——案例来源:福建保密直通车

发布时间:2011-4-14　11:46:43

请认真阅读案例,回答以下问题:

1. 秘密是从哪个渠道泄露出去的?
2. 在泄密事件中,哪个环节可以阻止秘密的泄露?
3. 如何加强涉密人员的管理,请提出合理化建议。

【实践活动】

对当地任一组织的办公室安全工作进行观察,找出其安全隐患,提出整改措施。

实训目的: 通过对各组织办公室安全工作的观察,使学生对各种安全隐患有所认知,并能够制订必要的防范措施。

具体要求:

1. 以团队为单位,确定观察对象。

2. 深入办公室,体验办公安全管理,了解办公室各项规章制度。

3. 拟定一份岗位责任制度。

第十二章　公务出差安排

本章由两节组成,分别为国内公务出差和国外公务出差。通过本章的学习,了解公务出差的基本内容,能够拟定公务出差计划,掌握常见的公务出差类型及关于护照、签证的知识。

【职场小故事】

领导出差"难"坏秘书

李总经理要去国外出差一个星期。秘书小张把整理好的具体的行程安排打印后交给李总。他自认为已经做得很好,谁知李总顺口问他一句那里的天气最近怎么样?小张一时哑口无言。他赶紧一边上网查询,一边通知外销公司负责这个区域的业务员帮他问问客户。忙碌一阵,终于把未来一周的天气趋势交给李总,他也暗暗松了口气。谁知李总又问有没有新的名片,他准备带一盒完整的名片出去,小张暗暗叫苦:印刷好的那么多名片偏偏在这个节骨眼儿上没有了,于是赶紧通知总务后勤紧急印刷。当小张再一次交给李总印好的名片时,真的怕他再问什么,但李总偏偏又问了一些小张事先根本没有准备的问题。小张傻眼了,急忙一件一件去准备。

领导或工作人员因工作需要到常驻地以外地区进行洽谈业务、参观访问、出席会议或实地考查等公务活动,即公务出差。公务出差的种类划分标准有很多种,按出差时间的长短,可分为短期公务出差与长期公务出差;按是否有陪同人员,可分为个人公务出差与秘书全程陪同的公务出差;按出差地点,可分为国内公务出差和国外公务出差等。不管是哪一种,秘书都需要为领导做好相关的辅助工作,这也是秘书日常事务中的一项经常性的工作。

第一节　国内公务出差

一、了解情况

(一)公务出差的原因

领导公务出差是参加行业会议还是洽谈业务,或是其他的活动,会影响到秘书为其准备资料、安排时间等一系列的工作。

（二）地点

一次公务出差可能要到不同的城市，在一座城市也会到不同的地方活动，所以秘书一定要弄清地点问题，越详细准确越好。

（三）时间

包括启程时间、路途所用时间、抵达时间、返程时间、各项活动的时间等等，时间是秘书预订飞机票、车票和安排接送的依据，恰当地安排时间也是出差顺利的保障。

（四）人员及事务安排

明确公务出差时的主要接待人员、外出活动的主陪人员等人员安排。明确住宿、餐饮、参加活动等的安排。另外，如果双方人员因宗教、民族等原因对食物、住宿有特殊的要求，应事先讲清楚，以免发生不必要的误会。

（五）出差地区的历史、地理、气候、交通、风土人情等情况

对出差地区的历史、地理、气候、交通、风土人情等方面事先进行了解，也非常有必要，可提前做好充分准备，以便应对。

二、选择、预订交通工具···

（一）选择交通方式

帮领导选择什么样的交通方式，首先要根据所在的政府机关或企事业单位的差旅费管理规定，在符合领导出差报销标准的范围内选择；然后根据领导出差的目的地、时间、安全度、舒适度和领导的喜好等因素来选择出行的交通工具。

（二）购票

经领导同意，确定交通方式后，开始购票。

预订车票时要明确告诉对方目的地、日期、车次（或自己希望的时间）、座位档次（软卧、硬卧、硬座）。有一些车次可以预订返程车票，需要时可以将返程车票一并预订。

预订飞机票时，乘客的姓名一定要清楚地报给对方，必要时还需要对姓名进行说明（比如乘客的工作单位或职务等），以免因同名同姓而造成误会。要根据公司的规定确定机票的等级。飞机票一定要提前预购，至少提前一周。如有需要可同时预订返程票。一定要注意，提前预订的返程票应该在规定时间内向航空公司确认座位，否则预订的座位就不会被保留。如果秘书不陪同领导出差，那么要用电话提醒领导确认机票。

支付订票费用时，政府机关或国企的人员需使用公务卡，其他单位或企业需留存好票据。

三、预订旅馆···

（一）宾馆类型

给领导预订什么等级的旅馆和房间，首先要考虑本单位或企业的差旅费管理规定，然后照顾到领导的个人习惯与爱好,另外住宿位置要方便业务工作的开展。

（二）预订

1. 预订途径

可以通过旅行社、各旅游网、目的地的商会或当地与我方有合作关系的公司预订。某些航空公司也有旅馆预订业务。

2. 预订方法

告诉旅馆客人姓名、性别、到达和离开的时间,预订房间的类型、朝向以及其他要求。有时需要提前几个月预订。有些旅馆要求在旅客入住前几天或一两周再确认预订,否则会取消预订房间。另外,一定要向旅馆索要确认预订的收据或认可书,与领导的出差日程表放在一起,以便在到达时即可拿出,否则一些不负责任的旅馆经理会轻易否定你的预订,你的领导将无处可住。如果要取消预订,应在旅馆结账前通知对方,否则就要付当天的费用。

四、准备资料和行装

对于需要携带的资料和用品,可以按类列出,让领导过目,并检查是否遗漏。

（一）根据公务活动内容选择所需资料、文件

如演讲稿、谈判提纲、合同草本、意向书草本、备忘录、报价资料、工程图表、公司宣传资料、对方公司的背景资料、领导层人事资料等。

（二）出差资料

如所去地方的地图或城区交通图、请柬、介绍信、通知、日程表,与此次公务出差相关的人的通讯录,旅馆预订的确认凭证。

（三）办公用品

如笔记本电脑、U盘等。

（四）个人用品

包括机票(车票、船票)、身份证、手机、手机备用电池及充电器、照相机或摄像机、信用卡、公务卡、常用药品(感冒药、晕车药、止泻药等)等。

五、差旅费

差旅费是指工作人员临时到常驻地以外地区公务出差,所发生的城市间交通费、住宿费、伙食补助费和市内交通费。根据2014年1月1日起正式实施的《中央和国家机关差旅费管理办法》新规,国家机关或国企工作人员出差的住宿费、机票支出等一律用公务卡结算。住宿费在标准限额之内凭发票据实报销。伙食补助费按出差目的地的标准报销,在途期间的伙食补助费按当天最后到达目的地的标准报销。

其他组织或公司企业一般采取预支差旅费制度，秘书事先写好申请才能预支差旅费。支付差旅费采用现金、旅行支票、信用卡等方式都可以。

差旅费报销时应当提供出差审批单、机票、车票、住宿费发票等凭证；要确保开支范围和标准符合报销规定；确保票据来源合法，内容真实完整、合规。

六、制定公务出差计划和日程表

（一）公务出差计划的内容

1. 出差的时间段、启程及返回的日期、接站安排。
2. 出差的路线、终点及途经地点和住宿安排。
3. 会晤计划、会晤人员的名单及背景、会晤主题。
4. 交通工具的选择，要列明飞机客舱种类及停留地的交通安排。
5. 需要携带的文件、合同、样品及其他资料。
6. 领导或接待人的特别要求。
7. 领导出差区域的天气状况。
8. 差旅费用。

（二）日程表（参见表 12-1）

表 12-1 日程表

日期	时间	地点	活动内容	服装要求
5月5日	7:30—8:00	世纪饭店第一餐厅	早餐	随意
	9:00—11:30	世纪饭店四层第二会议室	会议开幕式、演讲（演讲稿在公文包第一层）	西服套装、皮鞋、白色衬衣、深色领带
	11:40—12:40	世纪饭店第一餐厅	午餐	随意
	14:30—16:30	世纪饭店四层第三会议室	分组交流（名片盒在公文包第二层、公司宣传资料在大旅行箱里）	衬衫或带领T恤、便装裤
	16:30—18:00		自由活动、游泳、网球、保龄球等	随意
	18:00—19:30	世纪饭店第二餐厅	晚宴	西服套装、皮鞋、白色衬衣、深色领带
	20:00—22:00	世纪饭店五层多功能厅	舞会	同上

制订计划时要严格控制差旅费预算及规模；所有计划要请出差人过目。另外，出差计划与日程表通过审批后，各复印三份，一份存档，一份给领导及其家属，一份秘书存留。

七、临行前的工作安排

领导出差之前，秘书应提醒领导将其外出期间的工作做一些安排：

（一）对领导应过目的文件或应（需要）裁决的事件，请领导出差前过目和决断。

（二）领导出行不需保密的话，应通知有关部门有无要事请示领导，以免领导出差后要事难决，但秘书也要把握好分寸。有时，领导要出差了，特别是出差的时间比较长，各部门来请示、报告也会增多。这时，秘书要注意安排好领导的休息，不要让领导带着满身的疲倦和牵挂去出差。

（三）领导出差期间，应安排代理人并予以授权，以便代行管理，维持组织活动的正常运转。

（四）随同领导出差的秘书应与留在单位的同事约定联络方式，甚至长途通话的时间，以便领导出差期间与本单位保持密切的联系。

八、领导出发当天秘书的工作

出发当天，不论领导是从公司、单位走还是直接从家里走，都要安排好送站的车。出发当天，要最后检查一下火车或飞机的运行情况，特别是飞机因气候不佳而误点的情况经常发生，因此，如果是乘飞机的话，一定要向飞机场方面询问一下当天的航班情况。

出发之前，一定要再仔细检查一下领导是否有什么东西忘记带了，如果有，这时还来得及补上。

起程之后，把领导送上火车或飞机，就要立即打电话通知对方接站的时间。特别是在改变原定的车次或航班的情况下，一定要将这新的变化告诉对方，以免对方浪费人力、物力及时间却接不到你的领导，造成不必要的损失与麻烦。

九、随行秘书的工作

外出期间的秘书工作，具有流动性强、综合性和复杂性等特点，随行秘书要熟悉出差地区的历史、地理、气候、交通、风土人情等情况，以便办理好日常事务，保证领导的生活和休息，多观察多思考，辅助领导完成出行任务。

出差途中，秘书需向领导介绍与出差目的地有关的情况，注意看好行李，并做好途中的生活服务。

到达出差目的地后，秘书要尽快安排好住宿；熟悉出差目的地的交通、邮电等基本情况；做好生活服务；需要的话，及时向本单位通报行踪，并做好出差日志的记录。

返程前,秘书要负责收拾好行李物品和文件资料,按差旅费报销要求结清住宿费和伙食费,做好返程准备。向本单位通报返程日期、车次,并与出差目的地的有关单位和个人告别。

十、上司出差后留在单位的秘书的工作

在单位值班的秘书主要负责落实领导临行前交办的事项;详细记录领导出差期间单位内发生的主要事件,以便领导回来后向其汇报;同时,随时掌握领导的行踪,以便保持联系;另外,领导返回时做好迎接工作。

十一、上司出差回来后秘书应做的工作

领导出差回来之后,秘书要做的第一件事就是要向出差目的地的有关单位表示感谢。如果自己与领导一起出差,也可以自己的名义向对方的秘书表示感谢;如果自己没有与领导一起出差,则要以领导的名义来表示感谢。

在单位值班秘书汇报领导出差后的有关情况。

秘书要整理领导带回的各类文件、物品和资料;代领导整理各种出差票证,到财务部门报销;帮助领导整理出差报告或考察(调查)报告。总结报告主要是把出差的经过和结果写出来,交给有关部门传阅。出差总结报告,各单位一般都有统一固定的格式。如果秘书与领导同行,就根据自己的记录和参考领导的谈话记录来写总结报告;如果秘书没有与领导一起出差的话,则要先听领导的介绍后,再写总结报告。

第二节 国外公务出差

一、国外出差手续

当秘书得知领导要国外出差时,除了了解基本情况、做与国内公务出差一样的准备工作之外,还要进行如下准备工作:办理护照、签证、办理《国际预防接种证书》、办理出境登记卡、订购机票。

(一) 办理护照

护照是一个国家的公民出入本国国境和在外旅游或居留时,由本国发给的、证明该公民身份的合法证件。凡出国人员均应持有本国政府颁发的护照(我国的分为外交护照、公务护照、普通护照三种。普通护照又可分为因公的和因私的两种)。如果持照人在国外发生意外,所在国必须依照其所持护照判明其身份和国籍,才能决定如何处理。同样,护照颁发国的驻外机构也要根据护照来决定怎样对其提供帮助或外交保护。

在得知领导要国外公务出差后,秘书首先要抓紧时间为他办理护照。

（二）办理签证

签证是一个主权国家为维护本国主权、尊严、安全和利益而采取的一项措施。签证是一个主权国家实施出入本国国境管理的一项重要手段。一个国家的公民如果希望到其他国家旅行、定居、商贸、留学等,除必须拥有本人的护照或旅行证件外,另一个必备条件,就是必须获得前往国家的签证,否则是不可能成行的。

签证的种类:签证一般按出入境性质分为出境签证、入境签证、出入境签证、入出境签证、再入境签证和过境签证等六种类别。

有的国家(地区)根据申请签证者的入境事由,把颁发的签证分为:外交签证、公务签证、移民签证、非移民签证、礼遇签证、旅游观光签证、工作签证、留学签证、公务签证以及家属签证等。

办理签证时,要由出国人员本人亲自持护照、对方公司邀请信和其他申请签证的材料,到所去国驻我国大使馆或领事馆申请办理签证;或是委托可靠的签证代办机构(如中国旅行总社签证代办处)代办;也可以委托发出邀请的公司在其所在国的有关部门办理。

一般签证做在护照上或其他身份证件上。如前往与我国未建交的国家,则用单独的签证,称为另纸签证,与护照同时使用。

办理签证有时要花费较多时间。比如,因为邀请方寄来的文件不合要求,需要重新寄来,这样一来,最快也得多用半个月;有时赶上了大使馆放假(不同国家都有自己特别的假期,比如我国的国庆节与美国的国庆节就不在同一天)。所以办理出国公务旅行要注意:一要在时间上留出余地,尽量提前办理;二要抓紧每一个环节。

领到签证后,要注意查看签证的有效期和是否盖章签字。要在有效期内入境。

（三）办理《国际预防接种证书》

因为该证书是黄色封皮,所以俗称"黄皮书"。它是世界卫生组织为了保障出入国境人员的身体健康(防止某些疾病传染流行所要求的证明)、避免流行病的传播而采取的卫生检疫措施。如果出入境者没有带黄皮书,海关卫生检疫人员有权拒绝其出入境。在办理完护照、签证以后,出国人员持单位介绍信到所在地的卫生检疫部门进行检疫和预防接种,根据所去国家的不同和疫情的变化,接种的疫苗有所不同。检疫和接种后,领取黄皮书。

领到黄皮书后,要认真检查,看姓名等内容是否与护照一致,检疫机关的盖章、医生的签字是否清晰,已经接种的疫苗是否记录在案。

（四）办理出境登记卡

办理完上述手续后,需携带出国人员的护照、签证、户口本、身份证等证件办理临时出国登记手续。

（五）订购机票

可到国内各航空公司和可靠的售票代理点办理订票手续,也可到国外航空公司驻我国办事处订票。在网上可以查询各航空公司的情况,不同航空公司的票价有时差别很大。有的公司员工出差经常乘坐某一航空公司的飞机,就会得到某些优惠。如无特殊情况,应该预订往返机票,会节约不少经费。

订购机票时要出示出国人员的护照。拿到机票后,一定要认真检查机票上填写的内容,核对姓名的拼音是否与护照上的一致;是否有每个航班的乘机联、每个航班的起落时间、机场名称;座位栏内是否填好"OK";各项内容是否清晰,是否盖有公章。

（六）办理保险

通过代理人由保险公司办理出国人员有关保险,以便在发生意外事故、疾病、行李丢失等问题时,把损失降到最少。还应该购买航空意外险,如果订票时没有此项内容,可在登机前到机场有关窗口办理。由于国外的医疗费用颇为昂贵,所以秘书应建议上司及出行人员另行投保陆路施行医疗保险,以保障在旅途中万一遇到意外时,亦不致有太大的金钱损失或开支。

二、出入境手续

（一）边防检查

出入境者要填写出入境登记卡片,卡片的内容有姓名、性别、国籍、护照种类和号码、有效期限等,还要交验护照和签证。

（二）海关检查

海关有权检查出入境者的行李物品,但不是对所有旅客的行李都一一检查。有的国家要求出入境者填写携带物品申报单。各国对出入境物品的管理限制不一样,一般会对烟、酒等物品限额放行。有的国家还要求填写外币申报单。

（三）安全检查

登机旅客绝不可以携带武器、凶器、爆炸物、剧毒品等登机。检查方式有:过安全门、探测器近身检查、检查随身携带的手提包等物品,甚至搜身、脱鞋检查等。检查的目的是为了所有乘客的安全,所以尽管会占用一些时间,但还是必要的。

（四）检疫

检疫就是交验黄皮书。对来自疫区的旅客,检查特别严格。对未进行必要接种的旅客,有时会采取强制隔离、强制接种等措施。

三、其他准备

国际出差还需要特别注意一些其他的问题。

（一）掌握时差的换算

秘书要清楚各国之间的时差转换方法。国际上规定以英国格林威治时间为世界标准时间。地球的两个半球分为东八区和西八区，东八区时间比标准时间早，西八区比标准时间晚。对于出国人员来说，调整时差必不可少。飞机航班时刻表上一般注有两种时间，当地时间和标准时间。而机场标出的飞机起飞和降落的时间都是当地时间。

（二）准备资料和各种证件

与国内公务出差一样，资料准备要充分。小宗的纸质资料尽量做到随身携带，大宗的纸质资料要做好防潮措施；对于存在手提电脑里的有关资料，一定要备份；对其中的机密文件、资料，还需要加密保护；与此次公务无关的绝不要带出去，以免泄露商业机密。同时，在国际公务旅途中，为便于工作方便，应将护照交与某一固定人员统一保管，以免因个人疏忽或不慎造成遗失与损坏，给自己带来麻烦甚而影响整个出行团的行程。

（三）准备行装

秘书要查看对方的日程安排，针对不同的活动，确定并建议领导及其随行出访人员的应带服装。必要时把此项内容列入日程表中。

乘飞机可以免费托运 20 kg 的行李，头等舱可以托运 30 kg。有的国家的航空公司可以托运 30 kg 或更多。超过规定的部分要交超重费。贵重物品（钱、信用卡、支票、各种证件、贵重首饰、通信簿、数码相机、摄像机等）一定不要放在托运的行李里。据有关新闻报道，一些国际窃贼专门爱撬中国人的行李，因为里面往往有现金及其他贵重物品。行李箱要结实、带拖轮，还要另外加捆带子。要在箱子上面贴中外文姓名、目的地。同一个团的行李最好有统一的明显的标识。手提包的重量不受限制，但是体积不能太大，否则行李架将放不下。一人顶多带两件手提行李，过多占用行李架就侵犯了其他旅客的利益，服务员也会干涉。自己随身携带的指甲刀、水果刀等物品，一定要放入托运的行李中去，要不然安检的时候会被没收。

（四）兑换外币

要根据国家规定的数额兑换外币。如果能换一点零钱更好，因为到达目的地后有零钱会比较方便，此外，人民币及港币在国外并不通用，故出国公务出差时，请预备一些当地货币及美金，可应付许多场合之需要，比如在街上打电话、去洗手间、乘坐公共汽车或地铁等。

（五）了解所到国的背景资料

要对所到国的文化、风俗、礼仪、基本国情有所了解，使我们在国际交往中既不失尊严，又彬彬有礼，不卑不亢。秘书应该建议自己的领导，让全体出国人员都学习一些基本的国际交往礼仪和出访常识，这将对与外国同行的交流起到积极的作用。

（六）准备适当的礼物

国际公务交流活动中不必送太过贵重的礼品,但是如果能准备一些有公司代表性的小礼物,或者是有中国特色的小手工制品作为礼物,相信是比较合适的。

（七）制定用品行装一览表

为了保证不落下重要的物件,秘书应该把应带的东西分类并列表打印出来,发给每个出国人员一份,自己留一份。

（八）医疗药物

出国公务出差,须备带一些惯用的平安药物及紧急医疗用品,以应不时之需。对于身体需长期服用药物的人员,需要备好足量的药物,以免在国外出现这方面的麻烦。

【思考题】

1. 国内公务出差,秘书需要事先了解哪些情况?
2. 公务出差计划包含哪些内容?
3. 如何办理出国手续?

【案例分析】

1. 长沙伟基电子公司近期有两位经理要外出。一是刘伟总经理 6 月 3 日至 4 日到深圳参加一个电子新产品展销会;6 月 6 日到广州参加全国××电子行业发展论坛,会议为期一天;6 月 11 日下午出席本公司的新产品推广会议。在深圳展销会和广州论坛有一定的空隙,他打算到公司驻深圳办事处了解该处下一步的工作计划,并到广州市探访一位老朋友。二是主管业务的赵总将于 6 月 4 日动身到美国××公司参观考察,并初步商谈双方合作的意向,时间为 6 天,但他从未出过国门。公司行政经理让秘书小马负责为两位上司制定差旅计划。小马工作速度很快,第二天就把计划做好了并交行政经理审阅。下面是秘书小马做的差旅计划书:

公司领导差旅计划书

根据公司行政会议的决定,刘总、赵总将于近期出差,具体安排如下:

（1）刘总计划:

6 月 3 日　刘总去深圳。

6 月 3 日—4 日　参加深圳电子产品展销会。

6 月 5 日　到公司驻深圳办事处了解工作,并到广州探访他的老朋友。

6月6日　到广州参加全国××电子行业发展论坛。

6月7日　在广州乘飞机回来。

6月11日　出席公司新产品推介会。

（2）赵总计划：

6月4日　动身到美国××公司参观考察。

6月5日—7日　初步商谈双方合作的意向。

6月8日　返程。

请认真阅读案例，完成以下问题：

（1）秘书小马拟写的上司差旅计划书存在什么问题？

（2）你如何帮助小马修改她写的计划书，使这份差旅计划书规范可行？

2. 宏利公司肖总与金通公司经理就某合作项目安排了约见，预定在7月9日下午1:00开始。当时宏利公司秘书李强预订了7月8日晚直飞金通公司所在A城的机票。但肖总说8号晚上有个宴约，恐怕不能飞往A城。于是李强改订7月9日上午8:00的机票。但是，由于肖总晚上应酬时间太晚，而早班飞机又比较早，所以最终没能赶上班机。9号上午又只有那一次航班，于是，肖总只能立即买飞往相邻城市B城的机票，再乘大巴车赶到A城的金通公司。由于迟到，金通公司经理不悦，认为宏利公司对该项目的合作缺乏诚意。宏利公司差点失去了与金通公司合作的商机。

请认真阅读案例，完成以下问题：

（1）宏利公司差点失去了与金通公司合作的商机，秘书李强是否应负主要责任？

（2）你认为李强应该怎样做才能避免上述事件？

【实践活动】

小林刚刚升任公司董事长秘书，就被董事长指派与他下个月到新加坡进行商务考察，回国时顺路到南方几个城市进行商务考察。小林兴奋了好些日子，他可以借此机会结识国外诸多商界名流，这下可大开眼界了。当然，随从领导出访，前提是不用领导吩咐，小林就得将出访前的一切准备做好。

请根据上面内容，拟定一份出差旅程表。

活动目的:通过随从出访实训，掌握随从领导出访的类型、特点及要求，能够熟悉领导的性格特点和工作风格，能够准确理解领导意图，能够积极主动地独当一面地开展工作，使自己思维敏捷，反应迅速。

具体要求:可在"实践活动"描述的基础上自行补充设计情景,实训过程中注意以下几个方面:

1. 出访前,秘书要有条不紊地做好各方面的准备工作;

2. 出访期间要为领导做好服务,对领导交办的事要雷厉风行,发现问题及时汇报,时刻注意维护领导的形象,同时也要树立自身严谨朴实的良好形象;

3. 出访结束后,做好活动的善后处理。

第十三章 办公自动化(OA)系统

　　本章首先简单介绍办公自动化基础知识,主要包括办公自动化的概念、实现的目标、办公自动化系统的优势以及三个技术层次。还简单介绍了国内较常见的办公自动化产品。第二节以九思公司的 iThink 协同管理软件为例,介绍办公自动化系统的使用,初步了解办公自动化系统的整体结构与常用功能的使用。

【职场小故事】

　　"快去把这份会议通知下发给集团各公司,速度要快,明天就要开会了。"老板一句话后,我开始疯狂打电话,10 个电话,5 个占线,2 个不在服务区,传真没人接,老天呀,他们都在干什么呀,这都要急死了,我这个总部办公人员,我容易吗? 打电话,不停地打,打打打……

　　你说发电子邮件? 可是哪有他们的邮件地址呀,就是发了也不知道他们看没看呀,还是没效率。不甘心呀,开建论坛、QQ 群组、MSN,但是都不行,平台不统一,保密性差,没有安全感,这可不行。难道还要回到打电话的这种"原始社会"吗?

　　几番探索之后,一个叫"OA 办公系统"的东东出现在我的视线中。终于有了理论依据,这个东东有内部的邮件系统,有即时的消息传递,还有公文流程处理。

　　向领导斗胆建议上 OA,"OK!"我大喜不已,但是技术、服务、价格都要好好地考虑呀,面对如此众多的 OA 办公软件如何选择呢?

　　经过与各公司一家家的洽谈、比较、试用,根据企业自己的情况,我们终于确定自己的 OA 选型标准:

　　首先,该 OA 供应商的服务应特别好,应有试用版,有技术人员通过 MSN 或 QQ 等工具能随时进行交流讲解,让人感到非常亲切,作为软件使用者,要的就是这种理解。

　　其次,这款软件采用 B/S 结构,操作简便,会上网就会用 OA。具有可扩展性和稳定性,完全满足办公的需要,这种特性比较适合未来企业的成长需要。

　　朋友们,你们上 OA 了吗? 没有就赶紧吧!

——选自:百度文库《我与九思 OA 的故事》

第一节　办公自动化系统概述

一、办公自动化系统简介

办公自动化(Office Automation,简称 OA)是将现代化办公和计算机网络功能结合起来的一种新型的办公方式。办公自动化没有统一的定义,凡是在传统的办公室中采用各种新技术、新机器、新设备从事办公业务,都属于办公自动化的领域。行政机关中,办公自动化冠名为电子政务;企事业单位中,办公自动化称为 OA。OA 办公系统也可以叫协同办公系统,是 70 年代中期发达国家迅速发展起来的一门综合性技术。办公自动化系统是利用先进的技术,使原本由人来具体实施的各种办公业务活动逐步由各种设备、各种人机信息系统来协助完成,达到充分利用信息、降低办公成本,减少出错率,提高工作效率和工作质量,提高生产效率的目的。

OA 系统一般包括:用户管理、信息管理、邮件系统、客户管理、行政管理、人事管理等模块,涵盖办公管理的各项事务。

OA 办公自动化系统为提高组织的运作效率、节省组织的办公费用、全面提升组织的核心竞争力而设计。系统通过提供完善的管理与统计功能,实现无纸化办公、节省资源、优化组织管理流程,提高组织的管理水平和决策能力。将人从繁琐、无序、低端的工作中解放出来,处理更有价值、更重要的事务,整体提高了组织办事效率和对信息的可控性,使组织管理趋于完善。

二、办公自动化实现目标

(一) 提高办公效率

办公系统充分利用互联网通信技术,改变了传统的办公方式,将办公系统建立在互联网上,使办公系统实现移动化、实时化、高效化、无纸化,用计算机网络技术来推动现代办公效率的提高。

(二) 规范工作流程

可将公司工作流程文件放入系统,便于各级部门的审批、查阅,规范公司各岗位的工作规范。个人信息和日程管理,协助员工工作更出色。

(三) 节省办公费用

节省支出,尤其是长途电话、传真、复印、打印和办公用纸费用,真正实现无纸化办公,是企业实现管理现代化的标志。

(四) 提供决策支持

办公系统为管理层随时随地、方便安全地查询掌握全局的业务、财务、人事情况,为领导者决策调整提供支持。为各机关和企业等提供高效、安全、智能化的网络办公环境,加强办公流程的管理,增强办公的协调性,扩大信息通道,从而提高单位的在线管理水平。

(五) 实现文件管理自动化

通过系统,将公司所有文件发布到系统中,一方面实现了文件的存档,另一方面方便了公司员工查询,可建立各种不同目录和数量的文件柜。文件管理自动化将为公司节省大量纸张、复印、文件柜等办公费用。

(六) 改变信息交流方式

办公自动化系统提高了新的信息交流方式,以及全面的资源和信息共享平台。单位各级部门之间及员工通过电子邮件、BBS、即时信息、手机短信息发送等方式互相交流,改善了单位的通讯环境。单位内部各部门、员工之间信息和资源的全面共享,消除信息孤岛。内部网与INTERNET 的平滑集成,改善了单位与外部的信息交流方式,提高自身形象,增强企业市场竞争力。可实现远程对异地子公司的报表汇总、指令发布、技术支持等。

(七) 构建良好的协同工作环境

在网上各部门之间实现科学、高效、透明、规范的数字化协同工作环境,让工作组的所有人员都能掌握工作进度,发挥群体工作威力,让企业更具活力。

(八) 实现基于电脑网络的知识管理和网络培训

通过办公系统提升企业员工的素质;利用公共信息库,共享信息和知识,将所有员工的智慧积累和发扬。

三、办公自动化系统的显著优势……………………………………………………………

(一) 提高工作效率

由于当前办公系统的条件所限,目前各类公文、政令的传递速度有时不够及时迅速,应变能力较差。而采用协同OA办公系统后有望改变这一情况,一些以前需要几天甚至更长时间才能解决的现实情况和问题短时间内便能获得反馈,从而大大加强了政令推行的实效性,使工作效率得到极大提高。

(二) 节约大量资源

首先是纸张的节约。现在每天发放公文、通知、工作计划等大量文件,办公用纸也是一笔不小的费用。引进协同OA办公系统,一年至少可为公司节省办公用纸及其耗材的费用。其次是时间的节约,引入协同OA办公系统后,公文草拟、审核、批办、签发、登记、传阅等流程都可以在OA系统上进行,省去了许多不必要的麻烦,为公司深入开展各项工作节约了宝贵的时间。

（三）功能全面便捷

采用协同 OA 办公系统后，其他应用系统都可以集成到 OA 系统做接口，网站发布信息、文件归档工作等，都可利用 OA 模块的相关系统来处理，进行起来更加简捷方便、得心应手。

（四）信息整合便利

协同 OA 办公系统的信息报送模块，有助于集团各部门更好地采集与处理信息，同时我们还可利用系统对信息进行筛选、分类、整理与归纳，使之转换为集团工作的重要参考依据。从而实现资源整合、信息共享，进一步发挥信息资源的社会效益与经济效益。

四、办公自动化的三个技术层次

（一）事务处理型 OA 系统

事务处理型 OA 系统只限于单机或简单的小型局域网上的文字处理、电子表格、数据库等辅助工具的应用，一般称之为事务型办公自动化系统。事务型办公自动化系统中，最为普遍的应用有文字处理、电子排版、电子表格处理、文件收发登录、电子文档管理、办公日程管理、人事管理、财务统计、报表处理、个人数据库等。这些常用的办公事务处理的应用可作成应用软件包，包内的不同应用程序之间可以互相调用或共享数据，以便提高办公事务处理的效率。这种办公事务处理软件包应具有通用性，以便扩大应用范围，提高其利用价值。此外，在办公事务处理级上可以使用多种办公自动化子系统，如电子出版系统、电子文档管理系统、智能化的中文检索系统、光学汉字识别系统、汉语语音识别系统等。在公用服务业、公司等经营业务方面，使用计算机替代人工处理的工作日益增多，如订票、售票系统，柜台或窗口系统，银行业的储蓄业务系统等。事务型或业务型的办公自动化系统其功能都是处理日常的办公操作，是直接面向办公人员的。为了提高办公效率，改进办公质量，适应人们的办公习惯，要提供良好的办公操作环境。

（二）信息管理型 OA 系统

随着信息利用重要性的不断增加，在办公系统中，对和本单位的运营目标关系密切的综合信息的需求日益增加。信息管理型办公系统，是把事务型办公系统和综合信息紧密结合的一种一体化的办公信息处理系统。综合数据库存放本单位日常工作所必需的信息。例如，在政府机关，这些综合信息包括政策、法令、法规，有关上级政府和下属机构的公文、信函等的政务信息；一些公用服务事业单位的综合数据库包括和服务项目有关的所有综合信息；公司企业单位的综合数据库包括工商法规、经营计划、市场动态、供销业务、库存统计、用户信息等。作为一个现代化的政府机关或企事业单位，为了优化日常的工作，提高办公效率和质量，必须具备供本单位的各个部门共享的这一综合数据库。这个数据库建立在事务型办公自动化系统基础之上，构成信息管理型的办公自动化系统。

(三) 决策支持型 OA 系统

决策支持型 OA 系统建立在信息管理型办公自动化系统的基础上。它使用由综合数据库系统所提供的信息,针对所需要做出决策的课题,构造或选用决策数字模型,结合有关内部和外部的条件,由计算机执行决策程序,作出相应的决策。随着三大核心支柱技术网络通讯技术、计算机技术和数据库技术的成熟,国际办公自动化已进入到新的层次,在新的层次中系统有四个新的特点:

1. 集成化。软硬件及网络产品的集成,人与系统的集成,单一办公系统同社会公众信息系统的集成,组成了"无缝集成"的开放式系统。

2. 智能化。面向日常事务处理,辅助人们完成智能性劳动,如汉字识别、对公文内容的理解和深层处理、辅助决策及处理意外等。

3. 多媒体化。包括对数字、文字、图像、声音和动画的综合处理。

4. 运用电子数据交换。通过数据通讯网,在计算机间进行交换和自动化处理。

办公室自动化系统本身是一个多层次的系统,在各种层面上,可以说实现了办公自动化的一部分业务,而从最初级的自动化开始,随着采用的技术不同而逐步构成一个更高级的自动化系统。

广义的或完整的办公自动化系统构成中的这三个功能层次间的相互联系可以由程序模块的调用和计算机数据网络通信手段做出。一体化的办公自动化系统,是利用现代化的计算机网络通信系统,把三个层次的办公自动化系统集成一个完整的办公自动化系统,使办公信息的流通更为合理,减少许多不必要的重复输入信息的环节,以期提高整个办公系统的效率。一体化、网络化的办公自动化系统的优点是,不仅在本单位内可以使办公信息的运转更为紧凑有效,而且也有利于和外界的信息沟通,使信息通信的范围更广,能更方便、快捷地建立远距离的办公机构间的信息通信,并且有可能融入世界范围内的信息资源共享。

五、办公自动化系统产品简介

OA 办公系统已经成为当前最受企业青睐的管理软件之一,市场增长快速,带来了更多的发展契机。国内 OA 系统开发商众多,产品各有特点,下面简要介绍几种 OA 系统。

九思 OA 是专注高端的 OA 厂商,其 OA 系统专家团队十年来成功服务过成千上万个在线用户。其拥有政府、军工、金融、能源、教育等客户信息化服务阅历,在 2005 年,带领团队在中端、高端市场取得业内第一的业绩,客户成功应用率几乎 100%,OA 系统赢得业内和客户的绝好口碑。九思 OA 厂商的 OA 系统功能完善,体系先进;开发能力强,与东软等大公司合作;技术上的优势,使其 OA 系统工作流比较易用。

万户公司作为国内最早成立的 OA 办公系统厂商，一直凭借务实的作风备受内行人的青睐，是一家在 OA 领域专业性强，注重技术实力和研发的协同管理厂商。万户在产品的设计中融入了很多实用和领先的管理思想和理念，如打造知识性组织、文化驱动、时间管理、动态组织、实时企业、执行力、流程再造等，是有思想的产品，这大大提升了产品的实用性、易用性和应用价值。

泛微公司 OA 产品最大的特点是功能大而全，给人的感觉比较大气，包括其页面布局和功能设计，展现层面的功能做得很好，给人一种完整的协同办公平台的感觉。泛微 OA 的技术可靠，软件是一个基于 J2EE 架构的大型分布式应用，采用的是 J2EE 的三层架构体系，这使得产品的各项功能比较完善，数据关联度也很高，包括工作流、知识管理这样的功能模块都不错。此外，泛微 OA 十分重视跟 ERP 的融合，还推出了移动 OA 与 ERP 的融合解决方案，宣传协同商务的理念。

致远 OA 依托于用友软件的销售渠道和客户资源，市场占有率一直领先业界，2011 年的营业额达到 1.37 亿，蝉联市场占有率第一的位置。致远 OA 以标准化产品的销售模式为主，核心应用包括协作管理中心、审批管理中心、公文管理中心、知识管理中心等 7 个方面，涵盖了企业日常办公的各个环节，产品较为成熟，功能完善，整体表现十分均衡。致远 OA 在中小企业的应用中更多，不太适合对二次开发需求较多的用户。

通达在国内知名的 OA 办公系统厂商中显得比较特殊，一是因为他是唯一的国企，二是他采用的是被广泛应用于网站建设的 PHP 开发语言，与主流厂商都采用 JAVA 不同。通达 OA 的品牌定位十分鲜明，开拓小型企业用户，并通过狠打价格战甚至免费赢得了大量用户。这跟 PHP 开发语言具有开源、成本低、实施简单等特点有关。通达 OA 的功能非常全面，日常行政办公的职能全部涵盖在内，功能也比较容易上手，能满足小企业的应用。

金和 OA 从产品角度来说，和致远 OA 有些相似，产品都比较成熟，无论是功能还是使用各方面都比较均衡，在收文、发文管理上，用户可完全自定义收文流程、发文流程，在会议管理上，提供从一次会议的申请、审批、会议室安排、会议通知等全过程管理，对中小企业来说，都能够用得比较顺手。

协众 OA 主要优势是功能成熟，系统先进，采用先进的 EXTJS 前端用户界面，特别是工作流和工作报表模版做得很有特点，支持移动办公体验并可实现用友或金碟财务软件的对接。OA 小秘书是协众 OA 系统客户端，与浏览器深度整合，采用富客户端技术，运行更快速，不含插件保障了系统运行的安全高效，它还支持内网和动态 IP 网络环境，具备自动登录与提醒功能，自带即时通讯功能，达到"事找人"的办事效果。

第二节　办公自动化系统操作

本节以九思公司的 iThink 协同管理软件为例进行介绍。iThink 协同管理软件全面覆盖了传统办公软件的核心功能,如协同工作、公文、流程审批、知识管理、外部邮件、项目管理、综合办公和公告、新闻、调查、讨论等公共信息,包含邮件、日程事件、任务管理、计划管理、通讯录、百宝箱等应用功能,并创造性地抽象和提升了关联系统、办理中心和融合通讯整合等诸多应用,通过消息引擎、门户引擎、工作流引擎和数据引擎的部署,实现了消息、任务、信息、外部系统和人的互联,实现了以人为中心的信息整合和利用,是全面、完整的协同办公解决方案,帮助构建网络化组织。

图 13-1 为该系统登录界面。

图 13-1　系统登录界面

以下内容介绍 iThink 协同管理软件的使用,主要了解 iThink 的最基础的功能以及操作步骤。具体包括:接收办理、已发事项、新建日程、发起流程、新建知识、我的任务、消息记录、新建邮件、综合办公。

一、接收办理··

接收办理主要包括:待处理的协同和待审批的流程、待审批的发文和收文、待阅的流程、在办事项、办结事项、已阅事项等。提供查看、处理待办事项以及通过标题、报送时间、办理期限对待办事项进行查询。

操作步骤:点击导航左侧菜单上的进入办理中心操作区,点击【办理中心】【接收办理】进入接收办理事项列表管理页面。页面分为两部分,上部分是查询功能,下部分是数据的显示。

（一）接收待办

是待处理的协同和待审批的流程、待审批的发文和收文等。用户点击页签栏【接收待办】进入接收待办管理页面。如图 13-2,系统默认按照列表显示。

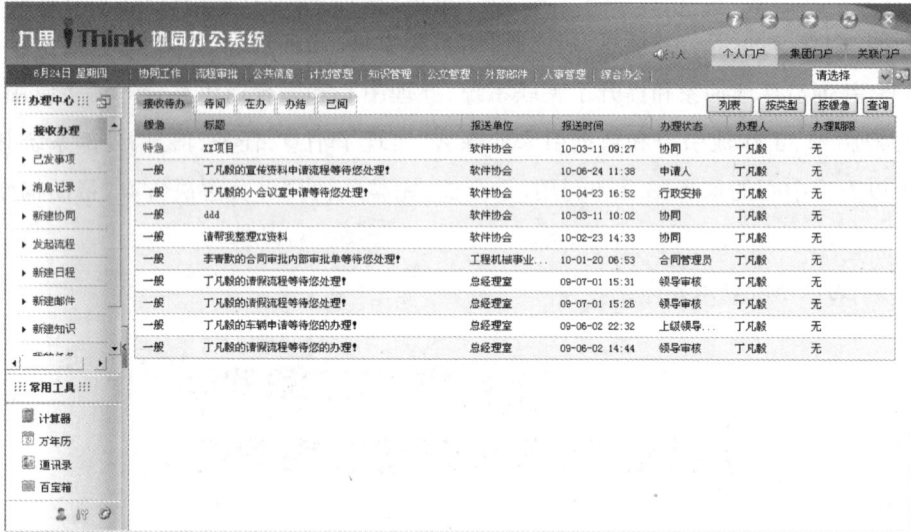

图 13－2　接收待办管理页面

　　接收办理事项的处理：点击接收办理列表页面中某记录的标题，进入其内容页面，进行该待办事情的处理。如图 13－3，正文上方的按钮是流程管理员根据实际需要定义的。

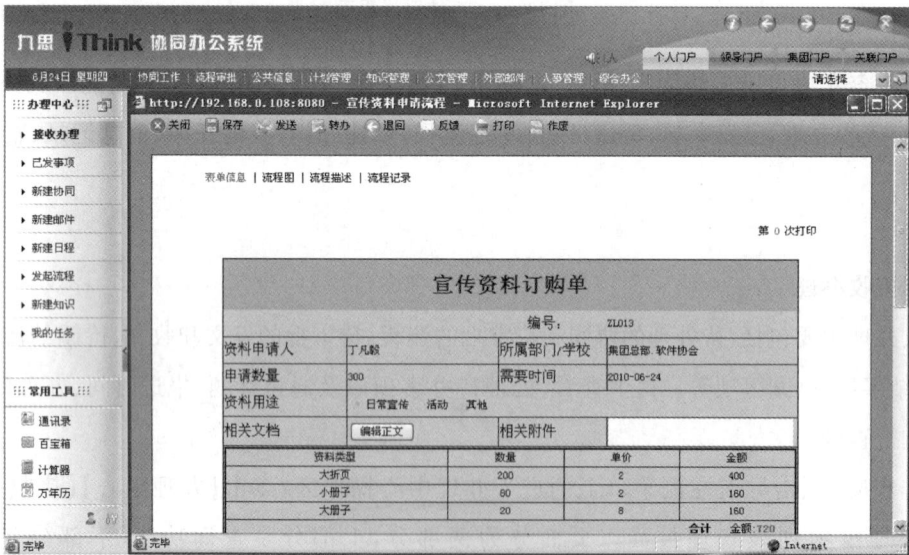

图 13－3　待办处理页面

　　关闭：该功能是关闭处理待办事项页面。点击图 13－3 中的 ⊗关闭 图标可以关闭处理待办事项页面。

保存:该功能是保存当前用户写的批示意见。

发送:当期审批人写完批示意见,点击图13-3中的 [发送] 图标,进入选人界面,选择下一节点办理人,如图13-4。

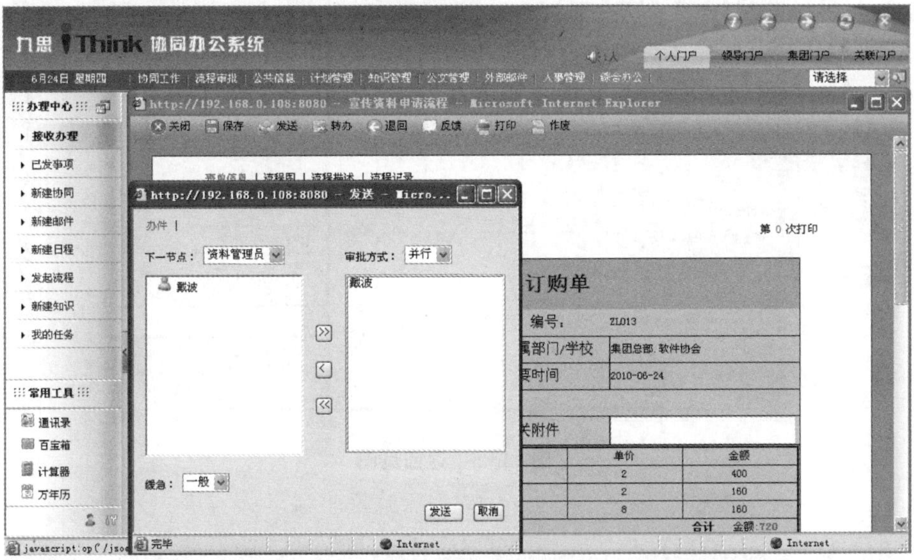

图13-4 当前处理人把该流程发送给下一节点的选人界面

转办:该功能是将该事项交给其他人办理。点击图13-3中的 [转办] 图标就可以进入转办页面,选择办理人后点击【确定】按钮,就会把该事项交给此人处理。

退回:该功能是当前节点审批人不同意该流程申请。点击图13-3中的 [退回] 图标就可以退回该申请,选择要退回的环节或者发起人,并填写退回原因,见图13-5,被选择的对象系统会通过消息提醒给予退回提示。

反馈:该功能是反馈该流程办理情况。点击图13-3中的 [反馈] 图标就可以进行反馈选择要反馈对象。被选择的对象系统会通过消息提醒给予提示。

打印:打印表单信息。

作废:当使用此功能时,这个流程被彻底删除,在流程所有相关人的"文件办理"中均被删除。这是一个特殊权限,系统管理员一般会很谨慎地赋予某个活动、某个办理人这个权限。

流程图:该功能是以图形的方式展示该事项流程的全部执行环节。办理过的节点显示灰色。点击图13-3中的【流程图】就可以看到该事项流程的具体执行环节,如图13-6,其中 ⊙ 是虚拟节点,虚拟节点主要用于做条件判断以作为流程分支,对流转方向进行多条件的自动判断。

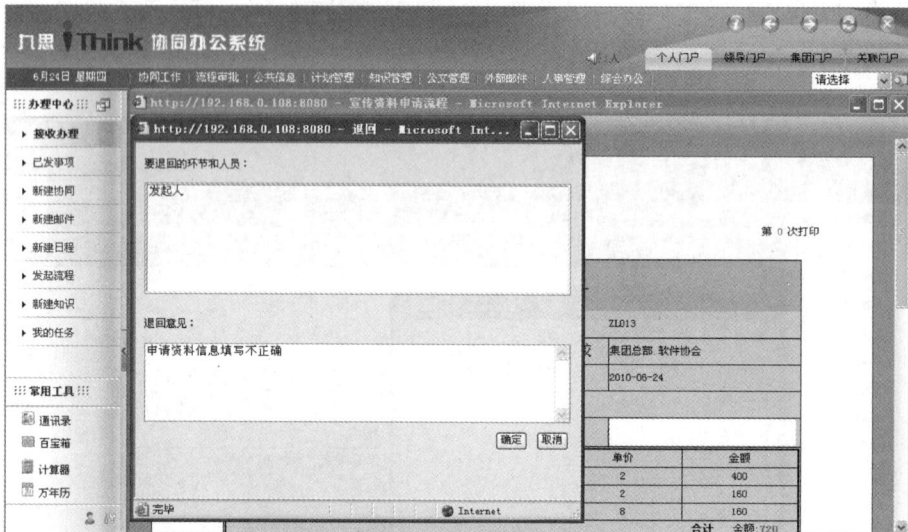

图 13-5　退回页面

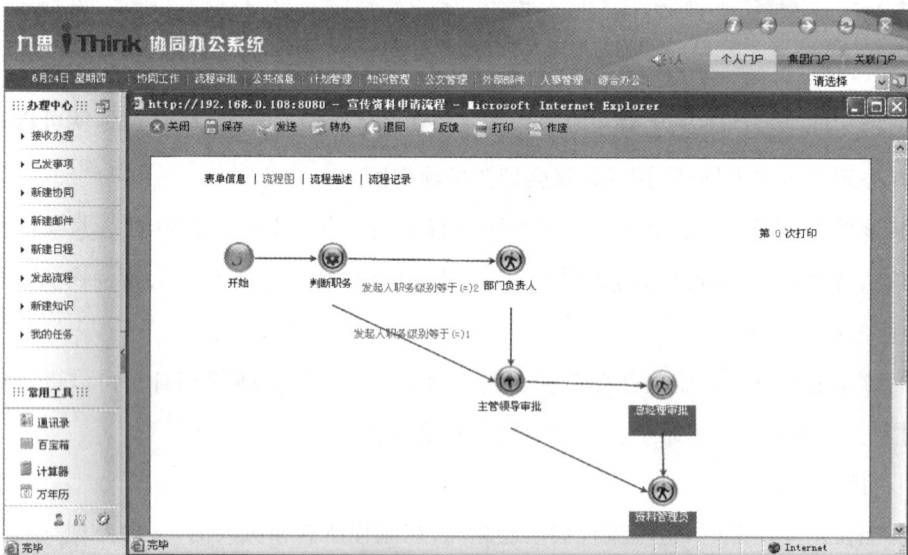

图 13-6　流程图页面

流程描述:该功能是以文字的方式对该流程的执行环节描述和约束条件。

流程记录:该功能是查看该事项流程已经执行的环节信息。点击图 13-3 中【流程记录】就可以看到该事项流程的已经执行的情况,如图 13-7。

图 13-7　流程记录页面

　　数据模糊查询：点击列表右上角的查询按钮出现查询组合，填写想查询数据信息的标题、办理期限和报送时间。点击【查询】按钮，就会在页面的下面部分显示所查询的数据信息。

　　分类查询：可以把接收待办事项分类进行分类管理，分为列表、类型和缓急等类，这样就可以提高处理事项的效率。按列表查询信息：点击图 13-8 右上方的【列表】页签栏。按类型查询信息：点击图 13-8 右上方的【按类型】页签栏，就会按照类型列表显示，如图 13-8 点击流程名字就会在列表中显示该类下的所有待办事项信息。

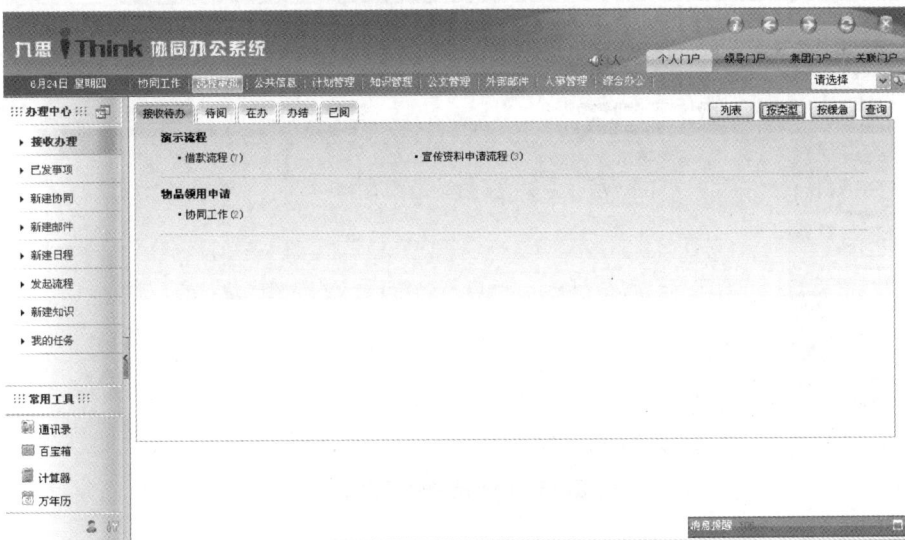

图 13-8　按类型列表显示

按缓急查询信息：点击图13-2右上方的【按缓急】页签栏，按照缓急情况显示，如图13-9点击缓急程度名字就会在列表中显示该类型的待办事项信息。

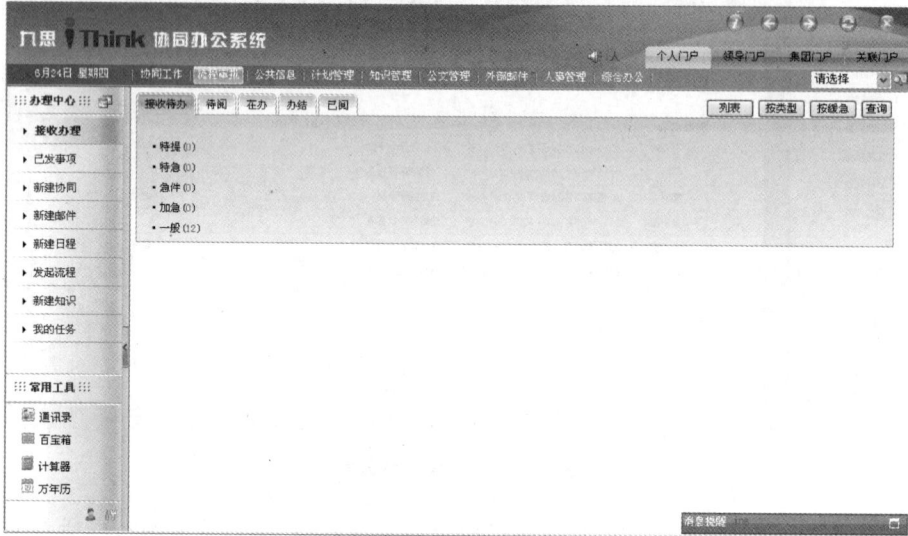

图 13-9　按照缓急列表显示

（二）待阅

待阅的审批流程，用户点击页签栏【待阅】进入待阅管理页面，如图13-10。

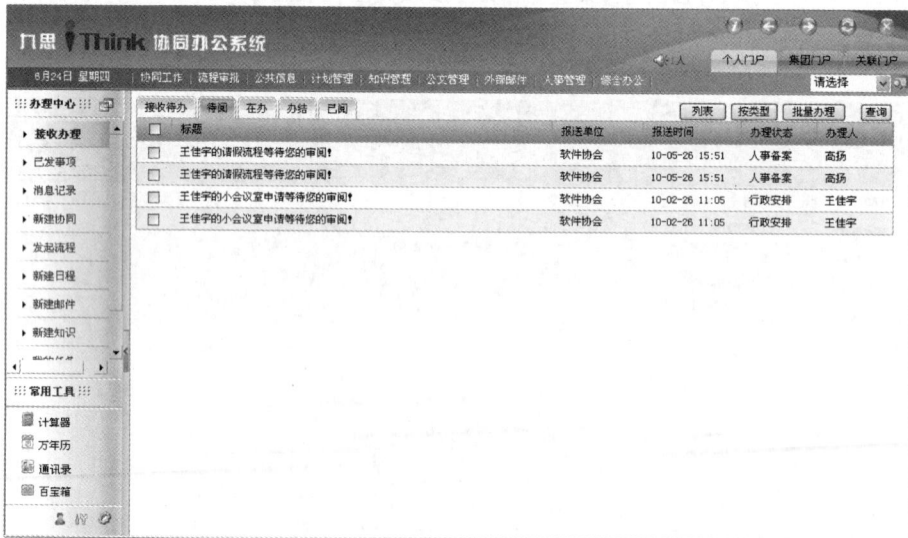

图 13-10　待阅管理页面

数据查询:在页面的上部分填写想查询数据信息的标题、报送时间。点击【查询】按钮,就会在页面的下面部分显示所查询的数据信息。

待阅事项的处理:点击待阅事项列表页面中某记录的【标题】,进入其内容页面进行查阅。如图 13 - 11,点击 办理完毕 该文件会自动显示在已阅事项列表,如图 13 - 16。

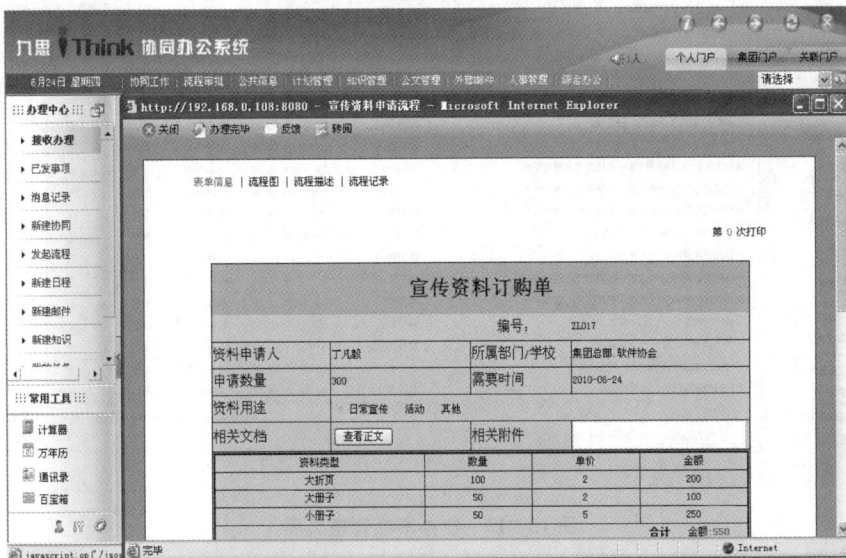

图 13 - 11 查看待阅事项

批量处理待阅文件:选中要审阅的事项,点击图 13 - 10 中 批量办理 按钮,进入批量处理页面如图 13 - 12,写上处理意见,点击【确定】,这些文件会自动显示在已阅事项列表,如图 13 - 16。

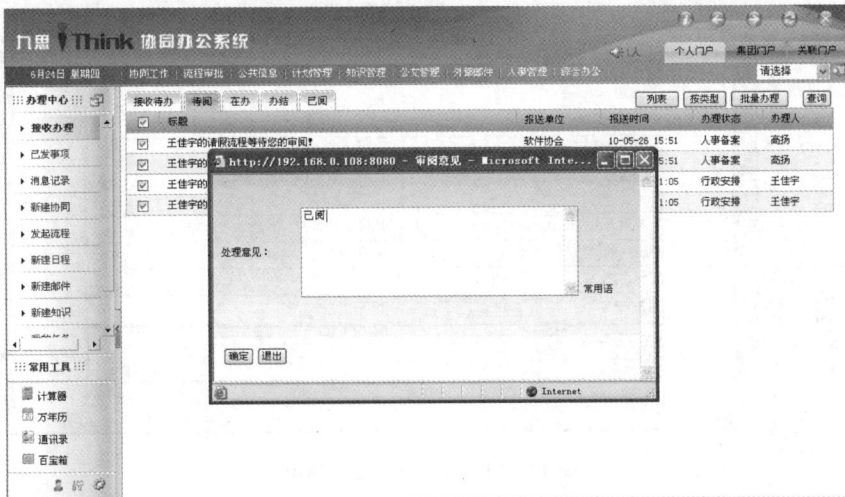

图 13 - 12 批量处理待阅事项

（三）在办

用户点击页签栏【在办】进入在办事项管理页面：表示当前用户节点已经处理完该流程，但还有未处理的节点，如图 13-13。

图 13-13　在办事项管理页面

当前用户能点击在办事项列表中的【标题】查看流程处理情况，如图 13-14。

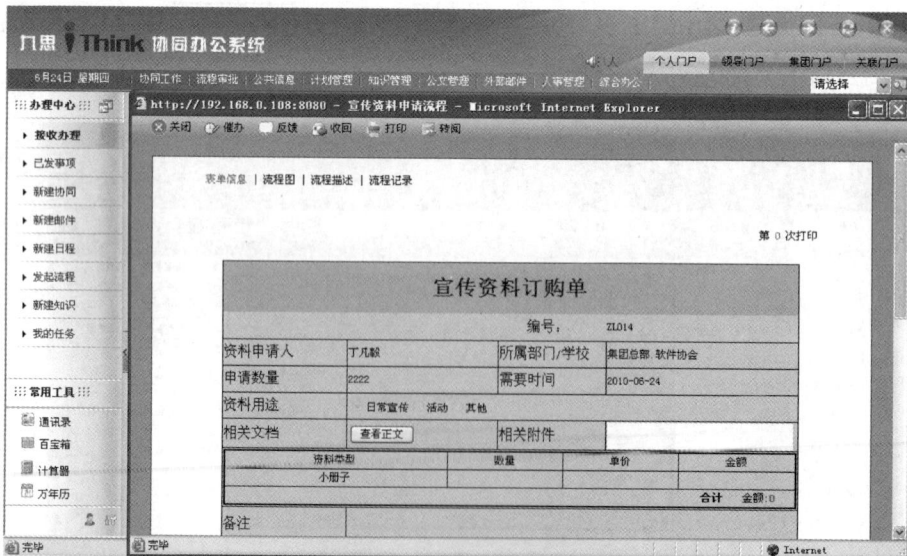

图 13-14　查看流程处理情况

(四) 办结

用户点击页签栏【办结】进入办结事项管理页面。处理完的流程如图 13 - 15,用户能按列表、类型查看办结事项,操作步骤参考(在办),另外用户还能对办结事项进行删除。

图 13 - 15 办结事项管理页面

(五) 已阅

用户点击页签栏【已阅】进入已阅事项管理页面。如图 13 - 16,用户能按列表、类型查看办结事项,操作步骤参考(在办),另外用户还能对已阅事项进行删除。

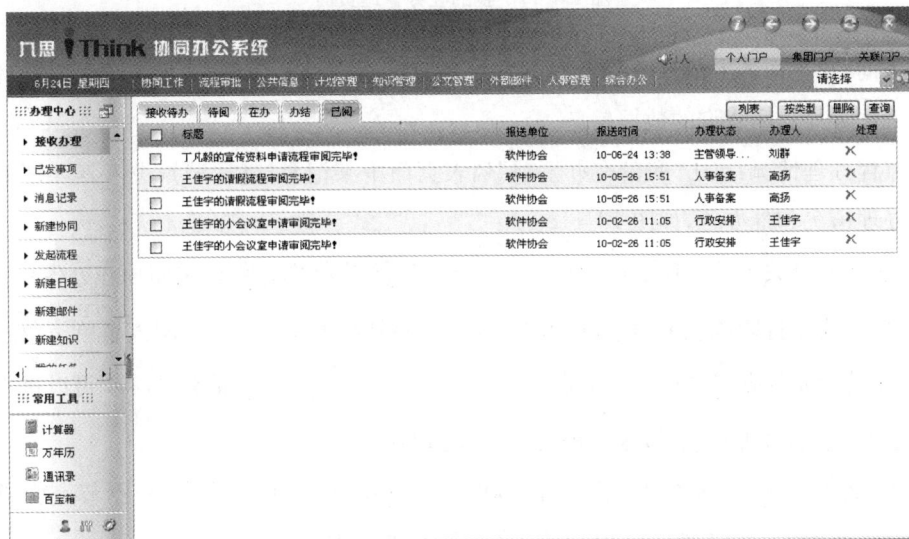

图 13 - 16 已阅事项列表

二、已发事项··

已发事项表示用户自己发起的流程(协同、会议室申请、发文申请等)跟踪走向情况。包括在办(正在办理的流程)、办结(办结的流程)、退回(被退回的流程)、取消(取消的流程)。

操作步骤:点击导航左侧菜单上的 进入办理中心操作区,点击【办理中心】|【已发事项】进入已发事项列表管理页面。页面分为两部分,上部分是查询功能,下部分是数据的显示。

(一)已发在办

用户点击页签栏【已发在办】进入已发在办管理页面,如图 13-17。

图 13-17 我的在办管理页面

数据查询:在页面的上部分填写想查询数据信息的标题、报送时间。点击【查询】按钮,就会在页面的下部分显示所查询的数据信息。

查看流程办理情况:点击"我的在办事项"列表页面中某记录的【标题】,进入其详细信息页面查看流程办理情况和催办等,如图 13-18。

关闭:该功能是关闭该事项页面。点击图 13-18 关闭 图标可以关闭该在办事项页面。

打印:该功能是打印该表单信息,点击图 13-18 打印 图标就可以打印该表单信息。

催办:该功能是催办未办理流程节点人。可以点击图 13-18 催办 图标就可以进入催办页面如图 13-19,发送催办信息,该未办理人会收到催办信息。

流程图:该功能是以图形的方式展示该事项流程的执行走向情况。流程图节点变成灰色说明该节点已经处理了。点击图 13-18 中的【流程图】,如图 13-21。

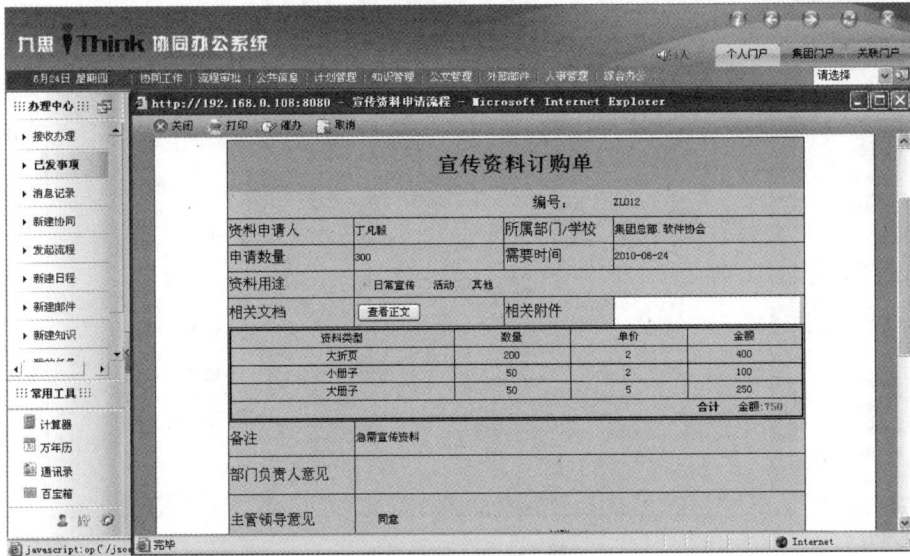

图 13‑18　查看流程办理情况

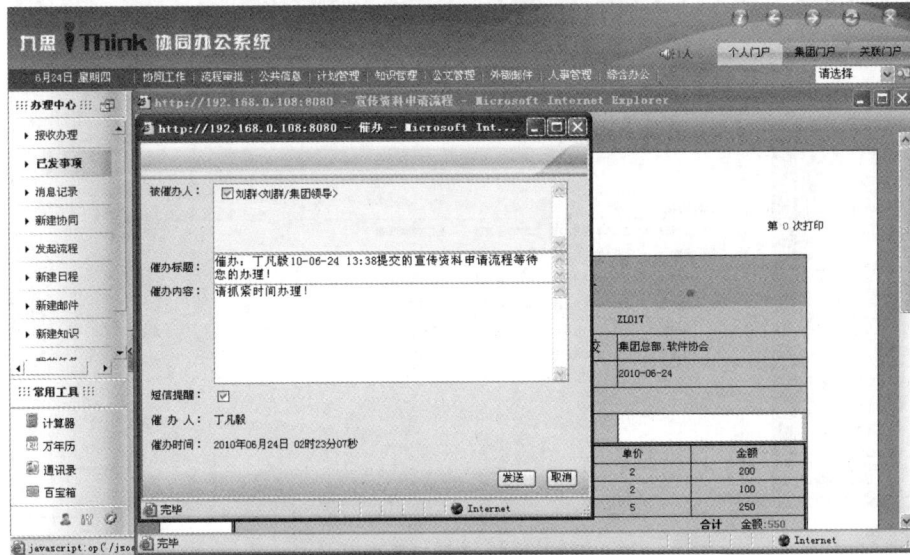

图 13‑19　催办页面

流程描述:该功能是以文字的方式对该流程的执行环节描述和约束条件。

流程记录:该功能是查看该事项流程已经执行的环节信息。点击图 13‑18 中【流程记录】就可以看到该事项执行情况,如图 13‑21。

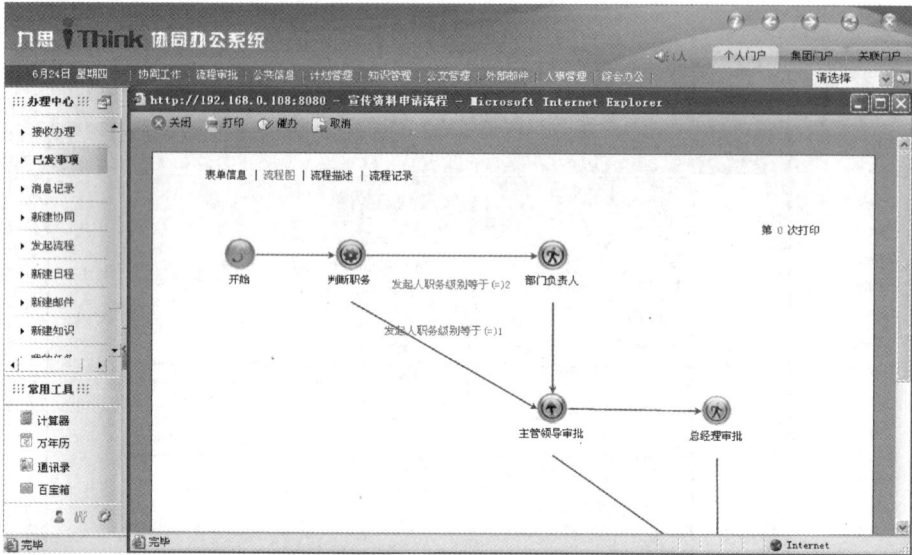

图 13-20 流程页面

图 13-21 流程记录页面

(二) 办结

用户点击页签栏【办结】进入办结事项管理页面。如图 13-22,能对办结事项进行模糊查询、按照类别(列表、类型)分类查询、删除等操作。

图 13-22　办结事项管理页面

三、新建日程

操作步骤:打开新建日程页面,点击导航左侧菜单上的 ▣ 进入办理中心操作区,即【办理中心】|【新建日程】,弹出新建日程页面,如图13-23。

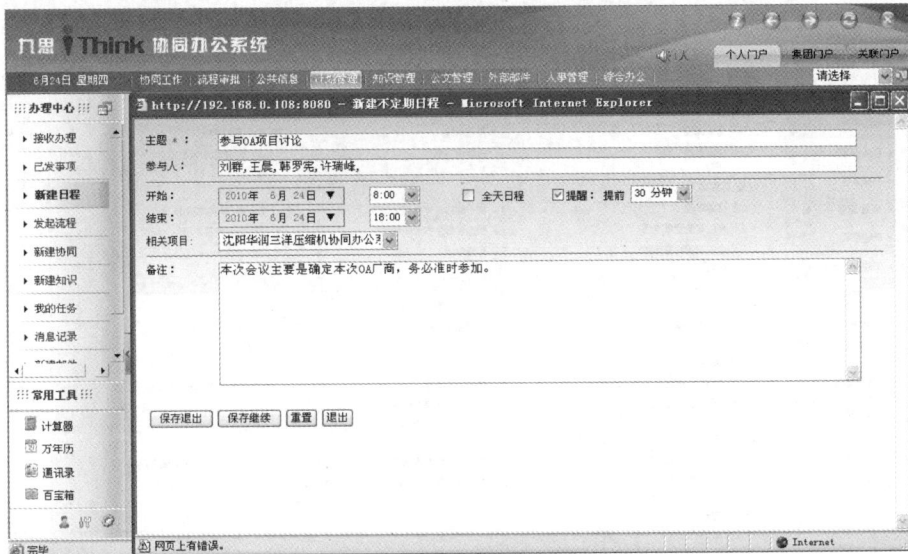

图 13-23　新建日程页面

主题:填写新日程的主题。

参与人：选择该日程参与人。

日程选项：用户可以选择日程开始时间、结束时间，是否是全天日程和提醒等功能选项。用户根据实际需要，进行相应的选择。

相关项目：如果该日程和某个项目有关，就把项目选上。

备注：用户在这里填写具体的日程备注信息。

日程的具体操作：用户可以根据自己的需求进行相应的操作。分为保存退出、保存继续、重置和退出等操作。

【保存退出】进行保存日程并退出该页面。

【保存继续】进行保存日程，该页面不退出，可以继续新建日程。

【重置】可以清空所有填写的信息，重新填写。

【退出】如果突然不想保存日程可以点击"退出"按钮退出该页面。

四、发起流程..

这里以请假流程为例作讲解发起流程。

操作步骤：进入选择流程页面，点击导航左侧菜单上的 进入办理中心操作区，即【办理中心】|【发起流程】，进入流程名字显示页面，如图 13-24，分类显示流程名称。

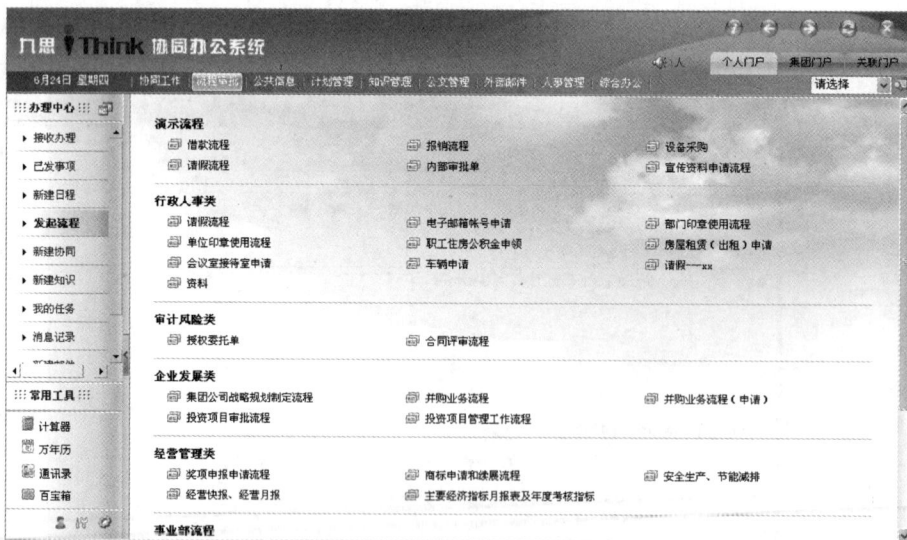

图 13-24　流程名字显示页面

发起流程：以调用模板方式发起流程申请，点击【演示流程/请假流程】弹出流程申请页面，如图 13-25，在表单上填写相应的信息。

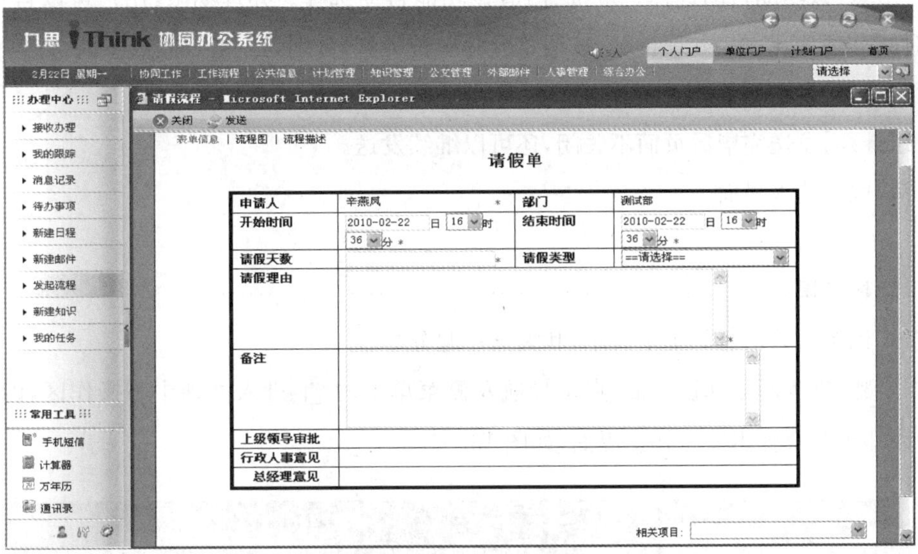

图 13－25　请假表单信息

关闭：该功能是关闭发起流程页面。点击图 13－25 ⊗关闭 图标可以关闭该发起流程页面。

发送：该功能是进入流程节点走向的选人界面。点击图 13－25 发送 图标就可以进入发送

页面，如图 13－26。

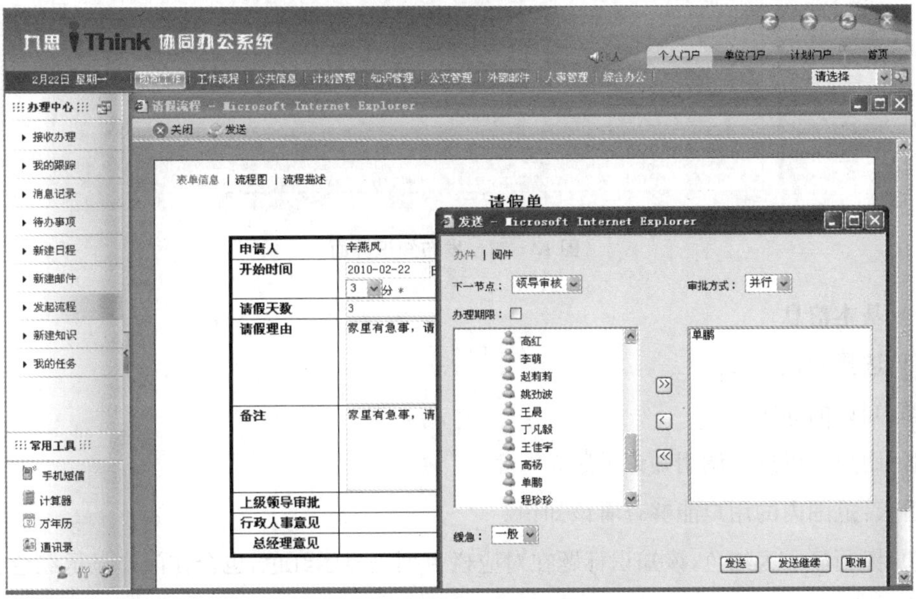

图 13－26　请假流程发送页面

下一节点:该功能自动选择。审批方式:该功能自动选择。办理期限:用户可以自行选择在规定的时间办理该流程。办理提示:按缓急分为 5 种类型,分别为一般、加急、急件、特急和特提。

【发送】直接发送后关闭页面。

【发送继续】发送完毕后页面不关闭,还可以继续发送。

【取消】取消选人界面。

五、新建知识

发布知识是个人信息的集中展示,和大家一起分享。

操作步骤:进入新建知识页面,点击导航左侧菜单上的 ![图标] 进入办理中心操作区,即【办理中心】|【新建知识】,会弹出发布知识界面,如图 13 - 27。

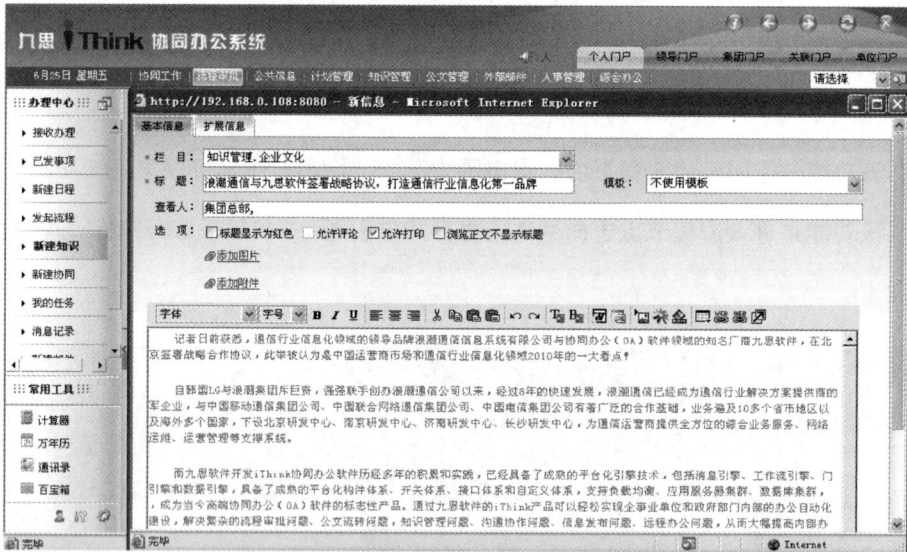

图 13 - 27　发布知识界面

（一）基本信息

栏目:选择知识栏目。

标题:知识的标题。

模版:用户可以选择调用知识模版。

查看人:范围内的用户能够查看该知识。

选项:标题显示为红色,该知识标题在对应栏目列表显示红色,也会在门户显示红色。

允许评论:如果选择允许,则可查看人范围内的用户能够点评该知识。

允许打印：如果选择允许，则可查看人范围内的用户能够打印该知识。

浏览正文不显示标题：如果被选择，则浏览正文不显示标题，只显示正文。

添加图片：在门户上显示图片知识是抓取这里的图片。

添加附件：上传附件。

填写正文：根据用户需要，填写相关的知识正文内容。

具体操作：用户可以根据自己的需求进行相应的操作。分为保存退出、保存继续、重置和退出等操作。

【保存退出】进行保存新知识并退出该页面。

【保存继续】进行保存新知识，该页面不退出，可以继续新建新知识。

【重置】可以清空所有填写的信息，重新填写。

【退出】如果突然不想保存新知识，可以点击【退出】按钮退出该页面。

（二）扩展信息操作步骤(可选)

选择扩展信息：选择页签栏中的扩展信息。页面就会变为扩展信息页面，如图 13-28。

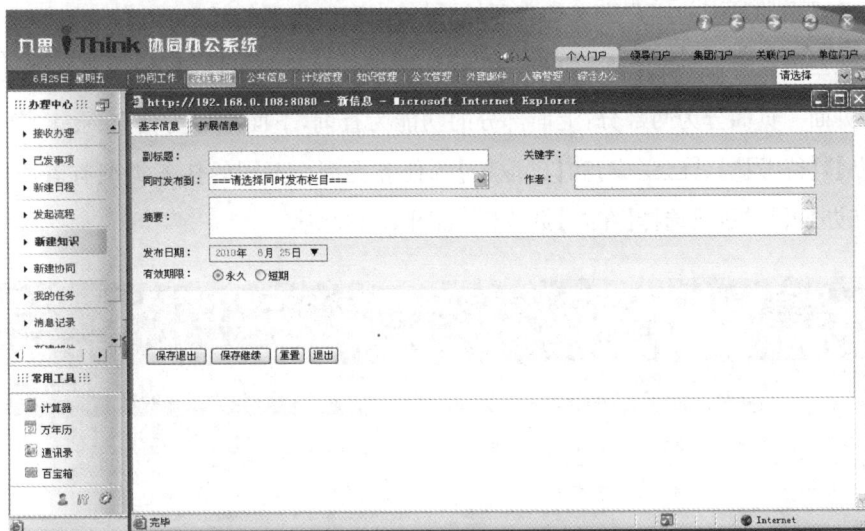

图 13-28　添加扩展信息页面

填写副标题：为发布的新知识填写副标题。

填写关键字：为发布的新知识填写关键字。

同时发布的栏目：用户可以选择同时发布到其他的栏目中。

填写作者：为发布的新知识填写作者。

发布日期：用户自行选择发布知识的日期。

设置有效期限:用户可以根据自己的需要自行设置永久和短期。当用户选择短期的时候,可以填写有效期的范围。

具体操作:用户可以根据自己的需求进行相应的操作。分为保存退出、保存继续、重置和退出等操作。

【保存退出】进行保存新知识并退出该页面。

【保存继续】进行保存新知识,该页面不退出,可以继续新建新知识。

【重置】可以清空所有填写的信息,重新填写。

【退出】如果突然不想保存新知识,可以点击【退出】按钮退出该页面。

六、我的任务

跟当前登录用户有关系的任务。具体分为【在办】、【待考核】、【已完成】和【已取消】等任务类型。下面将对各个类型做详细讲解。

(一) 在办任务

在办任务显示的是当前用户定义的未开始、进行中和已推迟的任务。

点击导航左侧菜单上的 进入办理中心操作区,即【办理中心】|【我的任务】,就进入到了我的任务列表页面。页面分为两部分:上面部分的功能为查询,下面部分为信息列表。下面的页签栏分为【在办】、【待考核】、【已完成】和【已取消】等任务类型。不同的任务类型有着不同的操作,默认出现【在办】页签栏,或选择【在办】页签栏,如图 13 - 29。

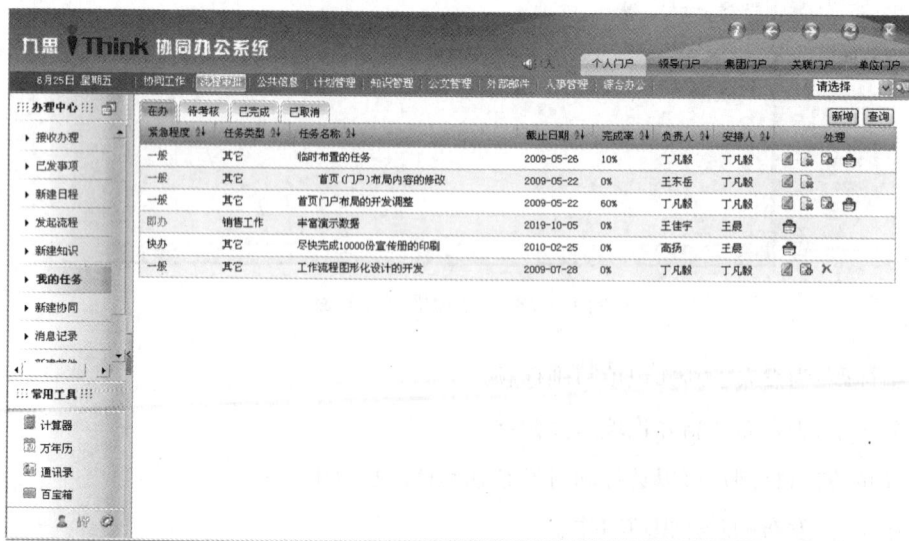

图 13 - 29 在办任务页面

　　查询在办任务:填写页面上部分的表单,点击【查询】按钮。在【在办】任务的页签里面的列表就会显示用户所查询到的数据。

　　新增任务:在这里用户可以给自己定义任务。点击图13-29中的【新增】按钮,就会弹出新建任务的页面,如图13-30。

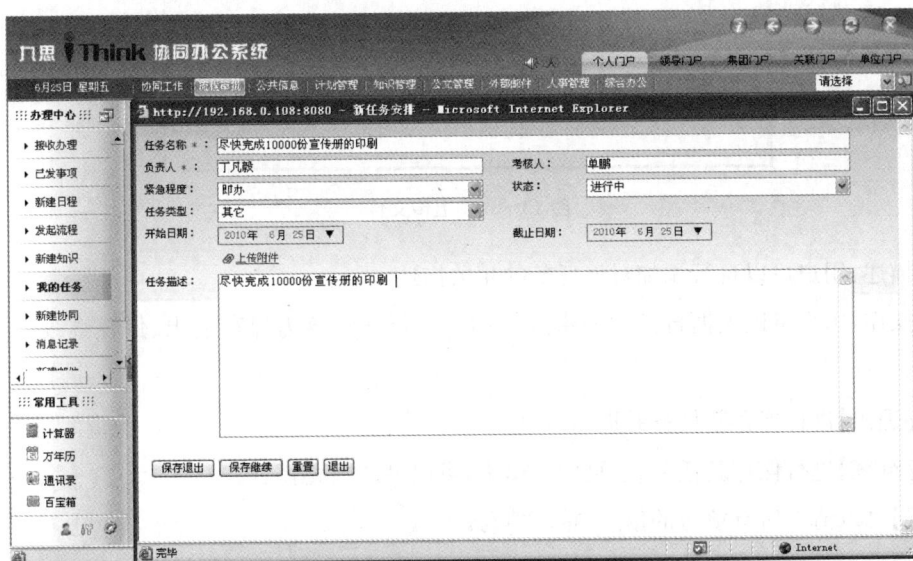

图13-30　新任务安排页面

填写内容说明:

任务名称:用户可以填写新任务的名称。

负责人:该任务的负责人,给自己安排任务,系统默认当前登录用户。

考核人:当任务完成率达到100%的时候,负责人要汇报给该考核人进行考核。

紧急程度:用户根据自己的需要,可以自行设置。具体分为一般、快办和即办。用户根据该任务的实际情况选择。

状态:用户根据自己的需要,可以自行设置。新建的时候有未开始和进行中两种状态供用户选择。

任务类型:用户根据自己的需要,可以自行设置。(任务类型是由应用管理员设定的)

开始日期:用户自行设置任务开始的日期。

截止日期:用户自行设置任务结束的日期。

上传附件:如果用户需要在任务中附加文件,按【上传】键,选择【本地文件】添加文件,如图13-31。

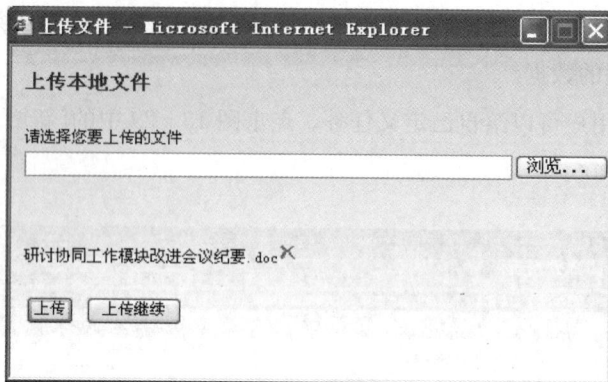

图 13-31　上传文件

任务描述:用户可以自行添加对该任务的相关描述。

具体操作:用户可以根据自己的需求进行相应的操作。分为保存退出、保存继续、重置和退出等操作。

【保存退出】进行保存新任务并退出该页面。

【保存继续】进行保存新任务,该页面不退出,可以继续新建任务。

【重置】可以清空所有填写的信息,重新填写。

【退出】如果不想保存新任务,可以点击"退出"按钮退出该页面。

查看任务详细信息:点击任务名称会弹出该任务的详细页面,如图 13-32。页面由上下两部

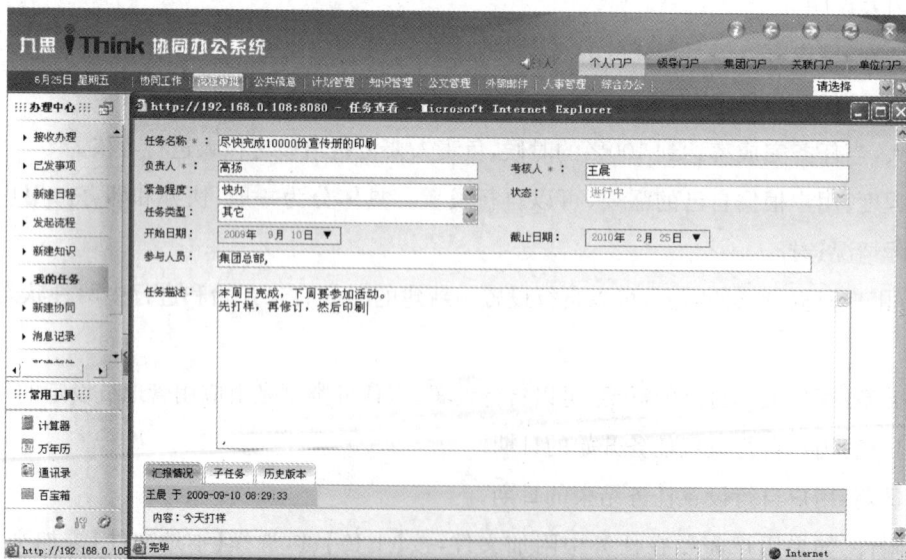

图 13-32　任务查看页面

分组成:上面是该任务的基本信息情况;下面还有汇报情况、子任务、历史版本等页签。用户可以在这里进行相应的查询操作。

修改任务:在"在办任务"列表后面的处理栏中点击▨图标,就会弹出该任务的修改页面,用户可以对该任务进行修改操作(任务的状态也是在这里修改,自己给自己安排的认为是可以修改的)。

添加子任务:在我的任务列表中处理栏中点击▨图标,就会弹出为该任务添加子任务的页面。同添加新任务的操作相类似,在这里不做具体演示。

删除任务:该操作只支持未开始状态下的任务。在数据列表后面的处理栏中点击✖图标,就会对该任务进行删除的操作。

取消任务:该操作只支持进行中状态下的任务。在数据列表后面的处理栏中点击▨图标,就会对该任务进行取消的操作;操作成功后,该任务就会变为已取消的任务。

汇报任务:该操作只支持进行中状态下的任务。在数据列表后面的处理栏中点击▨图标,就会弹出该任务的汇报页面,如图 13-33。

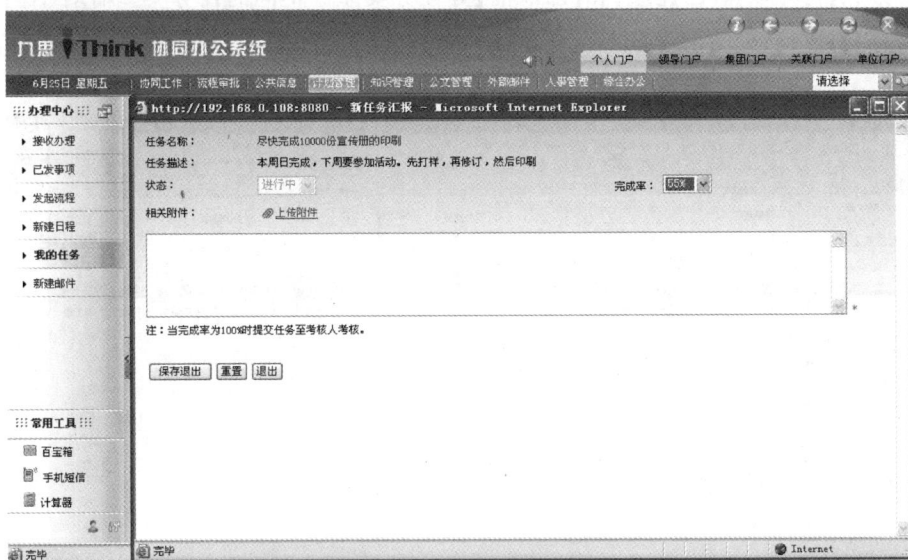

图 13-33　任务汇报页面

填写内容说明:

任务名称:该任务的名称,系统自动填写。

任务描述:该任务的描述,系统自动填写。

状态:该任务的状态,系统自动填写。

完成率:用户自行选择该任务的完成率。当完成率为100%时提交任务至考核人考核。当考核人还没有考核的时候,该任务为待考核任务。当考核人已经考核通过后,该任务为已完成任务。如果考核未通过,还会在该用户的在办任务列表中显示,如果考核人是当前登录用户的时候,不用考核,直接变为已完成任务。

相关附件:汇报中附加文件。

汇报描述:用户可以自行添加对该汇报的相关描述。

具体操作:用户可以根据自己的需求进行相应的操作。分为保存退出、重置和退出等操作。

【保存退出】进行提交汇报并退出该页面。

【重置】可以清空所有填写的信息,重新填写。

【退出】如果不想提交汇报,可以点击【退出】按钮退出该页面。

(二) **待考核任务**(待考核任务显示的是当前用户任务完成率为100%、待考核人考核的任务)

点击导航左侧菜单上的 ⊞ 进入办理中心操作区,即【办理中心】|【我的任务】,就进入到了我的任务页面。页面分为两部分:上面部分的功能为查询;下面部分为信息列表。下面的信息列表又分为【在办】、【待考核】、【已完成】和【已取消】等任务类型。不同的任务类型有着不同的操作。选择【待考核】页签栏,如图13-34。

图13-34 待考核任务页面

(三) **已完成任务**(已完成任务显示的是当前用户定义的已经通过考核完成的任务)

点击导航左侧菜单上的 ⊞ 进入办理中心操作区,即【办理中心】|【我的任务】,就进入到了

【我的任务】页面。页面分为两部分：上面部分的功能为查询；下面部分为信息列表。下面的信息列表又分为【在办】、【待考核】、【已完成】和【已取消】等任务类型。不同的任务类型有着不同的操作。选择【已完成】页签栏，如图 13－35。

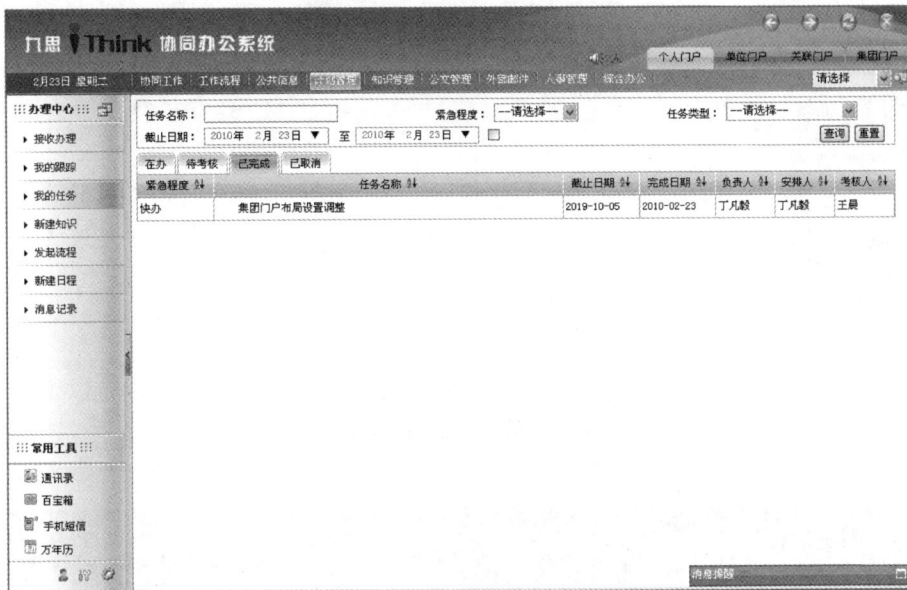

图 13－35　已完成任务页面

（四）已取消任务（已取消任务显示的任务是当前用户定义但是已经取消的任务）

点击导航左侧菜单上的 进入办理中心操作区，即【办理中心】|【我的任务】，就进入到了【我的任务】页面。页面分为两部分：上面部分的功能为查询；下面部分为信息列表。下面的信息列表又分为【在办】、【待考核】、【已完成】和【已取消】等任务类型。不同的任务类型有着不同的操作。选择【已取消】页签栏，如图 13－36。

七、消息记录···

记录个人聊天信息，能够看到已读和未读的聊天信息、系统消息、已收催办信息、已发催办信息、催办反馈。

（一）个人消息

点击导航左侧菜单上的 进入办理中心操作区，即【办理中心】|【消息记录】，点击页签栏【系统消息】进入即时消息记录管理页面。页面分为两部分：上面是查询；下面是消息的具体显示列表。红色字体的记录表示消息未读，图标也能区分未读还是已读。可以根据状态、附件大小和发送时间进行排序，如图 13－37。

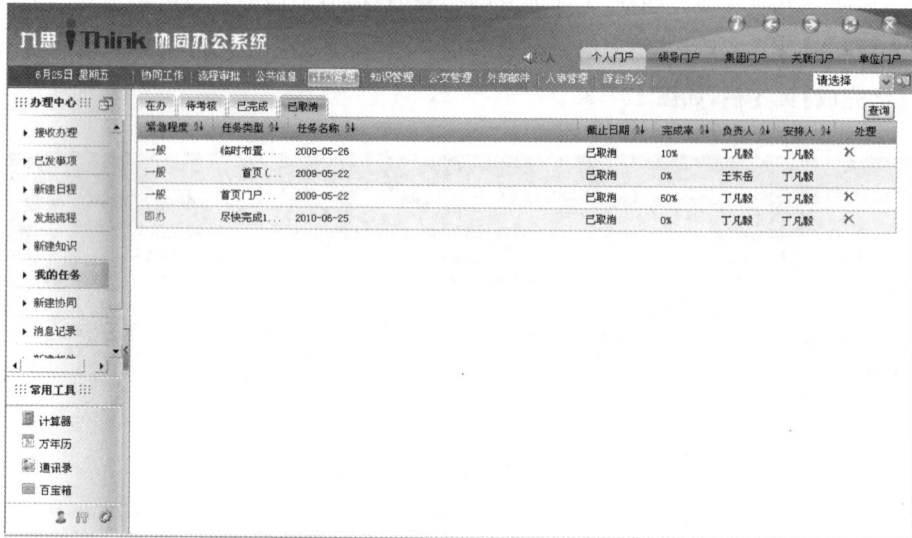

图 13-36 已取消任务页面

图 13-37 消息记录管理页面

查询消息:填写发件人后点击【查询】按钮,就会查找该发件人的所有消息,并在下面的消息列表中进行显示。

删除消息:选择好相应的消息后,点击【删除】按钮,就会把相应的消息删除。

查看消息:点击内容会弹出该条消息的详细页面,如图 13-38。

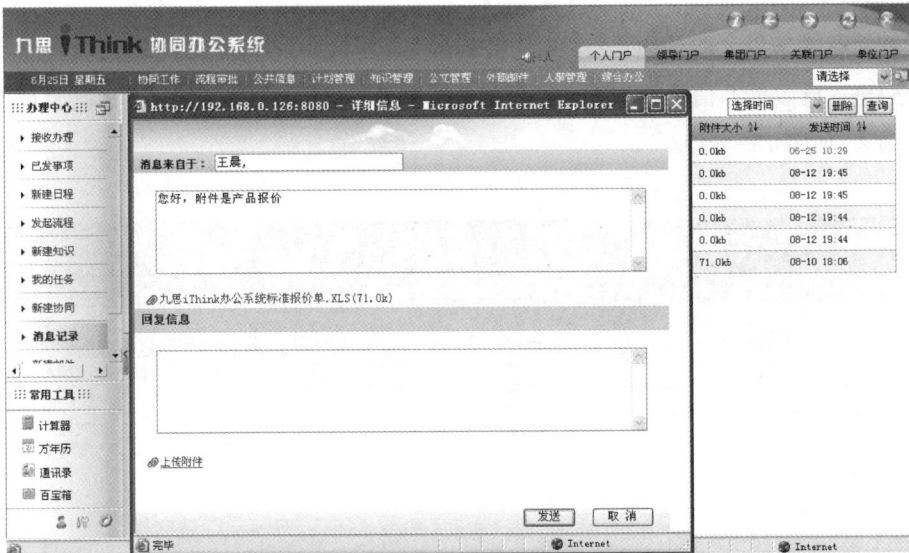

图 13 - 38 详细信息页面

(二) 系统消息

点击导航左侧菜单上的 [图标] 进入办理中心操作区,即【办理中心】|【消息记录】,点击页签栏【系统消息】进入系统消息记录管理页面。页面分为两部分:上面是查询;下面是消息的具体显示列表。图标区分未读还是已读,如图 13 - 39。

图 13 - 39 系统消息记录管理页面

（三）已收催办

点击导航左侧菜单上的 进入办理中心操作区，即【办理中心】|【消息记录】，点击页签栏【已收催办】进入已收催办信息管理页面。页面分为两部分：上面是查询；下面是已收催办消息的具体显示列表，如图 13-40。

图 13-40 系统消息记录管理页面

（四）已发催办

点击导航左侧菜单上的 进入办理中心操作区，即【办理中心】|【消息记录】，点击页签栏【已发催办】进入已发催办信息管理页面。页面分为两部分：上面是查询；下面是已发催办消息的具体显示列表。如图 13-41。

八、新建邮件

用于创建和发送新邮件。支持将邮件暂时保存到【草稿箱】中并允许多次修改。

操作步骤：打开写邮件页面，点击导航左侧菜单上的 进入办理中心操作区，即【办理中心】|【新建邮件】。如果当前用户没有设置外部邮件账号信息，系统会给予提示，如图 13-42，点击【确定】打开设置外部邮箱账户信息页面，如图 13-43。外部账户信息设置好了，点击新增邮件弹出写邮件页面，如图 13-44。

填写收件人：点击收件人打开选人界面选择收件人，如图 13-45。选择完点击图 13-45 中的【确定】按钮就会把选择好的人添加到收件人地址栏中。

图 13‑41　已发催办记录管理页面

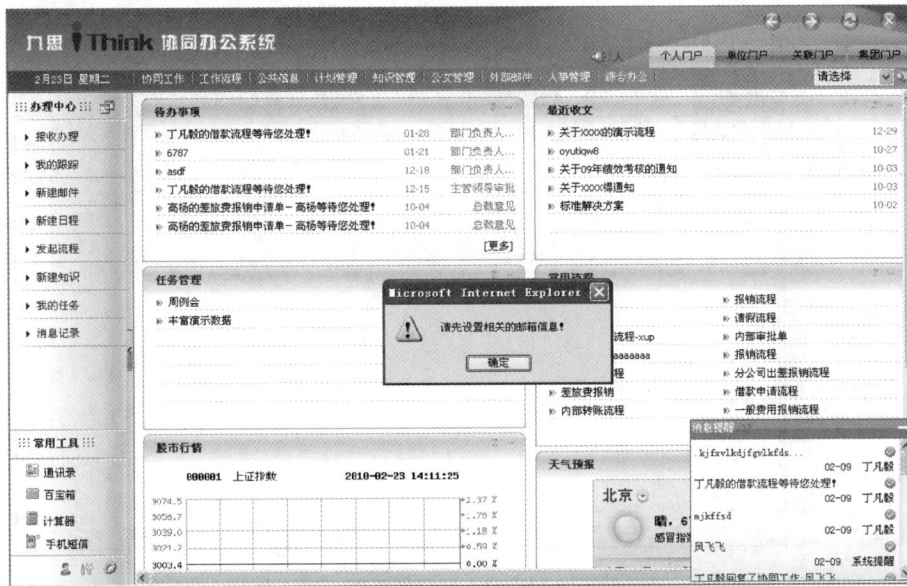

图 13‑42　设置外部邮件账户信息提示页面

填写主题：可以在主题栏里填写邮件的主题。

添加附件(可选)：如果用户需要在邮件中附加文件，选择本地文件上传文件。

正文：在这里填写邮件的正文信息。

邮件操作：用户可以根据自己的需求进行相应的操作。分为发送、存草稿和取消等操作。

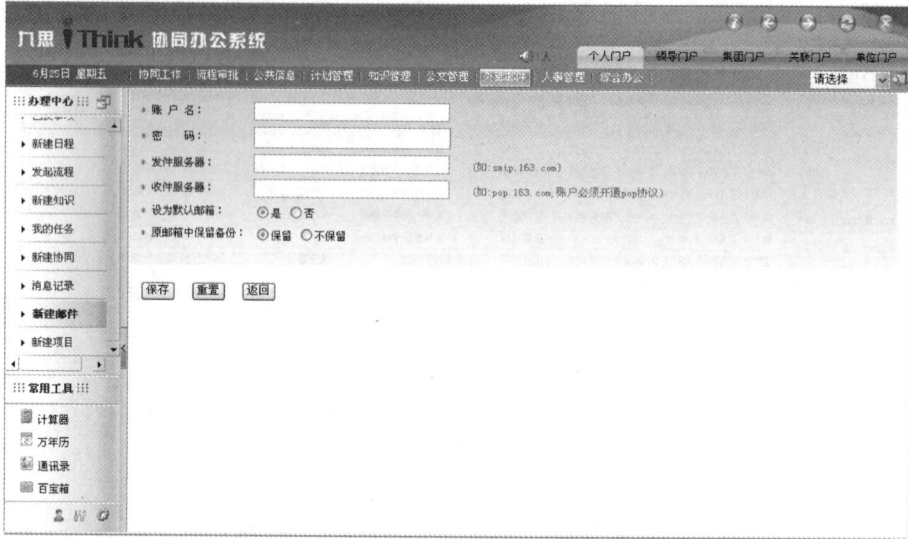

图 13-43　设置外部邮件账户信息页面

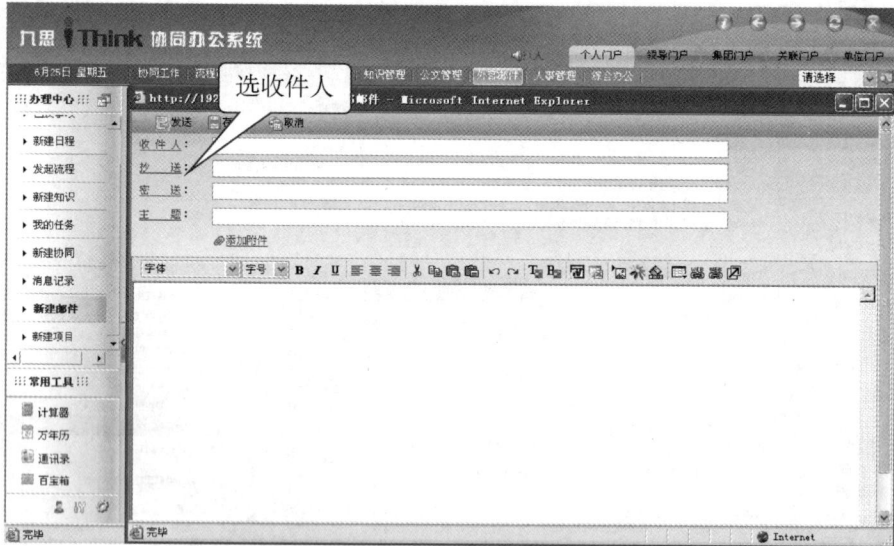

图 13-44　写邮件页面

【发送】发送邮件。

【保存草稿】可以将邮件暂时保存到【草稿箱】中并允许多次修改。

【取消】如果突然不想操作该邮件,点击【取消】按钮退出该页面。

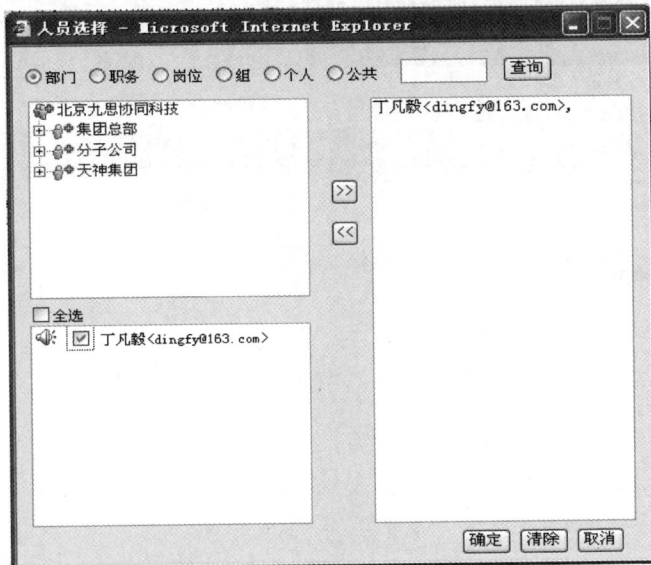

图 13-45 人员选择页面

九、综合办公

综合办公主要是完成办公的辅助管理,包括车辆、办公用品、设备、图书资料的借出归还以及统计功能。由单位管理员指定的综合办公管理员对车辆、办公用品、设备、图书资料进行管理,普通用户申请后再由管理员进行审批借出、归还等。

功能菜单:【车辆管理】、【物品管理】、【设备管理】三个功能。

操作步骤:选择菜单【综合办公】,进入综合办公信息页面,选择相应的子菜单进行操作。

注意:使用综合办公模块功能之前,必须先由单位管理员进行功能应用设置,并指定各综合办公管理员对相应的办公资源进行登记等管理。

(一)车辆管理

车辆管理是对企业的车辆基本信息进行登记:员工向管理员提出车辆使用申请;管理员对车辆申请进行审核并安排出车。包括:车辆登记、车辆申请、车辆审批、出车/归车、违章登记、车辆统计。

操作步骤:点击一级菜单【综合办公】,选择【车辆管理】,进入车辆信息管理界面,如图 13-46 车辆管理——普通用户页面。

管理员先进行车辆登记,只有车辆登记后才能进行车辆申请。车辆管理员对企业的车辆基本信息进行登记,在【综合办公】菜单栏【车辆信息】界面下,如图 13-47 车辆管理——管理员页

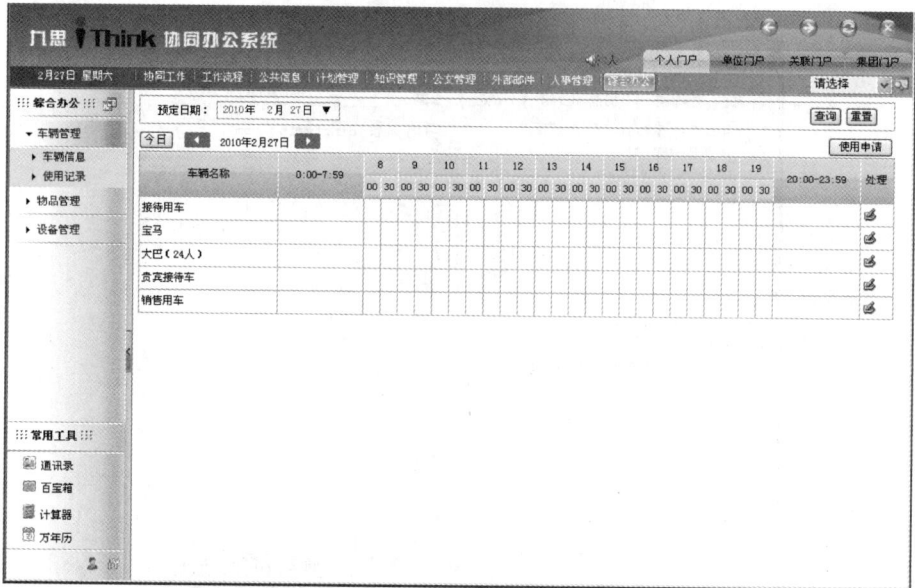

图 13-46 车辆管理——普通用户页面

面,点击【新增】页签,可以新建车辆登记、修改车辆登记和删除车辆登记。

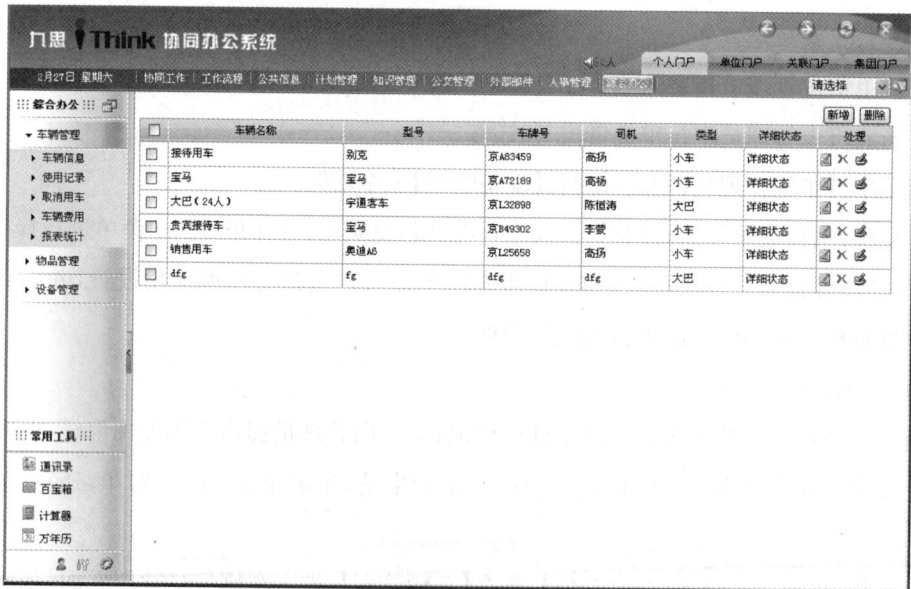

图 13-47 车辆管理——管理员页面

车辆申请人点击【综合办公】|【车辆管理】,默认出现车辆信息界面点击 ✍ 进行新车辆申请,

或者点击【综合办公】|【车辆管理】|【车辆信息】列表中的 图标出现新车辆申请页面,如图 13 - 48 车辆申请页面。

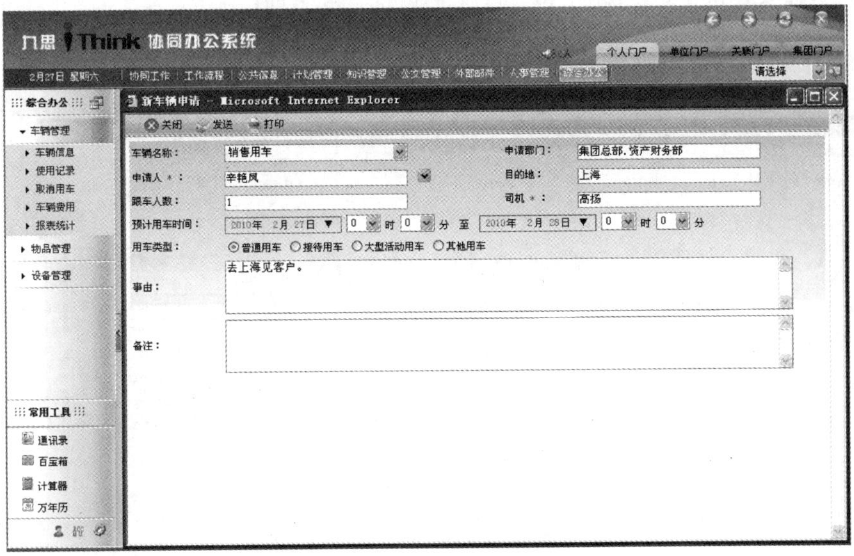

图 13 - 48   车辆申请页面

车辆申请人在【使用记录】项中可以按照车牌号、申请人、司机、状态(未审核、进行中、已完成、已取消)、目的地、填写日期查看本人申请情况,修改待审核和审核未通过的申请,删除本人申请。如图 13 - 49 使用记录页面。

图 13 - 49   使用记录页面

车辆审批人收到车辆申请,点击☑进入车辆审批页面,如图 13 - 50,选择通过还是不通过审核。如果通过审核,则车辆申请人可以出车,车辆审批人填写出车信息。如果审核不通过,则申请人无法出车,需要再次申请。如图 13 - 51 车辆审批管理页面。

图 13 - 50　车辆审批管理页面

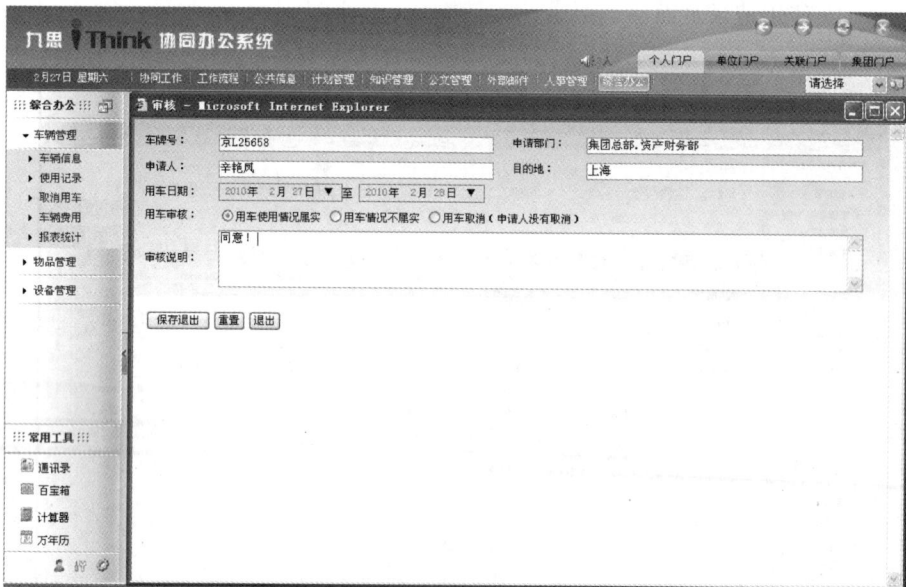

图 13 - 51　车辆审批管理页面

报表统计:管理员报表统计包括司机工作情况统计、公司车辆半年费用汇总表、部门按月份车辆使用情况汇总表、公司车辆月度费用汇总表(每月)、年度公司领导及各部门车辆使用情况汇总表等。如图13-52所示公司车辆半年费用汇总表。

公司车辆半年费用汇总表

打印

汇总时间:从2009/7/1到2009/12/31

车牌号码	月保费	路桥费	临时保管费	油料费数量	油料费金额	维修费	洗车费	购车税费	税费	保险费	养路费	年票费	年审费	上牌费	其它杂费	定损事故处理费	合计
京A83459	0.00	0.00	0.00	0.00	0.00	0.00	0.00	0.00	0.00	0.00	0.00	0.00	0.00	0.00	0.00	0.00	0.00
京L25658	0.00	0.00	0.00	0.00	0.00	0.00	0.00	0.00	0.00	0.00	0.00	0.00	0.00	0.00	0.00	0.00	0.00
京B49302	0.00	0.00	0.00	0.00	0.00	0.00	0.00	0.00	0.00	0.00	0.00	0.00	0.00	0.00	0.00	0.00	0.00
京L32898	0.00	0.00	0.00	0.00	0.00	0.00	0.00	0.00	0.00	0.00	0.00	0.00	0.00	0.00	0.00	0.00	0.00
京A72189	0.00	0.00	0.00	0.00	0.00	0.00	0.00	0.00	0.00	0.00	0.00	0.00	0.00	0.00	0.00	0.00	0.00
dfg	0.00	0.00	0.00	0.00	0.00	0.00	0.00	0.00	0.00	0.00	0.00	0.00	0.00	0.00	0.00	0.00	0.00
合计	0.00	0.00	0.00	0.00	0.00	0.00	0.00	0.00	0.00	0.00	0.00	0.00	0.00	0.00	0.00	0.00	0.00

图13-52 公司车辆半年费用汇总表

(二) 物品管理

在物品管理下可对企业的办公用品信息进行登记、申请和审核等操作。物品管理功能模块包括:物品登记、物品申请、物品审核及物品统计。

操作步骤:点击菜单【综合办公】|【物品管理】,进入物品管理界面。

第一步:管理员进行办公用品登记,只有办公用品登记后才能进行办公用品申请。办公用品管理员对企业的办公用品基本信息进行登记,在【综合办公】菜单栏【物品管理】界面下,点击【办公用品登记】页签,可以新建用品登记、修改用品登记和删除用品登记,点击【新建】进入办公用品登记界面。

第二步:办公用品申请人在【综合办公】菜单【物品管理】项下,点击【办公用品申请】页签,进入办公用品申请界面进行申请,填写申请的相关信息。

第三步:办公用品审批人收到申请,选择通过还是不通过审核。

第四步:统计当前管理员管理的用品所有申请的信息。

(三) 设备管理

办公设备管理是对企业的办公设备信息进行登记、申请和审核。办公设备管理功能模块包括:设备登记、设备申请、设备审批、借出/归还及设备统计。

操作步骤:管理员登记→用户申请→查看使用记录→管理员审批→管理员记录借出/归还→管理员进行设备统计。具体操作如图 13-46 车辆管理页面,此处不再做详细描述。

OA 办公系统是 70 年代中期发达国家迅速发展起来的一门综合性技术。随着计算机技术、网络技术以及移动通信技术的发展,OA 办公系统的功能越来越强大实用,合理的应用能够大大提高企业的运作效率,节省企业的办公费用,全面提升企业的核心竞争力。本章只是简单介绍 OA 系统的一些功能与使用,具体的使用还需要根据单位的具体情况而定。

【思考题】

1. 办公自动化的概念是什么?
2. 办公自动化系统的实现目标有哪些?
3. 简述办公自动化的三个技术层次?
4. 简述如何发起请假流程?

【案例分析】

沈莉在一家小型民企当了两年秘书,今年一月份应聘到 AB 公司做行政经理秘书,正赶上行政部要在二月中旬完成公司年度加薪工作,这项工作要逐一核算每位员工的入职时间、上一年的绩效评分、今年的加薪幅度等,在原公司,虽只三百人,但要逐一核算下来,再上上下下的审核、沟通,总让沈莉累得昏天黑地,想到这家公司有一千员工,她不由感到压力巨大。

第二天,经理让她准备一个加薪表,想到她还不熟悉这里的流程,就在电脑上登录了一个办公系统,打开一个表格,告诉沈莉上面有所有员工的姓名、工号、入职时间、现有工资、上一年的绩效得分等基础信息,都是现成的,去拉出来就可以做出一份加薪表格;然后,沈莉要用两周时间把每位员工的现有工资和市场水平逐一比对,把工资低于市场基准 10% 的标出来,发给各部门负责人;各部门负责人根据比对数据将用一周时间完成本部门加薪提案,并在系统里传给沈莉,沈莉要用一周时间完成汇总和核查,然后由经理上交总部;到二月中旬得到批准后,沈莉再用两周时间,编制新的工资表,以及准备给一千名员工的加薪沟通信,员工就能在当月如期领到新工资了。这期间每个环节都不能出错,所以要每周都在系统里公布这项工作的进度,提醒相关人员注意配合。

这些工作内容和步骤沈莉是清楚的,但用系统软件在网络上实现却是第一次。沈莉利用业余时间,系统学习了办公自动化系统,不仅如期完成加薪工作,而且正因有了这个新工具,本就聪明勤快的沈莉更是如虎添翼,在新的岗位上做得有声有色,深得经理赏识。

仔细阅读案例,回答以下问题:

1. 和传统办公方式相比,办公自动化系统有哪些优势?
2. 沈莉的加薪工作需要用到办公自动化系统中哪些功能?
3. 根据沈莉的工作流程,绘制其工作流程图。

【实践活动】

以小组形式,模拟一个公司,每个成员扮演公司的一个员工,在 OA 系统中为每个成员分配不同的权限,实际体验 OA 系统如何使用。

活动目的:通过对模拟办公自动化系统的使用,使学生对 OA 系统有所了解。

具体要求:以小组为单位,每个成员分别扮演不同角色,进行个人日程、发起流程、收发电子邮件、会议申请等操作。由于角色不同权限不同,小组成员应扮演不同角色,进一步理解各个功能的操作步骤。

参考文献

1. 路鑫,论适度管理在企业接待工作中的运用,《办公室业务》2012 年第 9 期

2. 王志艳,浅谈企业如何处理客户投诉,《经济研究导刊》2012 年第 8 期

3. 付忠辉、舒晓村、章轶明,企业离职员工管理之探析,《企业经济》2010 年第 8 期

4. 王丽、张晨,如何提高新员工培训效果,《合作经济与科技》2011 年 1 月号上(总第 408 期)

5. 向朝阳,完善、改革会议经费的预算与管理,《淮海文汇》2007 年第 2 期

6. 李玥,时间管理理论在高校秘书工作中的运用,《教育教学论坛》2012 年 5 月

7. 杨婧,浅谈秘书与保密工作,《管理与创新》2008 年 8 月号

8. 杨永辉、樊金生、郝喆,保密工作中移动存储介质的管理研究,《信息安全与通信保密》2008 年第 9 期

9. 朱欣文、杨剑宇主编,《秘书实务》,上海:华东师范大学出版社,2013 年 5 月版

10. 李强华主编,《办公室事务管理》,武汉:华中科技大学出版社,2011 年 8 月版

11. 胡凡启主编,《5S 管理与现场改善》,北京:水利水电出版社,2011 年 1 月版

12. 孙宗虎、邹晓春编著,《人力资源管理工作细化执行与模板》,北京:人民邮电出版社,2011 年版

13. 陆璐主编,《现代秘书工作实训项目教程》,北京:机械工业出版社,2010 年版

14. 张小慰主编,《秘书岗位综合实训》,重庆:重庆大学出版社,2010 年 10 月版

15. 余红平、胡红霞主编,《秘书信息与档案管理实务》,北京:外语教学与研究出版社,2009 年版

16. 李洪喜主编,《办公室管理实务》,上海:上海交通大学出版社,2009 年版

17. 赵新平主编,《新编行政管理学》,济南:黄河出版社,2008 年版

18. 李来宏著,《时间管理知识全集》,北京:金城出版社,2007 年版